92歳、広岡達朗の正体

松永多佳倫
Matsunaga Takarin

習古とは一から

十を知り

十からその

その一から

広岡達朗

目次

プロローグ

一九八五年二月、かすかに吹き込んでくる風がほんのりと春を匂わせるなか、「カーン、カーン」と鋭い打球音が乾いた空気を切り裂くように響きわたる。グラウンドにはブルーのユニフォームに身を包んだ男たちが声を出してキビキビと練習をしている。二年ぶりのペナント奪回に向け、西武ライオンズが高知県春野町の春野球場にて春季キャンプを張って躍動中だ。監督の広岡達朗はグラウンドに立ったまま、凛とした佇まいで鋭い目線を周囲に投げかけていた。

この年からバッティングコーチとして、まさに不退転の覚悟でこのキャンプに取り組んでいる。広岡は、七〇年代前半の阪急ブレーブスに不動の四番打者として君臨した長池徳二を招聘。プロ入り四年目の秋山幸二を、なんとしても一人前のホームランバッターとして育てるためだ。

長池と秋山は、二人三脚で泥だらけになって練習を重ねた。あまりの猛練習ぶりに広岡が「無理しすぎるなよ」と声をかけると、「若いうちにやらないとダメなんで。鉄は熱いうちに打て、ですから」と長池はほとばしる汗を垂らしながら答える。

「よしわかった、やれやれ！」

自分の目に狂いはなかった――。広岡は、この熱血指導に長池招聘の成功を確信した。

秋山にインコース打ちをマスターさせるため、長池の試行錯誤は続いた。一生懸命練習すればある程度のレベルまで到達できる、というのはアマチュアレベルの考え方。プロは、そんな〝ある程度〟の壁を突き破ってこそ一人前。だが秋山は、その分厚く高い壁にぶち当たってもがき喘いでいた。

第2クールの終盤、くたびれた様子の長池が広岡に相談があるとやって来た。

「(秋山が)うまくならんのです。どうしたらいいですか……」

長池の顔を見ると疲弊し切っている。ノイローゼ寸前だ。

広岡は、少し間を置いてからゆっくり諭すように言う。

「それはな、教えすぎだ」

「教えすぎ……?」

「そろそろ〝理論を忘れる練習〟に入る段階なんだよ」

広岡は、すぐさま宿舎『桂松閣』の庭に、濡れた藁とあらかじめ用意していた日本刀を持って来させた。

「この日本刀で藁を真横に切ってみろ。まずはやってみろ」

長池は言われるとおりに日本刀を手にし、力を込めて藁に振り下ろすが……斬れない。

「弱い左手に、強い右手を合わせて斬るんだ」

「ガシッ」。長池は広岡の言葉のとおりに試すが、藁に食い込むだけで斬れない。何度目一杯振っても、藁は斬れない。

「そうじゃない、こうだ。そう、その構えだ。いいか、次は藁を斬ることだけに集中しろ、手元のことは考えるな」

広岡が叫ぶと、長池は鋭く一直線に日本刀を振り下ろした。一瞬にして藁が斬れた。

「わかったか。今は藁を斬ることだけに集中して日本刀を振っただろ。バッティングも一緒だ。手はこうして足はこうして……と理屈ばっかり考えていて誰がモノになるんだ。理論がわかれば打てると思ったら大間違い。そこにボールが来たから無心でバーンと打てるようになるのが本物なんだ」

長池は、憑き物が落ちたような顔になった。

「よし、秋山を呼べ」。早速秋山を庭に呼び寄せ、広岡は長池に日本刀を渡した。

「おい秋山、バッティングコーチがやってみせるのをしっかり見ていろ」

長池が日本刀を両手で握りしめようとした瞬間、広岡に近づき「監督、先にやってみていただけませんか」と耳元で囁いた。

「よしわかった、見とけ」

広岡は日本刀を持った刹那から一気に集中し、電光石火の速さで藁を真っ二つに斬った。

「すげえ」。秋山は感嘆する。

「長池、あとは任せたぞ」。広岡は二人を残して宿舎の中に入っていった。率先垂範。広岡が指導者として終生持ち続けている矜持だ。

そして数日後、フリーバッティングの時間になると球場の場外にガンガン打球が飛び込むシーンが見られるようになった。ケージには秋山幸二がいる。遂に、覚醒したのだ。

こうしてひとりの男が開花し、九〇年代初頭〝メジャーに最も近い野手〟として日本球界を代表するプレーヤーに育った。

広岡達朗、九二歳。なぜ今、この男なのか——。

一九五四年にプロ入りしてから、実に七〇年もの間日本プロ野球界を見てきた〝球界の最長老〟だ。現在も球界への提言を続け、ネット上では広岡の発言がことあるごとに耳目を集め〝バズって〟いる。誰も批判できないような球界の大御所であっても、広岡にかかれば忖度なしにクソミソにコキ下ろす。それが痛快だという声が巷から聞こえるが、広岡は別に意識してやっているわけではない。

「WBCで日本が優勝すると皆すぐに浮かれるが、そもそもWBCは平等なのか。アメリカが本気で一流選手を集めて出場したら、日本なんかイチコロ。サッカーのW杯と違って真の世界一とは言えないことを、なぜ評論家は誰も指摘しない。気づかないはずがなかろう」

広岡は優勝に水を差すつもりは毛頭ない。あくまでも物事の道理に沿って〝正論〟を言っているだけに過ぎない。忖度なしの本質を突いた正論は、正直、小うるさいなと思わせてしまう面もある。でもそれを誰も言わないからこそ、92歳の広岡の発言が今も注目を集めるのだ。

こうして昨今はどうしても辛口御意見番としてのイメージが先立つが、広岡が日本プロ野球史に残した偉大な功績が三つある。

まず、両リーグで監督を務め、チームを日本一に導いたのは三原修、水原茂、広岡達朗の三人しかいない。なかでも、セパでBクラス常連の弱小球団の監督を引き受け、ともに二年半以内に優勝させたのは、後にも先にも広岡ただひとりだ。

そして、五四年に巨人へ入団し、一年目に残した打率三割一分四厘は、二〇二〇年にDeNAの牧秀悟に抜かれるまで六六年間大卒ルーキーの最高打率を誇っていた。一三年間巨人一筋、V9初期の球界を代表するショートとして、華麗なプレーでファンを魅了した。

特筆すべきは三つ目だ。広岡は監督時代に指導した選手のなかから、後の監督経験者を一六人も輩出している（田淵幸一、東尾修、森繁和、石毛宏典、渡辺久信、工藤公康、辻発彦、秋山幸二、伊東勤、田辺徳雄、大久保博元、若松勉、大矢明彦、尾花高夫、田尾安志、マニエル）。これは、史上空前のV9を成し遂げた川上哲治、知将・野村克也、闘将・星野仙一でもなし得なかった数字だ。

監督にとってもっとも重要な責務は、チームを勝利に導くために選手を育てていくことだろう。これはチームを、ひいては野球界を次世代に繋いでいくのと同義でもある。その観点から言うと、広岡は指導者の責務を誰よりも果たしたことになる。兎にも角にも、広岡は球界に多くの人を残した。

監督として、七〇年代に史上最弱球団と揶揄されたヤクルトスワローズに初の日本一の栄冠をもたらした。八〇年代には西武ライオンズ黄金期の礎を作り上げた。これらは紛れもなく快挙であり、広岡の勲章だ。広岡がこの時期に実践した戦術、指導法、選手管理の在り方は、間違いなく日本プロ野球界に転換期をもたらした。ただ残念なことに、広岡が今の球界に多大な影響を与えたことは市井にあまり知られていない。

また、六〇、七〇年代の日本プロ野球界は〝勝てば官軍〟といった具合なのか、ルールを無視したサイン盗みが横行した。三原修、川上哲治、野村克也、上田利治、古葉竹識と稀代の名将たちが、手を変え品を変えてサイン盗みに勤しむ時代があった。

そんな時代においても広岡は、それらを端から見て憤慨していた。勝つために手段を選ばないとはどういうことか。男子たるもの、勝負において卑怯な真似をして勝つことをなんとも思わないのか。恥を知れ。広岡は誓った。自分だけは、絶対に卑劣な行為に手を染めず、正々堂々戦ってやる。その後、自分の誓いを一度も破らずに結果を残してきた。だからこそ、この令和の時代においても広岡の声は、皆の心に鋭く届くのだ。

だが、広岡はあまりにも実直かつ妥協を許さぬ姿勢によって〝球界の嫌われ者〟として名を轟かせたのも事実だ。現役時代は〝野球の神様〟と呼ばれた川上哲治とも衝突した。監督時代は選手を厳しく律する姿勢から選手・フロントとも衝突した。広岡からすれば、すべては勝利のためだった。

その後、日本の野球界に多くの人を残し、発展させてきた広岡達朗という男の大木のように何者にも屈しない一本気の性格は、どこで、どのように形成されたのか。今なお彼を突き動かすものは何か。そして何より、我々野球ファンを惹きつける源泉は何か……。その球歴をつぶさに追い、今こそ広岡達朗という男の正体に迫る。

第1章

出生～早稲田大学軍篇

戦火、そして野球との出会い

「おい、あれ見てみぃ。どっかの火薬庫が爆発したのかもしれんぞ」

空襲警報解除により、広島・呉の実家近くにある防空壕から出た一三歳の広岡達朗の目に映ったのは、突然湧き出た異様な形の雲。思わず声が出てしまった。

なんだか太い脚が天高く伸びて、傘のように大きく開いている。キノコのようにも見え、妙に薄気味が悪い。広岡は黙って空を仰いでいた。その間にも、キノコの傘はむくむくと大きく育っていく。右へ広がっていったかと思うと、今度は左にも広がっていき、雲全体が空を覆うように大きくなっている。

「ありゃおかしくねぇか、そう思わんか」

広岡が同意を求めようと右を向くと、一緒にいた友人も口を開けたまま空を見上げている。ただならぬ予感がしてならない。しばらくすると、キノコの形をした雲はドス黒く変色していった。そして、空からザーッと雨が降ってきた。粘り気のある黒い雨粒だ。

「なんじゃ、黒い雨や。気色悪い」

広岡たちは急いで防空壕の中へと戻った。

一九四五年八月六日午前八時一五分、広島市中心地に原子爆弾が投下され、一瞬にして十四万人の命を奪い去った。投下直後の死者数は約一四万人だったが、広島に投下された原爆による死者数は現在、累計三三万人を超えている。

原爆投下後しばらくしてから降った雨は、原子爆弾炸裂時に巻き上げられた埃、煤、泥が入り混じった重油のような大粒の雨で、強い放射能を帯びていた。いわゆる〝黒い雨〟

だ。そんなこととは知らずに、大怪我を負い苦しむ者たちは、喉の渇きを癒すために黒い雨を飲み込んだ。この雨を浴びた者のなかには頭皮の脱毛、歯茎からの出血、血便、吐血など急性放射線障害をきたす者もいた。一瞬の閃光によって街が焼けただれ、人々も激しい炎に飲み込まれ、生きたまま炎に焼かれる。皮膚がただれ落ち、腕や脚がもぎ取られ、爆風で目を潰された人々が、放射能を帯びた雨の中を呻き声あげてさまよい歩く。

この黒い雨こそが、爆心から離れた人々までをも被爆させたのだ。爆心地から約二五キロ離れている呉にいた広岡が、広島市内に原爆が落ちたことを知るのはしばらくしてからだった。ただ、この黒い雨に、少年期の広岡は濡れている――。

一九三二年二月九日、広岡は広島県呉市で六人兄弟（兄四人、姉一人）の末っ子として誕生した。生家は、呉の街を南北に二分する二河川の西側にある海軍官舎のエリアにあった。育つ環境が人格形成に影響を及ぼすと言われるが、広岡は生まれたときから青い海、海軍将校に囲まれた街で、軍艦を目の前にしながら育った。

広岡の両親は姫路出身。父・誠一は農家を継ぐのを嫌って海軍機関学校に通い、昼夜問わず勉強し続けて一兵卒として海軍に入隊した。運動神経が良かった誠一は海軍の必須教練科目でもある器械体操を器用にこなし、テニスやバレーも得意だったという。文武両道を突き進め、一兵卒から機関長にまでなる。大東亜戦争では駆逐艦「鬼怒」に乗り込み、大日本帝国のために戦った。戦時中、誠一が身支度のため呉の家に戻ると、近所の連中がかしこまって戦況を聞きに来るなど、呉の街では海軍エリートとして名を馳せていた。

ある寒い日に、幼少期の広岡が父・誠一のマントの中に隠れて一緒に歩いていると、出くわした水兵たちが「かしら右」と敬礼をした。子ども心にカッコいいと思った。たまに家へ帰ってきた父・誠一に母・こみゑが「達朗が副級長になりました」と言うと、「副はいかん。級長になれ！」と叱られる。一番じゃないと納得しない人でもあった。

父の束の間の在宅時には、海軍少尉や艦長など海軍軍人が大勢訪れるため、母・こみゑがお膳を出して、酒やご馳走を運ぶ。広岡家は海軍士官の家を借りており、広岡家の前には潜水艦「伊号」の潜水艦長の邸宅があった。

少年達朗の目には、海軍軍人たちが酒を酌み交わしながら日本の将来について話をしている姿がえらく格好よく映った。普段、父・誠一は海軍についての話を子どもたちにしなかったが、一度だけ広岡にこう語ったことがある。

「軍艦での戦いというのは、陸上での戦いと違って、艦が沈めば全員沈むという運命共同体同士の戦いである。従って、ひとりの乗組員が手を抜いたり勝手なことをしたりすると、たちまち艦全体に大きな影響を及ぼす。全員がひとつの目的、つまり勝つことに向かって力を合わせなければならない」

陸軍では上官への絶対的服従、そして命令の確実な遂行が何よりも尊ばれる。

一方、海軍軍人は軍艦での行軍・戦闘が基本である以上、艦長から水兵までが運命共同体となる。閉ざされた空間では、立場と規律によって絶対服従させるよりも、同じ目的を共有してコミュニケーションを取るほうが合理的。戦力的にも命を守るうえでも優れる、というわけだ。

「集団において和を以ってすれば、目的は叶うのかぁ」

広岡は幼いなりにも理解しようとした。父・誠一から語られたこの話が、のちの広岡の野球人生にも大きな影響を及ぼしたのは言うまでもない。そしてもうひとつ、広岡の耳に今でも強烈に焼き付いている言葉がある。

「酒を呑んでも、呑まれたらいかんぞ。何事においてもな」

親父の遺訓となった。

海軍特務大尉父・誠一の影響により、広岡は志を高く持ち、大きく羽ばたくことを学んだ。呉市の中学生がそうであったように、広岡も海軍将校に憧れた。江田島海軍兵学校（現海上自衛隊幹部候補生学校）に入り、海軍大将になるのが夢となった。

一回り上の長兄の晋は勤勉家で、実家の三階に勉強部屋を作ってもらい、部屋中の壁に公式や英単語を貼って勉強に勤しんだ。晋の就寝時に、達朗がくすぐってちょっかいを出すと「達朗！」とよく怒られた。達朗が足を滑らせて階段から落ちたときに下で受け止めてくれたのも晋で、よく可愛がられた。後に広島カープに入る四つ上の富夫とは、小学校時代に手を繋いで一緒に学校へ行っていた。晋と富夫がたびたび「達朗、中学になったら手を繋いではおられんぞ」と達朗に優しく言い聞かせるなど、兄弟仲は非常に良かった。

晋は山口経専（現・山口大学）に補欠で入ったのが悔しくて在学中に猛勉強し、優待生で卒業。その後、英語が堪能な陸軍中尉としてパプアニューギニアの東部ブーゲンビル島へ赴いた。戦況が危ういという知らせを聞いたときに父・誠一は「晋は英語ができるから捕虜になっても通訳か何かで重宝されて生き延びられる」と言い、晋の所属する隊の帰還船を出迎えに達朗とともに呉港に行った。しかし、大好きな兄の晋の姿はなかった。ブーゲンビル島は〝墓島〟と呼ばれるほどの激戦が繰り広げられた地。連合軍の圧倒的な物量の前になすすべもなく、また絶対国防圏の外側に置かれたため食料補給もままならず、飢餓や自決する兵士が続出。最後には切り込み攻撃や爆雷を抱えて戦車へ突撃する特攻を仕掛けた。ブーゲンビル島では、四三年の暮れから終戦までの二年弱、激しい戦闘が続き、七万人の日本軍将兵のうち四万人以上が命を落とした。長兄・晋も最後まで諦めずに突撃し、帰らぬ人となった。二五歳だった。

兄の死に直面し、悲嘆にくれた広岡だったが、それでも確固たる目的は変わらなかった。江田島海軍兵学校から海軍将校になること。そのためには海軍兵学校の登竜門として優秀な子弟が集まる呉一中(現・広島県立呉三津田高校)に何としてでも入らなければならない。呉一中は各小学校の学年五位以内が合格圏内という狭き門。兄たちは呉二中だったが、広岡はどうしても海軍兵学校に入りたい一心で勉学に励み、見事呉一中に入学した。小学校では身長は大きいほうだったが、中学ではなかなか背が伸びずに「チビ」と呼ばれた。あまりにもしつこいときは、からかう連中を飛び上がって殴りつけた。

四四年、広岡は呉一中に入ったものの、戦況は厳しくなる一方で、まともに授業をやれる状態ではなかった。大八車を引いて呉海軍工廠に行っては、部品をもらってカンテラなどを作る毎日。中学も軍需工場化し、労働が日常だった。

「す、すげえ〜、大和だ」

いつものように海軍工廠に向かっていた広岡は、思わず声を上げた。戦艦大和が目に前にある。呉軍港のドックに入りきれないほどの巨大戦艦は、まさに雄大だった。この時期、呉の軍港には巨大な戦艦から潜水艦までダークグレーの鉄の塊が何艦も停泊していた。海に浮かぶ城のような巨大戦艦の間を縫って、小さなランチ（原動機付小型船）が白波を立てて進んでくる。岸壁に着いたランチから降りてくるのは、腰に短剣を吊るした軍服姿の将校たち。彼らの威容と俊敏な動きに眩しさを覚え、心を奪われた。

停泊する戦艦大和を見て心躍る広岡の心中とは裏腹に、戦況はますます悪化するばかり。当然呉も空襲を受け、焼夷弾が家の周辺にまで落ちてきたが、運良く広岡の家は焼かれずに済んだ。家を焼かれた住民が二河川の上流へと川に浸りながら避難していく光景を、広岡はただ呆然と見ているしかなかった。

広岡が通う学校も、焼夷弾にやられて炎に包まれた。ボワボワッと木が焼け焦げる音とともに真っ赤に燃えたぎる校舎が、いつまでも目に焼き付いていた。生と死がいつも隣り合わせの毎日だった。

敗戦からしばらく経って中学が再開すると、所属するクラブ活動を選ばなければならなかった。呉では、スポーツと言えばテニス、バレーボールが盛んだった。特にテニスのほうがジェントルマンのスポーツとして人気を集めていた。広岡もテニス部への入部を考えていたが、亡くなった長兄からもらった投手用のグラブとキャッチャーミットを持っているということで、野球部に無理矢理入部させられることになった。もともと海軍兵学校へ入学するために器械体操等で身体を鍛えていたこともあってか、野球を始めると広岡はめきめきと上達する。鉄棒での蹴上がり、背面蹴上がり、片手懸垂、階段は二段跳びで駆け上がるなど、毎日の自己鍛錬のおかげでバランスの良い筋肉が備わっていた。

呉出身の野球選手と言えば、初代ミスタータイガースの藤村富美男、監督としてプロ野球最多勝利記録を持つ〝鶴岡親分〟こと鶴岡一人の名が真っ先に上がる。一時期、藤村の兄が広岡家と同居する形で一緒に住んでいたこともあり、藤村には親近感を持っていた。八一年オフの阪神からの監督オファー、その後阪神の臨時コーチをやるなど、阪神との縁は同郷の藤村によって結ばれていたのかもしれない。

藤村は呉港中（現呉港高校）時代に六度も甲子園に出場し、京都商業の沢村栄治、三連覇を狙う中京商業の吉田正男、元祖トルネードの明石商業の楠木保など中等野球史に残るレジェンド投手たちと名勝負を繰り広げた。満州、台湾も参加していた一九三三年夏の甲子園では決勝で川上哲治を擁する熊本工業を2安打完封、14奪三振の二対〇で下して優勝。それまで野球よりもテニスやバレーが人気だった地元呉も、このときばかりは大騒ぎだった。

だが、当時はまだまだ差別意識による境界線が明確化されていた。呉港中から法政に行き南海ホークスで活躍したピッチャー柚木進は「あれはのぉ広岡、わしゃ法政出とるけん、藤村と違うけんのぉ」とわざわざ言うほど、身分の差をあえてアピールした時代だ。そんな時代に、広岡は名門・呉一中で野球の魅力に取り憑かれ、野球に打ち込んだ。


高校に入ると、広岡の背がグングンと伸び出した。終戦直後で食事環境は決して恵まれたものではなかったが、どんな環境だろうと背が伸びる者は伸びる。

終戦の翌年、野球部ではメンバーが足りず九人集めるのに必死で、広岡が自ら頼み込んでメンバーを揃えた。余ったポジションがサードだったため、広岡はサードを守った。

そのメンバーで、原爆が落ちた広島市内の広島商業へ対外試合に行くことがあった。市内に一歩足を踏み入れると、広岡は絶句した。街中が熱波と爆風でやられて焼け野原が広がっている。ポツンと建っている小さなビルの壁には人影が黒く焼きついて残っている。目も当てられない惨状を前にして、広岡はただただ佇むしかなかった……。

こうして高校時代も野球に打ち込み、弱小校でありながらも高校三年となった四九年には夏の県大会ベスト4入りで西中国大会に進出。一回戦で岩国に四対二、準決勝で尾道西に四対一と快勝。決勝戦の相手は山口県の柳井高校。ここに勝てば甲子園だ。一対〇でリードしていた四回裏、二死二、三塁でサードゴロを広岡が難なくさばいて一塁へ送球するも、ファーストがジャンプしても届かない悪送球となり逆転を許す。広岡らしからぬエラーだ。このワンプレーでリズムが狂ったのか、再びサードゴロを悪送球してしまい、点差はどんどん広がる。エースの筏《いかだ》はマウンド上でグラブを投げつけて悔しがった。結局、六対一で広岡の甲子園への道は阻まれた。

敗戦後、チームメイトが泣きじゃくるなか、広岡だけは涙を見せなかった。自分のエラーから試合の流れが変わってしまったことは重々理解していた。敗因はすべて自分にある。誰かに指摘されなくても痛いほどわかっている。父の背中を見て育ち、幼い頃から父のような海軍軍人になりたいという夢に向かって邁進してきた広岡だったが、その頃の夢にかける情熱と同じかそれ以上に、野球という人生にも似た競技に魅入られてしまっていた。だからこそ、己の技術を高めるべく練習に邁進してきたが、ここ大一番でミスを繰り出す。何よりも己の未熟さに腹立たしさを覚えた。自分で納得するまで技量を高めていれば表立って悔しがってもいいけど、自分はまだその段階にない。まだ何もやっていない。不甲斐なさだけが身体中を覆った。父・誠一や長兄・晋の姿を見てきて育っただけに、こんなことで涙を流していては笑われる。それと、あの原爆のキノコ雲を見て、黒い雨に打たれ、一時であるが絶望の淵を垣間見たことが、広岡の心に変化をもたらした。一瞬で何もかも失うことがある。無常の世界で唯一保たれるのは己の心。だからこそ心の内側を軽々しく見せまいとして、周囲の人には涼しい顔を見せた。広岡にとって当然の意地を貫いただけだった。

このとき、柳井高校OBで元プロの杉田屋守が決勝戦での広岡のプレーを見ていた。「いい選手だな」と母校の早稲田大学に連絡し、広岡に早大野球部のセレクションを受けさせる段取りを組む。ここで広岡の野球人生の歯車が大きく動き出す。

決勝戦で敗北を喫し、野球部を引退して二週間後、広岡は早稲田大のセレクションを受けるために広島・呉から在来線で半日かけて宮崎へ赴いた。駅から一〇分弱の宮崎県営球場が、セレクション会場だ。のちに巨人での春季キャンプを行う球場だ。

「こんな綺麗なグラウンドでやるんか、すげえなぁ」

広岡は球場を見て開口一番そう呟いた。だが驚くのも束の間、早稲田大の選手も後からぞろぞろとやってきた。

「なんだよ、これ？　こんな汚ねえグラウンドでやるのかよ」

ブーブーと文句を垂れている。広岡は、ユニフォームに着替えながら「これが汚ねえだと⁉」と相手に諭られぬように睨みつけた。

早稲田大の選手、そして広岡らセレクションを受ける選手がグラウンドに集められると、すぐにノックが始まった。ファーストには〝六大学史上最高の天才打者〟と謳われる石井藤吉郎が守っている。当時の大スターだ。サードの守備位置についた広岡は、なんとか自分をアピールしなければと考える。石井を落球させたら合格するなと思い、ノックの打球を捕ると自慢の強肩を見せつける形でファーストへ思い切りボールを放った。地面スレスレからギューンと伸びる矢のような送球が石井のミットを弾く。ショートバウンドに合わせてミットを出した石井が、捕り損ねたのだ。

「広岡、ショートいけ」

早稲田大監督の森茂雄が大声で叫ぶ。森は、在任年数、優勝回数ともに早稲田大野球部歴代監督一位で、阪神タイガースの前身である大阪タイガースの初代監督、大洋ホエールズの監督も務めたことのある人物だ。そんな当時の野球界の重鎮である森に対して、広岡はすぐさま返答する。

「監督、僕はショートなんかやったことはないです。サードが本職です」

森には、広岡をショートにコンバートしたかった理由がある。サードには、「学生野球の父」と評される飛田《とびた》穂洲《すいしゅう》から推薦を受けた小森光生（元大毎）を据えたい。のちに広島、ヤクルトで広岡とともにコーチをやる同期でキャプテン。内野で空いているところはショートしかなかった。

「広岡、ショートいけ」

監督の森に再度言われても、広岡は動こうとしなかった。慣れ親しんだサードをやりたいという思いもあったが、すぐにショートへ行ってしまうと先輩からのやっかみを受けると感じ、躊躇しているふりをした。

「広岡、ショートだ！」

森の怒鳴り声でようやくショートへ移った。

こうして一九五〇年に早稲田大へと入学し、一年春のリーグから三連覇。主将には天才と評された石井藤吉郎、エースには早稲田大史上最多44勝を記録する横手投げの技巧派・末吉俊信、一学年上に荒川博（元ヤクルト監督）、沼澤康一郎（元大毎）、岩本堯（元巨人）、同期に夏の甲子園二連覇のエース福島一雄、小森と錚々たるメンツが揃っていた。早稲田黄金時代と呼ばれ、広岡・小森の三遊間コンビは堅い守備で他大学を唸らせた。

監督の森はノックが上手く、同じ打球でも速さを調節して野手を鍛えるノックを打つ。そんな森がノックしながら「三遊間を抜こうと思っても抜けないいんだよなぁ」とポツリと漏らすほど、広岡・小森の三遊間は鉄壁の守りだった。

大型遊撃手として期待されて入学した広岡といえども、レギュラーベンチ入りクラスだけが入寮を許される安部寮には入れず、一年近く都内でアパート暮らしを強いられた。ある慶應の選手の実家が裕福で、都内にアパートを所有しており、縁あってそこへ転がり込んだ。四畳半の部屋に半畳の炊事場があった。そこで練習後に汚れたユニフォームを洗っていると、炊事場で洗濯するとは何事かというクレームが来た。うるせえな、自分の部屋で何やろうと勝手じゃねえか、都会の一人暮らしに馴染めず、理不尽な思いを怒りに変えて毎日を過ごしていた。

広岡在学中に四度の優勝を飾った早稲田大。しかし、四年時だけ春秋ともに優勝を逃した。

森監督は告げた。

「お前らの戦力で負けるはずがない。負けたのは、油断だ」

それまでは笑いながらでも勝てていたと思えるほど、力の差が歴然としていた。四年になると、広岡・小森の鉄壁三遊間コンビに加え、一学年下でのちに二五歳で早稲田大の監督に就任する石井連蔵もエースとして活躍を見せ、春秋連覇は確実視されていた。圧倒的な戦力ゆえ、慢心し油断があったのは否めない。ただ他にも懸念点があった。四年だと卒業単位問題が浮上してくる。広岡は、卒業だけはきちんとしたかったため授業をサボらず、練習時間を削ってでも正々堂々と試験対策に必死で勤しみ、一切ズルなしでパスした。それゆえ広岡を含めた主力の四年生が、大学最後の秋季リーグに全身全霊で臨めていたかというと疑問符がつくのは致し方なかろう。

卒業証書と春秋優勝を天秤にかけたわけではなかったが、早稲田野球の父・初代野球部部長の安部磯雄が唱える「知識は学問から。人格はスポーツから」の建部精神は今も真髄として残っている。

「学生野球の父」として日本の学生野球に多大な貢献をした飛田穂洲は早稲田の初代監督でもあり、早稲田の試合時には必ず神宮球場のバックネット裏にドシッと陣取り、総監督のごとく鋭い視線を光らせていた。

飛田穂洲の教えは、至極まっとうだった。

早稲田のグラウンドで広岡がキャッチボールをやろうとしたときに、飛田穂洲が近寄ってきてこう言い放ったことがあった。

「お前ら球を捕るとき苦労するか」
「いえ、球を捕ることにそんな苦労はないです」
「バッティングもそれと同じや。例えばバントにしても、バットの延長が手と同じだと思ってピュッとやればいいだけ。バットを自由に扱うことができるなら、バントでもなんでも自然に決まるよ」

ボールを殺して上手く転がすことよりも、バットを自由に使いこなせることに主眼を置けという。守備やバッティング等で具体的な指摘はなかったものの、技術よりも心構えを単純明快な言葉で教えてくれた。

早稲田大学では四度の優勝に貢献し黄金期を作った広岡に、プロからの注目が集まるのは当然だった。すらっとした背丈に長い手足で魅せる華麗なフィールディングはまさにスターの輝きで、東京六大学野球の貴公子として人気を博した。言うなれば、広岡は長嶋茂雄が出現する前の六大学のスターで、六大学人気を高めた第一人者。色白でスタイル良く、都会的オーラを纏い、華麗なプレーで観客を魅了した。それまでの職人気質で野暮ったかったショートのイメージを一新した広岡は、プロ野球界の垂涎の的として幾多の球団から勧誘を受けた。

早稲田の三つ上の宮原実（四年間で通算１０８安打、66打点）からは「プロ野球は堕落している。あんなとこへは行くな」と言われるくらい、当時のプロ野球は六大学野球より格下扱いだった。しかし、広岡の入学と入れ替わりで卒業した元主将の蔭山和夫が南海に行き、一つ上の岩本堯（元巨人）、荒川博（元ヤクルト監督）、沼澤康一郎（元毎日）、そして広岡と小森もプロへ進む。その四年後に長嶋茂雄、本屋敷錦吾（元阪急）、杉浦忠（元南海）がプロに行ったことで、黎明期だったプロ野球がようやく繁栄していった。

五〇年代はプロ野球より東京六大学のほうが人気は高かった。プロ野球は色物扱いされ、野球伝来とともに始まった東京六大学がヒエラルキーの頂点に堂々君臨していた。やがて六大学のスターたちがプロ野球に集結し、それぞれの球団で主力になっていった六〇年代前半に、ようやくプロ野球人気の高まりを見せていく。

広岡は、プロに入るなら巨人と最初から決めていた。父・誠一の「やるからには一番になれ」という教えから、一番の球団に入って一番になりたい思いからだ。

周りからは「巨人はいい選手ばかりだから無理だ」と言われる度に俄然やる気が出た。毎日オリオンズからは神楽坂の料亭で好条件を提示された。兄の富夫が入団していた広島からも話は来るが「巨人に入っていい選手と競争して勝ちたい」という旨を伝え、丁重にお断りした。南海は渋谷の料亭での入団交渉となり、スポンサーである大御所映画プロデューサーの藤本真澄の隣に同郷の鶴岡一人が座っており、「広岡、うち来いや！」と単刀直入に誘われた。阪神、近鉄からも誘いがあった。父・誠一のところには西鉄の三原修が挨拶に来た。最後の最後に、巨人の宇野（庄治）球団代表から連絡が来て、読売新聞社の社員食堂で会うことになった。

インクの臭いが染み込んだ食堂の中で宇野代表から「腹減っていたらカレーでもなんで

も食べていいぞ」とこれみよがしに言われたが「他が高級料亭なのに天下の巨人が社員食堂かよ」と拍子抜けだった。とにかく切望していた巨人からの入団交渉にすぐにでも返事をしたかったが、グッと飲み込み「一度考えさせてください」と答えた。すぐ父・誠一に「巨人からやっと来た。巨人に行く」と報告した。勿体つけて返事を伸ばし伸ばしにすると、向こうが翻ったりするかもしれないと思い、一日だけ待ってから「お願いします」と巨人に入団の意向を告げた。

ドラフト制度などない時代、競合必至の六大学スターだった広岡は自由競争ゆえに引く手数多。当時は契約金の他に土地を貰うのが慣習でもあった。早稲田で同期だった小森は、大毎から契約金プラス一〇〇坪の成城の土地付きだったという。

こうして五三年（昭和二八年）の暮れに、広岡は巨人と契約を結んだ。ここから半世紀以上にわたる艱難辛苦のプロ野球道を歩んでいく。

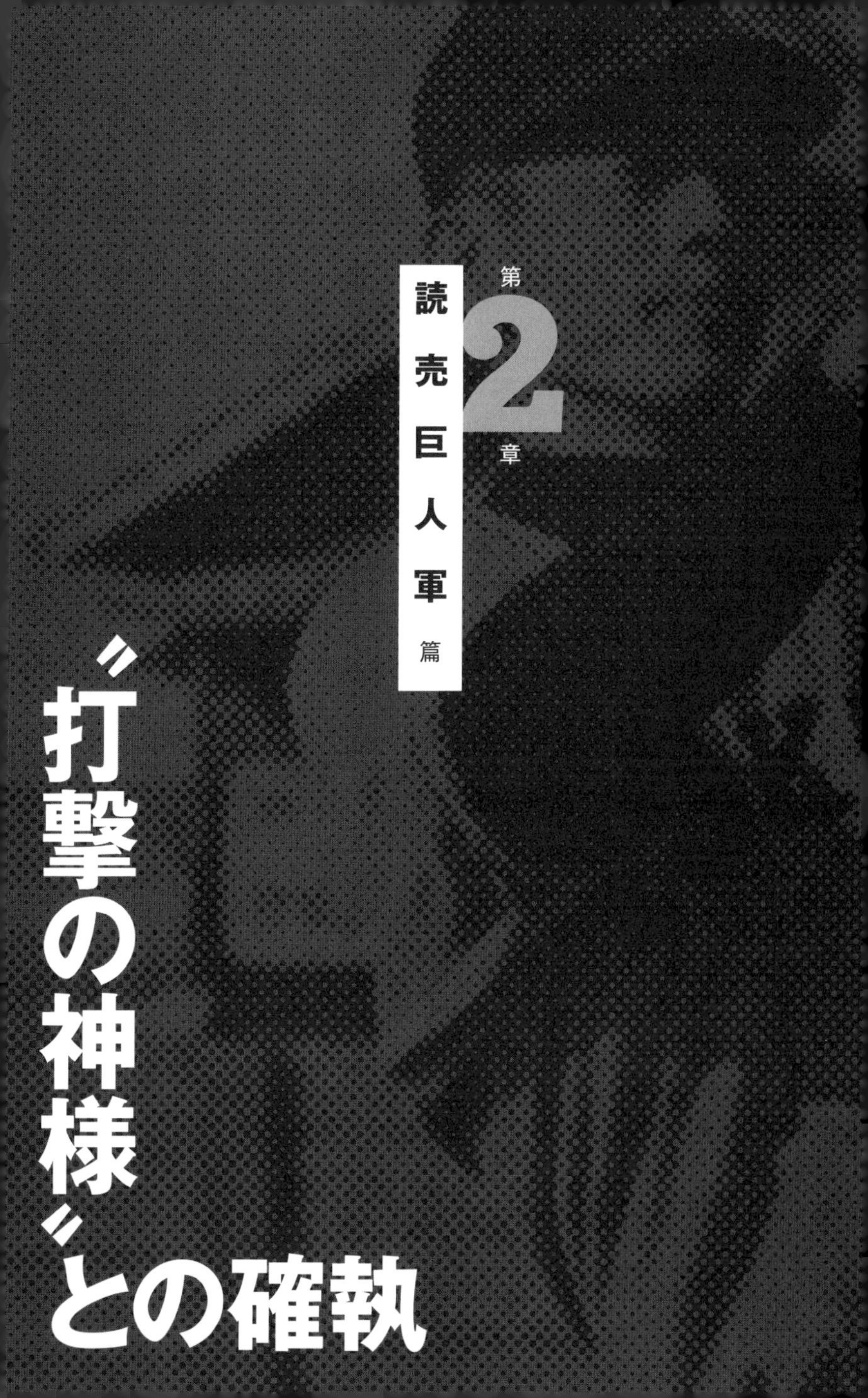

第2章

読売巨人軍篇

“打撃の神様”との確執

一九五〇年代後半から七〇年代前半までの後楽園球場のホットコーナーは、カクテル光線以上のスポットライトが常に浴びせられ、白く浮かび上がる別次元の空間だった。

プレイボール前、ファーストの王貞治から投げられたゴロをショートの広岡達朗が軽快に捕球して一塁へ送球する。そこに、サードの長嶋茂雄がツカツカと二、三歩近寄ってくる。右手を軽く口に添え、こう告げる。

「ヒロさん、今日動けないんで頼みます！」

平然とした顔で、守備位置に戻っていく。

「おい、またかよ」

広岡は、苦笑いしながらショートの定位置の土をスパイクで均す。

「面白いやっちゃなぁ」

心のなかで静かにほくそ笑んだ。

〝背番号3〟はいつだって華やかで躍動感があり、守備位置での構えも軽いタッチでいる。

〝背番号2〟の広岡はこれぞ見本といった姿勢で、腰をしっかり落として低い状態のままつま先立ちで構えている。この相反する姿を見るだけで、野球人としての生き方が異なるのがわかる。

広岡が巨人に入団したのは、昭和二九年。戦争が終わってから九年後、戦争の爪痕はまだ残ってはいるが、壊滅状態からの危機は脱し、ようやく混乱期を抜けた感がある頃だ。

当時の巨人は第二期黄金世代と言われ、きらびやかなメンバーばかりが名を揃えていた。投手陣には、エースの別所毅彦、日本プロ野球初の完全試合達成者である藤本英雄、大友工、中尾碩史。キャッチャーには日系二世の広田順一、ファーストに川上哲治、セカンドに千葉繁、サードに宇野光雄、ショートに平井三郎。そしてレフトに岩本堯、センターに与那嶺要《よなみね》、ライトに南村侑好。さらに、監督には水原茂と、プロ野球黎明期のレジェンドがずらりと並ぶ布陣だ。

六大学野球のスター選手として鳴り物入りで巨人に入団した広岡だったが、今の時代のように球団をあげて歓迎ムードで迎えられたわけではなかった。前出のレギュラー陣を見ても一癖も二癖もあるメンツばかり。グラウンドに入れば、自分以外はライバル。この生存競争の激しさこそが当時の巨人の強さを支えていた。

ルーキーの広岡がもっとも面食らったのは、入団間もない春季キャンプのバッティング練習での出来事だ。

バッティングケージに入ってカーン、カーンと快音を響かせながら10球ほど打っていると、どこからともなくバットが飛んできた。

「なんだ?」

周りを見ると、ケージの近くに立つ南村侑好の姿が視界に入った。南村は、早稲田大の先輩でもある。

「はい、南さん、どうぞ」

素振りをしていてうっかり手を滑らせたんだなとバットを持っていった広岡だったが、南村は不機嫌そうな顔して「おまえ、はよどけ！」と言う。思っても見ない言葉を浴びせられ焦った広岡だったが、すぐにわかった。手を滑らせたんじゃない、わざとだ。バットを投げつけたのは、いつまでも打っているんじゃねえという意味を込めた洗礼だ。パワハラという便利な言葉がない時代、こんなことは日常茶飯事だった。広岡は言われたとおりそそくさとケージを出るしかなかった。動揺を隠せないままでいると、サードのレギュラーで慶應出身の宇野光雄が近づいてきて声をかける。

「おいヒロ、俺のとこで打て」

「宇野さん、いいんですか？」

「俺は大丈夫だから打て打て、ヒロ」

「ありがとうございます」

南村の予想だにしなかった行動に焦りと戸惑いを覚えていた広岡だったが、ここで遠慮してはいけないと思った。学生野球じゃない。食うか食われるかのプロ野球なのだ。図太くなければ生きていけない。宇野の言葉に甘え、別のケージで何食わぬ顔をしてバッティング練習を続けた。

この出来事によって、広岡はプロとは何かを考えるようになる。通常なら早稲田の先輩である南村が後輩の広岡に目をかけてあげるものなのに、容赦ない鉄槌を下す。そして手を差し伸べてくれたのが、慶應の宇野。たまたまかもしれないが、これにも意味があると感じるのはもっと後のことだ。

広岡は、どこかで驕りがあった自分を恥じた。褌《ふんどし》を締め直さないと。新たな再スタートとなった。

プロの洗礼を受けて目が覚めた広岡は、自らを〝六大学野球のスター〟ではなく〝プロ野球選手〟として一から鍛え直すことから始めた。守備に関してはめっぽう自信があったが、ことバッティングに関してはキャンプ終盤まで打てる気配がなかった。しかし、当時はコーチが丁寧に選手を指導するということもなかった。だからといって指を咥えてじっとしているわけにはいかない。広岡はすがる思いで、三年連続でベストナインを獲得していたショートの平井に教えを請いに行こうと決意した。

平井の部屋の前まで来るやいなや、躊躇なくノックする。

「おう、ヒロ、どうしたんや?」

「打てないんです。教えてください」

広岡は恥を忍んで、平井の部屋の前で頭を下げ続けた。

ドアノブを手に困惑顔の平井は、頭を少しかきながらようやく話をする準備を整えた。

「……ボールはホームプレートの上で叩くんや」

広岡がハッとして顔を上げると、平井の厳しい顔が視界に入った。仁王立ちで広岡を睨んでいる。広岡は鋭い視線に負けじと目線を切らず、「もっと教えてください!」と懇願した。

「中へ入れ」

平井は表情を崩さず部屋の中へ手招きをした。運良く同部屋の選手が出かけていたため、座布団を目の前にして遠慮なしにバットを持った。

「ええか、ヒロ、ボールはここで引っ叩《ぱた》くんや」

平井自らバットを持ってミートポイントを指し示す。

「ここまでボールを引きつけたら詰まってしまわないですか？」

「バカタレ！　それは自分で考えることや。とにかく、この位置で叩くにはどうしたらええか考えてやってみい」

そう語気を荒げ、平井はそっぽを向いた。それからは何も言わなかった。

広岡は礼を述べて部屋を出てから、平井の言葉を反芻した。

「ボールはここで引っ叩くんや」と平井が指し示した位置は、ベースに差し掛かる部分。バッターボックスの一番後ろに立ったとしても、今までのミートポイントよりかなり差し込まれるような形になる。広岡は、部屋に戻ってからも一人熟考した。つまり、今までのホームプレートの前（投手側）にミートポイントを置く早稲田スタイルだと、プロの投手が投げる伸びのある速球とキレのある変化球にタイミングが合わず身体がつんのめってしまう。

「ギリギリまで引きつけることで、ボールを見極めると同時に重心を残すバッティングをしろという意味か……」

平井のおかげで納得のいく自己分析ができた広岡は、すぐさまバットを持って庭に出た。振り遅れないように、もっともっとスイングスピードを速くせねば。祈りを込めながら何度も何度も確かめるように素振りを繰り返した。引きつけても詰まらないようなスイングをするためには一にも二にも練習しかない。一日に二千の素振りを自分に課した。

「全員がひとつの目的に向かって力を合わせなければならない」

父の言葉を胸に目標を立てる意義を肌身に感じている広岡は、黙々と素振りをこなした。すべては、平井のアドバイスをもとに自らのバッティングスタイルを変えるためだ。早稲田時代まで我流でやっており、指導らしい指導を一度も受けたことがなかった。プロに入ってからもコーチから何かを言われたことはなく、初めてアドバイスをくれたのが平井だった。広岡は、指導されることに飢えていた。そして、スポンジのように吸収した。オープン戦中盤から難なく引きつけて打てるようになり、一年目から遊撃手のレギュラーに抜擢されるようになった。

「平井さんは心臓弁膜症を患っていて、試合に出ると症状が悪化するからと監督の水原さんは俺を使うようになった」

平井が打撃の手ほどきをしてくれた恩人であるがゆえか、現在の広岡はショートのポジションを「奪い獲った」という表現は決して使わなかった。初めてのシーズンを終え、打率三割一分三厘七毛、ホームラン15本、打点67。堂々たる成績を残して新人王に輝いた。

この新人時代の打率は、二〇二一年にDeNAの牧秀悟（打率三割一分四厘）に抜かれるまで六六年もの間大卒ルーキーの歴代最高打率を誇っていた。

当時の巨人の主力であった川上哲治、千葉茂、別所毅彦らの年齢が三〇を超えていたこともあり、一年目から遊撃手のレギュラーで三割を超える打率を残した広岡は堂々巨人の看板選手となる。二年目には、森祇晶、国松彰、宮本敏雄（エンディ宮本）、馬場正平（ジャイアント馬場）が入団。そして、プロ五年目の五八年に、あの男が巨人に入ってきた。

日本プロ野球史上最大のスーパースター長嶋茂雄。リーグ通算8本塁打という六大学新記録を引っさげ、満を持して巨人に入団。ルーキーイヤーからあわや三冠王を獲るかという八面六臂《はちめんろっぴ》の活躍で、打点王と本塁打王の二冠に輝く。攻走守すべてにおいて高いレベルを併せ持ち、プロ野球を国技・大相撲と並ぶ人気スポーツにまで肉薄させた救世主。その華やかなプレースタイルで、プロ野球という競技にエンターテインメントの要素を植え付けた国民的ヒーロー。その長嶋と広岡は、プロ野球屈指の黄金三遊間コンビとしてファンを魅了していくことになる。

「長嶋の母校である立教大の監督、砂押（邦信、元国鉄監督）さんが相当鍛えていた。そもそも、長嶋は理論もクソもなくできてしまう男。入団して四年間ぐらいは長嶋のプレーを見て、『よく捕るな、よく投げるな、うまいな』という印象があった。どんな球に対しても回り込まず直角に入る。あの守備は勉強になった。面白い男だったよ。若い頃なんか、美味しい刺身があればパーッと全部取って食べるし、集合場所に先に行って隠れて『長嶋さんがまだ来てない』ってみんなが騒ぎ出す頃になってようやく姿を見せて『長嶋さんがいらっしゃった！』ってみんなが歓喜するのを見て喜ぶ男。可愛いんだよ」

末っ子だった広岡は、まるで弟を見るような目で長嶋を語る。底ぬけにヤンチャだった長嶋がさぞ可愛かったんだろう。長嶋も「ヒロさんヒロさん」と慕い、チームメイトには内緒でたまに二人で飲みに繰り出す仲でもあった。

「一方で、カワさん（川上哲治）には入団から引退までずっと虐げられ続けた。バッティングに関しては、今思えばカワさんに対して見せつけるようにやっていたのがダメだった。邪念が入っていては打てるものも打てない。もし水原（茂）さんがずっと監督を務めていたら、何度も三割を打ってるよ」

冗談めかして話す広岡だが、内心本気ではないかと感じさせるほど川上とは巨人時代に壮絶な軋轢《あつれき》を生んでいる。広岡と川上の確執の要因は、野球観の相違というより人間性が相容れなかったように思える。

広岡が早稲田大から巨人に入団した頃の巨人軍はリーグ三連覇中で、名将と謳われる水原茂監督のもと、チームの大黒柱としてプロ入り一四年目の四番打者・川上哲治が君臨していた。

「一番上の兄貴と川上さんが同じ歳なんだ」

広岡が川上について初めて語るときに発した言葉だ。

一二歳離れた長兄に大層可愛がられた広岡達朗。兄弟の中でも一番大好きだった長兄と偶然にも同じ歳の川上に、何かしらの縁を感じた。一回り上の兄の包み込むような優しさを肌で覚えていた広岡が、川上への距離感を勝手に縮め、憧憬を抱くのも不思議ではない。

「カワさんはファーストの守備が本当に下手だった。『俺はこの辺りしか捕らないからな』と言って、自分の胸のあたりに弧を描く。練習中ならまだしも試合でもその範囲に来た送球しか捕らないんだから。決定的に決裂した日のことは今でもよく覚えているよ。(五四年四月二七日の)西京極球場での洋松ロビンス(現DeNA)戦で、八対四で勝っていて九回裏を迎えたときのことだった。ピッチャーはベテランの中尾(碩志、通算209勝)さん。俺が一塁に悪送球したんだ。悪送球っていっても大暴投じゃなくて、ちょっとジャンプすれば捕れる球。だけど、カワさんは捕らない。結局、その次のプレーでもカワさんが捕れる範囲に送球できなくて、一点追加された。そして青さん(青田昇)に逆転満塁ホームランを打たれてサヨナラ負け……。当時は、自分のエラーのせいで負けたからと監督や先輩たちに頭を下げても素通りされるばかり。今だったら、エラーした選手に声をかけないほうが悪いとなるけどね。ゲームが終わってひとりでいると馴染みの記者が来て『えらいことしたね~』と声をかけられるから『申し訳ないことをしてしまった……』と答えてうなだれていた。これでやめておけばよかったんだが……つい『ファーストが下手クソじゃけ、あれくらい捕ってくれにゃあ野球はできんけぇのぉ』と広島弁で言ってしまった。それが翌日の新聞にデカデカと載って……潮目が明確に変わったのはそこから」

この〝神様批判〟とも取れる発言が各スポーツ新聞に掲載されたことで、巨人軍に不穏な空気が蔓延し始める。広岡は正論を言ったまでだが、世の中はそう単純ではない。のちに日本プロ野球史上初の2000本安打を達成し〝打撃の神様〟と呼ばれる川上哲治を一介の新人が痛烈に批判したのだから、大きなハレーションが起こるのも当然である。

「確かにバッティングの練習は〝神様〟と呼ばれるだけあって凄まじかった。調子が悪くなると、二軍の投手を二、三人引き連れて多摩川で二時間ぶっ通しで打ち続ける。『おい、ヒロ、わかったぞ。来た球を打てばいいんだ』って話していたこともあった。元気があるうちは色気があるから上手に打とうとする。でも二時間近くずっと打っていたら色気もなくなって、来た球を打つだけになる。それが無心。打撃には誰よりもプライドを持っていたね。打撃練習だけは持ち時間など気にせず好きなだけ打つんだけど、守備練習は一切しないから下手クソなままだった」

妄執とでもいうのか、川上は守備が下手だった分、バッティングに関してだけ鬼気迫る勢いでいつも練習していた。打撃こそが川上のプライドの集大成だった。

ある試合前に監督の水原が川上に近づき、バッティングの手ほどきをしようとした。

「おい、カワ、こういうときはこうやって打て」

川上はしたり顔で返す。

「オヤジさん、現役時代何割打ちました？」

水原は何も言えずそそくさと離れて、聞こえるか聞こえない程度で「バッキャローが！」と呟く。

プロ野球創世記の大スターである水原にさえ、平気でものが言えてしまう。誰にも触れられないほどの自負心と自信の塊こそが川上哲治だった。広岡は「凄い」という感情を通り越して恐ろしさを感じた。それと同時に、これが巨人の四番の看板を背負うということなんだと理解した。

〝神様批判〟と取られた例の舌禍事件以前には、こんなこともあった。

早稲田の貴公子と呼ばれ、一年目からショートの定位置を確保した広岡には若さと勢いがあった。一方、〝打撃の神様〟川上は三四歳のベテランの域に達し、五四年シーズンは珍しく打率二割台後半をウロチョロしていた。

川上は、遠征先の宿舎でも調子を取り戻そうと一心不乱に素振りをしている。旅館の構造上、大広間で川上が素振りしているのが二階から見え、広岡は何気なくその部屋へ向かった。

「シュッ！　シュッ！」

風を切るバットの音が聞こえる。普通なら声をかけて襖を開けるものだが、何も言わずにいきなり両手で開けた。汗だくの川上は出入り口の襖の真正面にいたため、すぐに気付いた。挨拶もせずに襖を開けた広岡に向かって怒りを滲ませて言う。

「なんだ、何か用か⁉」

「カワさんも苦労してますね」

広岡はいたずら小僧のように思ったことを口にし、それだけ言って帰ってしまった。

「なんだあいつ」と流せたら良かったが、人一倍プライドが高い川上は「あのやろ～!」と昇らせた。

二二歳の若輩者ゆえ、調子に乗っていたと思われても仕方がない。ただ、このときは決して川上を愚弄したわけではない。長兄と同じ年の川上に親近感を持ってかけた言葉だ。しかし、川上はそんなこと知ったこっちゃない。クソ生意気な新人、おまけに六大学出身ということも鼻についた。

人間は相手から嫌われているとわかると自らの感情を変化させる。川上に長兄を重ね、慕いたかったはずの広岡。だが、川上から疎まれて嫌がらせをされるようになったことで愛憎表裏一体の感情が芽生え、互いに火花を散らすようになっていくのであった。

「いや～巨人時代の一三年間は虐められたよ、でもよくやったと思う」

一瞬何か思い詰めたような顔をすぐさま打ち消し、目尻を垂らして笑いながら言った。

「川上哲治という人は〝打撃の神様〟ではあったが、〝野球の神様〟ではなかった」

これが、広岡から見た川上評だ。川上は自分が勝者になるためなら何でもやる個人主義者。打撃の神様であると同時に野球の悪魔でもあった。

川上哲治という人間を知る端的なエピソードがある。太平洋戦争を経験している川上は

「銃弾の雨の中を潜り抜ければ、無の境地を会得できて打撃に生かせるのではないか」と戦地へ行くことを心待ちにしていたという。野球技術向上のため戦争へ赴きたいという思考回路を持つ人間が、他人とまともに交われるはずがない。

「川上さんは熊本工業から巨人に入って、相手から自分になびいてくるのはいいけれど、自分から引き入れようとする勇気がないね」

現役時代は互いに牽制し、衝突を繰り返していた川上が六一年に監督就任。その三年後に確執の決定打となる「長嶋ホームスチール激怒事件」が起きてしまう。

「ホームスチール事件の前に『週刊ベースボール』で手記を書いてくれと頼まれたことがあった。球団にお伺いを立てて〝大丈夫〟と言われたから三回の連載を書いた。あの試合のときはこうやるべきだったとか、俺だったらこうするといった自分なりのドジャース戦法の分析と戦術を書いたつもりだったが、それがまずかった」

球団側も了承したので「それならば」と書いたことが、機密事項の漏洩、球団批判と取られてしまった。正しいこと、間違っていることをきちんとそれぞれ分析したことを手記にした。書く以上は持論を交えて戦術・戦略を解析し改善点も記した。それが逆鱗《げきりん》に触れたのだ。

ここで特筆されるのは、プロ野球史を紐解くうえでも大きな転換期となった〝ドジャース戦法〟とは一体なんぞや、だ。そもそもプロ野球界に戦術・戦略を初めて持ち込んだのは、川上巨人だと言われている。六〇年の秋、川上は一八年間の現役生活を終えて監督に就任。六〇年のシーズン、リーグ五連覇中だった巨人だが、打撃陣は三割バッターが長嶋のみ。投手陣は藤田元司の故障により堀本律雄が29勝と孤軍奮闘するが、他のピッチャーが総崩れで二位に終わり、水原が辞任に至ったという形だ。

監督になった以上、初年度から是が非でも優勝するためにどうしたらいいのかと川上が思案に暮れていると、一冊の本に巡り合った。ブルーの表紙でタイトルに『ドジャースの戦法』（五七年ベースボールマガジン社発行）と記されている。ページを開くと、今までやってきた野球とは違うことが書いてある。選手個人が勝手にプレーするのではなく、チーム全体がサインによって連携してプレーする。目からウロコだった。

早速、翌春の宮崎キャンプでドジャース戦法を取り入れるべく練習するが、上手くいかない。連日のミーティングでも説明をするが、誰もがちんぷんかんぷん。そりゃそうだろう。川上自身もやったことも見たこともないから、選手たちができないのは当たり前だった。

その後、宮崎からフロリダのベロビーチに移ってブルックリン・ドジャース（現ロサンゼルス・ドジャース）と一緒に練習することになった。百聞は一見に如かず。そこでようやく「ドジャース戦法」のなんたるかがわかった。

そもそも、それまでのキャンプといったら、起床時間、練習時間の開始だけが決まっているだけで、細分化されたスケジュールなど存在しなかった。レギュラーは昼までちょこちょこっと練習して、後は麻雀三昧。それが、ドジャースのキャンプはいくつもの球場を使用し、打撃、守備、走塁の練習がタイムスケジュールで管理されていたことに巨人の選手たちは驚いた。とにかく、川上は今までのキャンプのやり方を刷新し、効率良いスケジュールを立てることから始めた。そのうえで徹底的に組織プレーを反復練習させ、毎夜ミーティングをやり、〝考える野球〟を定着させたのだ。

巨人がドジャース戦法を取り入れるまでは、日本のプロ野球チームがサインプレーによって連携することなど皆無だった。例えば一塁ゴロのとき、ピッチャーがファーストベースカバーに入るという練習をしないため、実戦では各々がぶっつけ本番で判断してプレーするしかなかった。ましてや、相手がバントしてきたらひとつアウトにすればいいというのが基本の考えで、今のようなバントシフトでファーストとサードが飛び出してくることもなかった。つまり守備側の意思でバントを成功させないようにする発想がなかったのだ。

六六年から三年間巨人に在籍した江藤省三（元慶應大監督）が、キャンプ中のミーティング内容を丁寧にまとめあげた「川上ノート」を作り上げていた。江藤はこう証言する。

「川上野球とは、要は勝つためにどうするのかを徹底した野球。当時のコーチングスタッフはOB出身者のみで構成されていて、なあなあの雰囲気だった。そんな不文律をぶち破って、中日出身の牧野（茂）さんをコーチに呼んだのも川上さんが初めてでした。ドジャース戦法を身体に叩き込むため、キャンプの初日からバント防止のピックオフプレーやダブルスチール阻止といったサインプレーの反復練習ばかりやらされたね。バントをやらせるにしても、打ってくるかもしれないという予想を元に守備陣形を敷いていくんです。私はポジションがセカンドだったので、状況に応じて動きを覚えなくてはなりません。例えば、一死満塁でライト前ヒットを打った場合のカットオフプレーにしても、打者の二塁進塁を防ぐ動きをするためにセカンドが一塁カバーに入るなど、覚えることがたくさんありました。今でも通用するプレーを五〇年以上前からやっているんですから、そりゃ強くて当たり前です」

六一年のシーズンは、巨人の組織プレー、サインプレーが面白いように決まった。当初、他球団はただ偶発的にやっているのだと思っていた。だがあまりにやられるので巨人が意図的に行っているのだとようやく気づいた。

七〇年に中日へ移籍した江藤は、中日コーチ陣からすぐに巨人のドジャース戦法を教えてほしいと請われる。当時どこもやっていなかったバントフォーメーションのサインや、投手と野手の牽制サイン等を、キャンプの日程表の裏に記したという。

「ルーキーの頃、川上さんがキャンプ前日に言った『理屈じゃない。理屈を超えてこそバッティングのコツを見出すことができる』という言葉が終生忘れられません。理屈を超えるくらいの努力をしないとグラウンドに立てない。一打席立つためにバットを千回振るんですから、やっぱり理屈じゃないですよ」

正しい理論を体現するには、時間をかけて身体に叩き込まなくてはならない。近代野球の礎ともいえる組織プレーを身につけるまでには、膨大な練習量があったのは言うまでもない。

広岡が良かれと書いた『週刊ベースボール』での手記が球団批判と取られ、反広岡の首脳陣から「広岡を追い出せ」と声が上がりトレード話が浮上した。幸いにもすぐ立ち消えたが、プロ入り一一年目に件の「長嶋ホームスチール事件」が起こった。

六四年八月六日、蒸し暑い夜空の下、神宮球場の五つの照明灯が青白い光を強烈に放ってグラウンドを照らす。

巨人対国鉄二四回戦。巨人の先発は伊藤芳明、国鉄は〝天皇〟金田正一で始まったナイトゲーム。この日は、長身金田の速いテンポから繰り出すストレートがビュンビュン決まり、さらにブレーキ鋭いドロップがコーナーにギュンギュンと収まり、金田は六回まで巨人打線を完璧に抑えるピッチングを見せた。金田の完封ペースで〇対二とリードされた七回表、巨人はようやく反撃の糸口を手にし、一死三塁のチャンスを迎えた。三塁ランナーは長嶋。バッターは六番広岡。この場面、普通に考えたらヒッティングだ。カウント2ストライクから三球目だった。金田がセットポジションから足を上げる瞬間、スタンドにいる観客がワーワーと騒ぎ出した。ランナーの長嶋がホームに突進し、足からスライディング。土煙のなかでキャッチャーミットと交錯する。

「アウト!」

球審の手が高らかに上がる。無謀とも言えるホームスチール。余裕のタッチアウトだ。

広岡は逆上した。身体中の血が沸騰し、バッティングどころじゃない。次の球を怒りに任せてフルスイングして空振り三振に倒れ、バットを地面に思い切り叩きつけて悔しがる。三振で悔しがったのではない。この不可解な仕打ちに対して怒りをぶつけたのだ。2点差での七回一死三塁。外野フライでも1点、あたりが緩い内野ゴロでも1点になるケースで、ホームスチールなどありえない。

「よっぽど俺のバッティングが信用できないのか……」

屈辱に塗れた広岡は首脳陣を見向きもせず、そのままロッカーへと直行し、帰ってしまった。試合放棄だ。

広岡は家路に着く途中もカッカと煮えたぎっていた。監督の川上と長嶋だけがわかるサインを出したとしか思えない。二年前にも同じことがあった。同じ国鉄戦で延長一一回、二対一と1点リードされた場面の二死三塁でのホームスチール敢行。この場面はまだわかる。でも、○対二で2点差で負けていて、七回一死三塁の場面ではまず考えられない。

「監督と長嶋の間だけのサインなんて、そんなのサインじゃない。怒るのは当たり前。長嶋は好い奴だからサイン通りやっただけ。後でどうなるなんて考えていないから。問題は川上さんよ。俺を嫌っているだけでなく、こんな仕打ちをするのかという怒りと苛立ちで、そのまま家に帰ってやったよ」

この事件により、広岡と長嶋の不仲が始まったと流布されているが、そんなのはデマ。ふたりの関係にはまったく支障がなかった。この事件により巨人内における広岡の立場が危うくなり、巨人史上稀に見る大問題へと発展していくのだった。

試合を放棄して家に帰ったものだから、球団内ではトレード話が再燃した。

事件が起きた六四年シーズンは三位で終了。一〇月から秋のオープン戦が始まるが、メンバーに広岡の名前はなかった。その頃、報知新聞に川上監督のインタビュー記事が掲載され、広岡について「トレードに出すかは検討中。近日中に結論を出す」と発言したことで、各誌が一斉に広岡トレードを報じ始める。巨人軍内部で広岡が異端視されているのは周知の事実となった。

報道は過熱するが、広岡のもとに巨人からの連絡は一向に来ない。広岡はどこかで腹を括るしかないと考えていた。広岡の師である思想家の中村天風に、自分の思いの丈をすべて吐き出した。天風は目を瞑りながら微動だにせず話を聞き、何かを悟ったようにカァーッと目を見開き、こう言い放った。

「それなら巨人の広岡として死ね！」

天啓に打たれたようだった。大巨人の看板を支えてきた自負がありながらも、川上との確執による葛藤、懊悩、責苦が入り混じって心身とも疲弊していた広岡は、肩の荷が下りた気がした。背中を押された思いで、現役を退くことを決意する。

早速、巨人軍のオーナーである正力亨に電話をし、邸宅を訪ねた。単刀直入に引退する旨を告げると、亨は陰りのある表情を浮かべた。

「君の気持ちはわかった。しかし私の一存では何も言えない」

亨では捌《さば》ききれないということで、亨の父である正力松太郎が裁定する話となった。

正力松太郎といえば〝読売興隆の祖〟であり、日本にプロ野球を作った大人物である。戦後は国務大臣、初代科学技術庁長官などを歴任しただけでなく、テレビの誕生・発展にも貢献し、日本のテレビ界の父とも呼ばれる。もはや歴史上の偉人といっても過言ではない正力松太郎がいちプレーヤーの処遇で動くことなど前例がなく、ありえないことだった。

正力松太郎から至急面談したいと呼び出しがあり、広岡は日本テレビへと駆け付けた。

エレベーターを最上階で降りると、会長室まで続いている長い廊下から荘厳な雰囲気が漂ってきた。ホームのはずなのに、なぜか完全アウェーのような物々しい緊迫感が全身を突き刺してくる。

「コンコンッ」と心情を表すような固いノック音を鳴らす。ゆっくり間を置いてから、パンドラの箱に手をかけるかのように重苦しいドアを開ける。〝もわぁ〜〟と緊張を孕《はら》んだ空気が逃げ場を求めて広岡に覆い被さる感じがした。部屋一面には踏み心地良い絨毯が敷き詰められている。視界に入ったのは、戦後の傑物として日本を急成長させた正力松太郎がゆらゆらと妖気を纏うようにしてソファに座わっている姿だった。

圧倒的存在感の正力松太郎を前にしても、広岡は怯まなかった。プロ野球の父と謳われる大人物の圧に屈せずに自然体のままでいられたのは、「巨人の広岡として死ぬ」という不退転の覚悟を携えていたからだ。人間、斬るか斬られるか——。広岡は深々と頭を下げて挨拶をし、正力の命によりソファへと座る。正力の視線はずっと広岡に注がれていた。互いに向き合うと同時に間髪入れずに正力から問いただされた。

「広岡君、きみは巨人軍の広岡として死にたいのだな」

「はい、そうであります」

「わかった。それほど巨人を愛するのなら、辞めることまかりならん」

正力松太郎は大きな声で発した。その言葉には有無も言わさない重みがあった。

広岡は飲み込まれそうになったがぐっと堪え、圧を跳ね返すように返事を一旦保留した。

正力松太郎はすぐに「川上を呼べ」と亨に命じたが、秋のオープン戦で九州に遠征しているとのことで、後日あらためて川上監督を交えて会食することになった。

広岡の気持ちは変わらなかった。いくら正力松太郎に言われたからといって、ここで引退を翻意してしまうと「オーナーに泣きついた」という烙印がついてしまう。トレードがご破算になった川上体制にとっても悪影響が出る。

九州遠征から帰京後すぐ、日本テレビの迎賓館で、正力松太郎・亨親子、球団役員、川上監督、そしてコーチの中尾碩志、南村侑広と広岡とで会食が開かれた。事前に亨オーナーから「親父の命には絶対だから歯向かうな」と釘を刺されている。川上からは「残留する以上、巨人軍の機密事項を外部に漏らさぬように」と残留前提で話をされた。「機密事項を漏らすな」と釘を刺されたということは、週刊誌に手記を書いたことがトレードの引き金になっていたことは明らかだ。

「小せえなぁ」。広岡は心のなかで呟いた。反論したくても亨オーナーとの約束で何も言えない。会食の最中も亨オーナーが「我慢しろ！」と目で合図を送ってくる。会がお開きになる前に「広岡からは何かないか」と問われたが、即座に「何もありません」と答えた。広岡が初めて自分の意思を押し殺した瞬間でもあった。

その後、広岡は引退するという意志を貫くべく、「巨人軍で死なせてください」と再度亭オーナーに申し出たが、保留。そのまま師走に入った。さすがにセ・リーグ鈴木龍二会長、前監督の水原までもが広岡の動向に対して助言をした。広岡の処遇は巨人軍だけの問題に留まらず、球界全体を騒がせる事態へと広がりを見せていく。

「川上に歯向かうのはいいとして、大正力（正力松太郎）の温情を無下にしてはいかん。〝大正力〟だけには絶対に楯突いてはいかん」

両大御所にここまで言われれば、広岡も引かざるを得なかった。

こうして広岡は再度亭オーナーのもとへ出向き、「残留させていただきます」と頭を下げてお願いした。

だが、当の広岡は釈然とせず、ひどく後悔していた。巨人に残ったことではなく、正力松太郎、川上との会談で何も言わなかった自分に対して憤慨した。

「もし、あのとき意思を貫いていればどうなっただろう……」

たられればを考える自分がひどく卑しい人間に思えてしまった。たった今から、二度と後悔しない行動を心がけようと、固く胸に誓った。

監督である川上からすると、広岡をトレードに出そうと画策していたのに、思わぬ大人物の介入でご破算となって面白くない。品行方正のONと違って、勝負の世界における正義とフェア精神の名の下に思ったことを的確にズバズバ言う広岡が、煙たくて煙たくてしかたがなかった。

六六年に巨人へ入団した江藤も懐かしそうに語ってくれた。

「セカンドだった自分が『ゲッツーのときにどのあたりに投げればいいですか?』と広岡さんに尋ねたことがあった。すると『どこに投げても捕ってやるから遠慮せずにやれよ』と言ってくれたんです。あのときは心から嬉しかった。今でも覚えてますよ」

広岡は新人の頃、川上の横柄さに苦労したことを思ってそう声をかけたに違いない。自分の利益よりもチームのために突き進むことができる広岡と、己の理想を追求するために他を犠牲にしてまでも邁進する川上。野球を愛する心は川上、広岡ともに同じだったかもしれないが、野球へのスタンスが決定的に違ったのだ。

しかし、正力松太郎の裁定で巨人に残留するものの一度生じた亀裂は埋まらず、広岡は二年後にひっそりと引退する。ようやくこれで川上の呪縛から解放されると思いきや、川上の影は亡霊のように広岡にまだまだ付きまとうのであった……。

王貞治の証言

「両雄並び立たず」という言葉に反する例えとして必ず用いられるのが、長嶋茂雄と王貞治。四歳違いの英雄二人が現れたおかげで、今日のプロ野球があると断言できる。

五八年、ゴールデンルーキー長嶋茂雄がプロ初年度であわや三冠王を獲るかという破竹の勢いで活躍を見せるなか、一人の高校生の去就に注目が集まっていた。早稲田実業の王貞治だ。

この年、プロから大いに注目されていた高校生は王以外にも二人いた。一人目が夏の甲子園準優勝投手で、83奪三振という甲子園大会記録を持つ徳島商業の鉄腕・板東英二。そして二人目が、甲子園に一度も出ていないものの県予選で13試合11本塁打と驚異的な成績を残していた浪商・張本勲。そんな二人をもってしても、王の実力・人気は抜きん出ていた。

甲子園四度出場で、高校二年時には選抜優勝。さらに二年の夏にはエースとしてノーヒットノーラン達成。実力に裏打ちされた輝かしい冠を掲げる王貞治に、プロ一二球団が触手を伸ばすのは当然である。その後868本もの本塁打を放ち、〝世界の王〟の名を恣《ほしいまま》としたのち監督としても名将の冠を戴いた御年八三歳（二〇二四年三月現在）の王は、当時をこう振り返る。

「でもね、高校三年の夏には甲子園に出られなかったから、大学に行くつもりだったんですよ。早稲田大学で野球をやろうと思っていました。だけど、阪神の佐川さんというスカウトが一生懸命に誘ってくれて、自分の気持ちが揺らいじゃってね。親も『ジャイアンツは大学出が多いからお前は苦労する。阪神は高校出の人が多いから阪神に入ったほうがいいんじゃないか』と。ましてや甲子園が本拠地になるから良いだろうと。だけど、結局ジャイアンツからも『プロに入るんだったらぜひ来てくれ』と誘われましてね。とにかくまだ子どもですから迷っていましたけど、うちの兄が『お前はどうしたいんだ？　お前がまずどう思っているのか言え』ということで、『僕はジャイアンツに入りたい』と。それでジャイアンツ入りが決まったんですよ」

八月一日に巨人入りを表明した王は、一〇月四日に入団契約を済ませた後、しばらくの間多摩川での巨人二軍の練習に参加した。二軍監督の千葉茂は、まだ高校在学中の王の威風堂々とした姿に感心した。

「まったく物怖じしないな、こいつ……」。だからといって虚勢を張っているわけでもなく、自然体でいるから嫌味がない。猛牛・千葉茂の目から見ても想像を超える存在感を放っていた。

年が明け、いよいよ春季キャンプ。二日遅れの二月二日に、新調したモスグリーンのスーツ姿で宮崎キャンプの宿舎に合流した。同部屋は既にスター街道まっしぐらだった長嶋茂雄だ。「なかなか似合うじゃないか」とモスグリーンのスーツをヒヤかされ、王はクリクリした目を伏せてテレくさそうに頭をかいた。首脳陣も王自身も、ピッチャーではなくバッターとしてプロの世界で勝負するという話になってはいたが、春季キャンプでは投手と外野手の練習をさせられた。水原監督の脳内では、「ライト・王」の構想が出来上がっていた。

ビンロウ樹で名高いキャンプ地・青島の水平線に早春の夕日が沈んでゆく。汗塗れでクタクタの王だったが、同じグラウンドで汗を流す多士済々の巨人軍レギュラーを前にしても怖気付かず、その心には希望が満ち溢れていた。

宮崎キャンプの最終日、二二日の紅白戦ではライト・王として実戦デビュー。緊張で固くなったのか第一打席、第二打席ともに三振を喫したが、続く第三、第四打席でヒットを放ち、4打数2安打。上々の打者デビューだ。

その後、巨人軍は兵庫県明石市へと移り第二次キャンプを張るのが恒例だった。王はフリーバッティングでは快音を鳴らし、川上ヘッドコーチや長嶋をうならせる。しかし、守備練習となると鈍足のためか打球の落下点に入るスピード、打球処理のカンがイマイチで、まだまだプロとしての及第点には及ばなかった。

二八日、大阪の日生球場にて近鉄との初のオープン戦。王は八番・ライトで出場し、3打数2安打うち二塁打1本と華々しい対外試合デビューを飾った。その後、オープン戦へコンスタントに出場し、7試合目の阪急戦では待望のホームランも飛び出すなど順調に打者としての道を歩んでいった。三月一九日、大阪球場での西鉄戦では二番・ファーストとして先発出場。王が初めて実戦でファーストを守った日だ。

「王には一塁手をやらせる。初めてのポジションだからエラーしても気にするなと言ってある。やる気があるから十分こなしてくれるだろう」

水原監督はそう報道陣にコメントしている。当初は川上の引退により、三四歳のウォーリー与那嶺外野手が負担軽減のためファーストに入る予定だった。しかし、王は鈍足ゆえに外野手としての適性能力に欠け、打撃を生かすためにファーストに入ることが最善だと判断。ここから、ファースト・王としてプロ野球人生が始まった。サードには春季キャンプを同部屋で過ごした長嶋茂雄、そしてショートには、王にとって八歳年上の広岡達朗が入っている。

「広岡さんは常に堂々としていましたね。背番号2番で、もう不動の遊撃手のレギュラーでね。僕が入ったときは長嶋さんがすごい派手な形で騒がれてたけど、野球選手としての広岡さんっていうのは、やっぱりみんなから認められていてね。ショートでの守備はもちろん、バッティングも良かったですよ。ショートからの送球も非常にコントロールのいい人でした。球筋も、一塁手からしたら捕りやすい球っていうのかな。回転がおかしくて変化する球を放る人もいるんだけど、広岡さんは回転がすごく綺麗だった。でも、グラウンドの中でも外でも、広岡さんと軽口を叩くようなことは一度もなかったですね。僕は高校出だからね。ジャイアンツはほら、広岡さんも長嶋さんも、ほとんど大学出が多いからね」

オープン戦の成績は、21試合の出場で69打数17安打5本塁打。打率は二割四分六厘、長打率は五割三分強。決して相手を威圧するような凄みのある構えではないが、シャープなスイングから右へ左へと打ち分け、時折胸のすくようなホームランを放つ。川上哲治が引退し、その後釜を王が担って長嶋とともに巨人を盛り立てていく時代の訪れを誰もが予感していた。

四月一一日のペナントレース開幕戦は、ホームである後楽園球場での国鉄戦。王は高卒ルーキーながら七番・ファーストで巨人軍の開幕スタメンに抜擢される。紅白戦、オープン戦ともに初戦は2安打を放っており期待されたが、結果は3打数2三振1四球。公式戦ともなればピッチャーが投げる球の質は違うものだと納得しつつも、気づいてみれば開幕から26打数ノーヒット。それでも水原監督は我慢して王をスタメンで起用し続けた。二六日、後楽園での国鉄戦の第三打席で、ライトスタンド最前列に飛び込むホームラン。27打席目にしてようやく出た初ヒットが、初ホームランとなった。プロ野球史に数々の大打者好打者が誕生してきたが、初ヒットが出るまで27打席かかったのは、後にも先にも王だけである。そういった意味でもスケールの大きさを感じさせる。

「水原さんは僕が入団した年からの二年間しか一緒にやってないので、あまり覚えてはいないんですけど、川上さんがちょうど辞めた後だったので一塁手でスタメン出場し、僕がいくら三振しても使い続けてもらいました。そのときはもう右も左もわからないから、ただ黙って試合に出ていただけです。自分も引退してコーチや監督をやらせてもらって、当時、本当に水原さんが我慢して僕を使ってくれたんだなっていうのが後からわかりましたね。だから水原さんには本当に感謝しています。やっぱり監督っていうのは、忍耐ですよね。我慢、我慢です。だって一流のバッターの基準が打率三割であって、七割は打てないんですから。相手も勝とうと思ってやってくるから、そんなに勝てるわけじゃない。だから監督・コーチって大変なんでしょうね」

そんな王だが、五月七日から六月三日の間はスタメンを外れている。それでもルーキー王の人気は長嶋と二分するほど凄まじく、地方に行けば長嶋より王のほうが歓声は大きい。長嶋の前年度の鮮烈なデビューで爆発的なプロ野球ブームが起こった影響下で、王が〝超高校級〟として騒がれて入団し、この頃はまだ人気のほうが先行していたきらいもあった。だからといって奢ることもなく、ベンチにいても王は遠慮なしに水原監督の隣に座り、あれこれと質問攻めをした。味方の選手を激励したりとベンチで進んで声を出し、試合が終わればバットやグラブを片付け、味方の選手が怪我で負傷すれば真っ先に飛び出しておんぶをする。新人だからという負い目や引け目ではなく、自ら率先して屈託のない笑顔で雑用する。王はその後も非常にグラウンドマナーが良い選手として評価され続けた。

結局、ルーキーイヤーは、打率一割六分一厘、25打点、7本塁打で終わる。本物の長距離打者は自分のタイミングを摑むのに時間が掛かるものだ。

二年目、早稲田大から大型スラッガーである木次文夫が巨人に入団。それに対する危機感もあったのか、王は前年よりさらに奮起した。キャンプから精力的に動き、紅白戦でもガンガンに打ち出し、水原監督も「今年の王は大きく飛躍するぞ」と高らかに宣言した。

結果、二年目のシーズンは打率二割七分、17本塁打、71打点とチームの主軸としてはまずまずの成績を残し、初のオールスターにも出場した。ホームラン数はチーム一だった。

同学年で一緒にプロに入った板東英二(元中日)が王について懐かしそうに語ってくれた。

「ワンちゃんは高校二年の選抜甲子園優勝投手だけど、最後の夏は出ていないでしょ。僕が最後の夏の甲子園準優勝投手で、魚津高との〇対〇延長一八回再試合が注目されていたので、世間的に僕のほうが格というか注目度はちょっと上だったんです。フジテレビの特番『スター千一夜』で一緒になって、そこから仲良くなってね。二人とも騒がれて入ったけど、ワンちゃんも俺も最初は今ひとつだったこともあって、余計に仲が深まった感じですね。ワンちゃんが名古屋に来たときには俺が御園の寿司屋へ連れて行って、俺が東京遠征に行ったときはワンちゃんから『ちょっと飯食おうか』って美味しい中華料理に連れて行ってもらいました。ワンちゃんの実家にも行ったことありますよ。ワンちゃんはビールが好きでね、お店に行っても店員さんにもとにかく優しいんですわ。とにかく周囲に気を遣う人だね」

三年目、川上が監督となり、長嶋、王の二枚看板として大いに期待した。しかし、打率二割五分三厘、13本塁打、53打点と前年度より成績を下げてしまった。川上の後釜になりうる大器としての入団だったが、その後の三年は思ったより伸びなかったというのが首脳陣の正直な心境だろう。首脳陣は、なんとか王をブレークさせるべく、大毎オリオンズを辞めたばかりの荒川博を打撃コーチとして招聘した。この招聘に一役買ったのが、広岡である。

「川上さんに荒川さんを推薦したのは俺。王を育成するためには、早実の先輩で子どもの頃から王を見ている荒川さんをコーチに招聘すべきだと。荒川さんの性格は早稲田時代に十分把握していたから説得するのは造作もないことで、後は川上さんの首を縦に振らせるだけだった。荒川さんは口が上手で、自分ができないことをさもできるように言う。実際は何にもできないんだけどね。合気道の理論で大毎のミサイル打線を作ったのは、荒川さん。榎本（喜八）を合気道の道場に連れて行き、藤平光一先生に弟子入りさせた。その後、榎本は見違えるように打ち出した。当時大毎の外野を守っていたハワイ出身のスタンレー橋本が『打球の威力が以前と全然違う』ってびっくりしたんだから」

榎本喜八は早稲田実業から大毎オリオンズに入り、史上最年少で1000本安打、2000本安打（三一歳七ヵ月）を達成。荒川が榎本の才能に目をつけ、合気道の第一人者の藤平光一に紹介し、打撃に合気道の教えを取り入れさせた。川上は、榎本を育てた功績を買い、荒川を巨人のコーチに招聘したのだ。

「けれど、川上さんはバッティングへのプライドは人一倍持っていた人。『荒川さんに任せた』と言ってもグラウンドで王を見つければ、いろいろとアドバイスをする。それを見た荒（荒川）さんが『平気で川上の野郎が、バッティングコーチの俺の前でこうせえああせえと王に言う。俺はどうせえちゅうんだ。立場がない』と愚痴っていたよ。だから荒さんに『ちょっと川上さんに話するから待っててください』と言ってなだめていた。頃合いを見て川上さんに『グラウンドにいるときはアドバイスをするのを悪いとは言いませんが、やっぱりバッティングコーチの顔を立てて、黙っていてくれませんか』って伝えたよ。川上さんにも思うところあっただろうけど、『ほうそうか。わかった』って返事してくれた。

王は、台湾出身の父・仕福さんから徹底した躾、日本での常識、マナーを教育されていた。ワンちゃんは本当に優しい男だが、実はブキっちょ。荒川さんがコーチになってすぐの頃なんか、フリーバッティングでさえ空振りしていた。荒川さんが付きっ切りでアドバイスをし始めるとフォームが固まってカンカン打つ。王が一本足になったのも合気道の影響で、榎本と同じく合気道の藤平光一と作り上げたものと言える」

荒川は、一月の自主トレで王のトスバッティングを見て落胆した。重心の取り方が下手すぎる。投球によって重心が左へ右へとブレてしまい、速球には詰まるし、変化球にはかわされてしまう。

「ひでえもんだな」

荒川が一言だけ言って立ち去る。

王は、何が何だかわからなかった。

二、三日後、荒川は王のもとへ近づいて意を決した表情で言う。

「やる気があるなら、三年間俺の言うことを聞けるか」

他に頼りとするものがない王は「はい」と即答した。

そこから王と荒川のマンツーマン特訓が始まった。

王にはヒッチする悪癖があった。ヒッチとは、打つときにグリップを下に動かすこと。下に動かしても再びトップの位置まで持ってこれればいいのだが、グリップが下がったまま打っている。荒川は、なんとか王のヒッチを直し、重心を安定させるにはどうしたらいいか思考を巡らせた。荒川が通っている心身統一合氣道会の会長、藤平光一に相談した。

「二本足で重心が保つことができないのなら一本足にしたらいい。なまじっか二本足だと重心の取り方がいくつもあって誤魔化してしまう。一本足だったら誤魔化しはできない。重心を下に置いたほうが安定感出るから、わかりやすい」

心身統一合氣道の原則である、

一、臍下の一点に心を鎮め統一する
二、全身の力を完全に抜く
三、身体のすべての部分の重みを、その最下部に置く
四、氣を出す

藤平光一のアドバイス「二本足がダメなら一本足にしろ」はこの四原則から導かれている。荒川にとっても、一本足は目からウロコだった。当時、別当薫や大下弘が一本足で打っていたのを思い出した。早速、練習に取り入れるためにみずから実践した。

「こうやって一本足で立つことで重心は下に行き、ヒッチもしない」

まずは一本足で重心を安定させてヒッチをなくすために、一本足での素振りを王に課した。ただ、この時点ではあくまでも重心の安定とヒッチの矯正のための一本足であり、ベースは二本足でのスイングだった。

そうして王にとって四年目のシーズンが開幕した。前半戦、打率は二割五分前後を行っ

たり来たりで、ホームランは9本。荒川は苛立っている様子だ。どうやら首脳陣から、二割八分、ホームラン20本のノルマが課せられているらしい。

六月三〇日、川崎球場での大洋戦。マウンド度胸満点の鈴木隆投手が放るキレの良いストレートにいとも簡単に手玉に取られ、王は3打数ノーヒット2三振、チームも一対〇の完封負け。この頃、王は自動車運転免許を持っていなかったため、早稲田鶴巻町の荒川の自宅までタクシーで行って練習してから荒川の車で球場入りするのが常だった。帰りも荒川の車で家まで行き、練習してからタクシーで家路に着く。地方遠征のとき以外、これを毎日繰り返した。

この日の帰りの車中、荒川は一言も話さなかった。荒川宅に着いてもいつものように「よし入れ」と言わず、一人でさっさと家に入ってしまった。さすがの王も玄関の扉を開けることができず、大通りに出てタクシーを止めた。走り出した途端雨が降り出し、フロントガラスにへばりつく雨粒を弾くワイパーの音だけがむなしく響く。

「くそっ……」

王は唇を噛み締めるしかなかった。

翌七月一日。夜更けに降った雨のため、グラウンド整備に時間がかかり、球場での練習開始が後ろ倒しになる。その間、緊急のコーチ会議が開かれた。

「王はどうなってるんだ?」

荒川は首脳陣から詰め寄られた。

「まだ前半戦です。後半戦を見ててください」

会議が終わると、荒川は急いでロッカールームで時間を持て余していた王のところへ向かった。

「今日、一本足でいくぞ、いいな」

荒川にとってある意味覚悟を決めた台詞だった。前夜の王の不甲斐ないバッティングと、会議でやり玉に挙げられた怒りが入り混じり、どこかで苦し紛れの言葉でもあった。

「わかりました」

王は、自分に向けられた荒川の決意を肌感覚で理解し、素直に返事をした。

「おいヒロ、王なぁ、一本足でやらすから見とってくれ」

荒川は広岡を見つけると必死の形相でそう告げた。

川崎球場での大洋戦ダブルヘッダー、王は一番ファーストでスタメン出場。このシーズンは開幕四試合まで四番を張ったものの、その後三番となり、四月二八日からほとんど一番を打っていた。大洋の先発は二五歳でプロ入りしたルーキーの稲川誠投手。キレの良いストレートと大小二種類のカーブでこの年12勝を挙げた好投手だ。

1回表、トップバッターの王は、ネクストバッターズサークルで投球練習をじっと見ていた。荒川に言われた「一本足でいくぞ」の言葉を頭の中で反芻する。球審からプレイボールがかかり1回表、先頭打者の王は静かにバッターボックスに入った。何も失うものはない。猛禽のごとく相手を睨みつける。投球と同時に右足を上げ、タイミングを計った。

うむ、しっくりいく。うまくバットが振り出され、ライト前ヒット。とりあえず面目躍如といったところか。幸先良いスタートが切れた。

第二打席を迎える。前の打席でヒットを放っているだけあってリラックスした状態で打席に入る王。

一本足からの鋭いスイングはおあつらえ向きのストレートを完璧に叩き、ライトへ弾丸ライナーのホームラン。一本足の始動からタイミングの取り方まで完璧だった。四席目もヒットで5打数3安打の猛打賞。ぶっつけ本番のまぐれ当たりだったかもしれないが、王は結果を出した。この日から一本足打法の王として生きることになる。

試合後、荒川と王はいよいよ本格的に一本足打法の完成を求めるべく荒川家で練習をした。まずは一本足でより安定して立つことから重点的に練習させた。重心をへそから10センチ下の〝臍下〟に集中させてバットを構え、一本足で立つことを徹底的に王の身体に染み込ませた。子どもが押すくらいではビクともしないほど、一本足の構えをより強靭なフォームにするため昼夜問わず必死に練習した。その次にやったのは、真剣で藁の束や天井から吊るされた新聞の切れ端を斬る練習。刀は重く、水で濡らして立てた藁の束は刃を立てて直線的に切り込まないと斬れない。刀が寝ていたり、切り込む軌道が波打っていては絶対に斬ることができない。

荒川家の和室で、踏み込む右足の指が畳で擦り切れて流血するほど素振りを続けることで、「重心が〝臍下〟に安定すれば必ず打てる」という感覚を身につけることができた。

この感覚を維持するためには、一にも二にも練習しかない。結局、この年は巨人軍史上最多の38本塁打、85打点で二冠王に輝いた。だがその成績にも満足せずに、王と荒川は一本足打法の完成のため修練に励んだ。

宮崎での巨人軍春季キャンプは、大淀川の河畔に建つ宮崎観光会館を宿舎にし、およそ三週間かけてペナントレースを戦えるだけの力を調整していく。一九時頃に選手全員が夕食をすませた後に、誰もいなくなった大広間で王と荒川だけの夜の特訓が始まる。

キャンプインの夜、広間の真ん中に一本足で立った王は、バットを構えたまま微動だにしない。王の前に、バットで内角、外角と投球のコースを示す荒川がいる。王は指し示めされたバットの先を睨みつけるだけでバットを振らない。緊迫した空気が二人を覆う。翌日から始まった練習でも、王は数日バッターボックスに入らず、守備練習とランニングで汗を流すのみ。一本足の重心が完璧に定まるまでバッティング練習はしなかった。

自分のミートポイントまで球を引きつけられるのが、一本足打法のストロングポイント。一本足になってミートポイントがズレやしないか心配されたが、臍下の一点に氣を集中することで上体を脱力できれば、どんな球にも順応できる。要は、一本足での重心の位置を安定させることが何よりも重要だった。

「王は、この人のおかげと信じ感謝の気持ちでやっているから違うんだよ。僕らが見とっても本当に寒気がするぐらいよくやった。『世界のホームラン王になった』と日本人は上辺だけを見て、その本質を知ろうとせんからな。一本足のほうがバランスがいいという結論に達して、王は一本足になった。こういうことが本質よ」

広岡は、八つ年下の偉大なる後輩を心より褒め称えた。

王が静かに語る。

「私は本当に不器用ですよ。不器用だから、あの一本足打法ができたんだと思います。器用な人だったらできないと思います。不器用な人が、ひとつのことだけコツコツコツコツやり続けて形にするということですよね。器用な人は結局いろんな形でもやれてしまうから、ひとつのやり方で確信を掴むところまでなかなか行けないんじゃないですかね。

一本足打法は動きが大きい分、軸をしっかりする、構える際に静止する意識を自分の中に強く持っていないとできません。無駄な動きをなくし、軸をぶらさないためにも、一本足で立ったまま子どもをぶら下げることもやっていました。

荒川さんに心身統一合氣道会の藤平先生を紹介してもらい、合気道を習わせていただきました。藤平先生のお師匠さんでもある植芝盛平先生にも会わせてもらいました。シーズンオフに千代田体育館で居合抜きの練習をするときに広岡さんも来てましたね。シーズン中、調子が悪くなると、荒川さんと一緒にバットとタオルを持って藤平先生のところへ行ったものです。藤平先生には、メンタルの部分をすごく教えられましたね。『ボールは必ず自分の前を通るんだろう。通るんだからしっかり見ていれば打てるじゃないか』と言うんです。つまりシンプルに考えろってことなんです。のめり込んでやっている人間たちからしたら、そんなふうには考えないわけです。だから初歩的な部分で『自分の体の前を通るんだからそれを打てばいいんじゃないか』という言葉で救われたことありますね。

私の人生はいつも何かに導かれているんです。高校時代の監督もそうですし、水原監督時代の二年間も随分とチャンスをもらえました。川上さんにはプロの厳しさというものを教わりましたしね。やっぱりプロは勝たなきゃいけない、そのためには野球に対して厳しさを求め、人よりも少しでもいいパフォーマンスができるようにならなきゃいかんということを川上さんには何度も言われました。広岡さんも引退後には、広島へ行ってコーチをやられ、ヤクルト、西武の監督になって素晴らしい成績を出されましたよね。厳しさというか、執念というか、そういったものを持って戦わなかったら本物になれないということを、広岡さんの姿勢からも教わりましたね。

プロ三年目のときにベロビーチキャンプに行ってドジャース戦法を学びました。ドジャース戦法というのは、守備を優先した野球だったと思います。無駄な点は絶対にやらないという野球ですよね。今の野球にも通じますよ。結局、勝ちを求めていくと、川上野球の根底にある緻密さに行き着くんだと思います。勝ち方までは選べませんのでね。要するに、相手より1点でも多く取っていれば勝つわけですから、点を与えない、内野ゴロでも1点をもぎ取る、何でもいいから相手より余分に1点を取るっていうのが、今でも変わらない勝つ方法ですよね。だから、細かいプレーをなぜやるかというと、余分な点をやらないためです。ランナーがセカンドまたはサードにいるかどうかによって得点する確率が上がりますから。それを防ぐためにはどうすればいいかを突き詰めるわけです。逆に、こちらはひとつでも先の塁にランナーを進めるためにどう考えて動くか、この五〇年間、その真理は変わらないと思いますよ。

広岡さんは、いわゆる歯に衣着せずというかストレートな人で純粋なんでしょうね。理不尽で許せない部分があると、正義心というか我慢が出来ないんじゃないんですか。長嶋さんのホームスチールに怒って試合中に帰ってしまい、そのオフにトレードの騒動があったことは後で聞いたことがあります。川上さんが監督である以上、広岡さんがそういう態度をとったことはチームの規律を反したと受け取ったのかもしれません。特に川上さんは厳しかったですからね。広岡さんが難しい球を捕って送球がちょっとでも逸れると、一生懸命何とかして捕ろうという姿勢が見えなかったことも、後でチラッと聞いたことありますけどね。とにかく広岡さんは筋が通った人で、今でもご意見番として厳しいことを言われます。監督にも選手にも耳に痛いことを言われますが、皆それが正論で本当のことだとわかってますから、広岡さんが言ったことは、みんな心に留めてますよ」

黒江透修の証言

「チョー（長嶋）さん、ライン際ですよ！」

後楽園の大観衆を支配しているのは、絶えずあの男だ。

そう、長嶋茂雄。ミスターだ。

だが当の長嶋は守備位置に就いていても気もそぞろ、心ここに在らず。自分のバッティングで少しでも気になるところがあると、守備に就いていようが味方のピッチャーのモーションに合わせてタイミングを取る練習をする。いつものことだ。ベンチからの指示を受け、ショートの黒江透修はホットコーナーに向かって唾を飛ばして叫ぶ。

「チョーさん、ライン際!」

ようやく耳に届いたのか、長嶋は「ん⁉」とした顔で黒江のほうを一瞬だけ振り向き、

「わかってる。いいんだよ、ここで」といったジェスチャーを送る。全然わかってない。黒江はこりゃダメだと思い、ベンチに「聞いてない」のサインを送る。

「カキーン」

快音が響くと、ショート寄りの位置にいた長嶋の少し左側に打球が飛び、グラブをすっと出して難なくさばいた。チェンジでベンチに戻る際、長嶋はニコッとしながら口を開く。

「なぁクロちゃん、あそこでよかっただろ。俺はどこに来るかわかってたんだから」

「そうだったんですね」

黒江は、心にもない返答をする。しょうがない、相手は長嶋茂雄だ。もはや感心するしかない。長嶋は、ベンチに入る瞬間もグラブをバットに見立ててタイミングを取る動作をしている。

「広岡さんの守備に対する姿勢はすごかったけど、長嶋さんもある意味すげえわ」

長嶋の頭の中はバッティングのことしかない。守備を疎かにするという次元ではない。

今はバッティングのことしか目に入らない。決して見習うべきものではないし、真似しようにもできない。つくづく広岡に守備の基本を教えてもらったことが自分の財産になっていると、黒江はあらためて思った。

見るからに固そうな髪の毛に、太い眉毛とギョロッとした二重まぶたの大きな目、少し膨らみ気味のほっぺた。黒江の顔を見ると、西郷隆盛の肖像画の雰囲気と似てなくもない。黒江も鹿児島生まれの薩摩隼人だ。

一九三八年（昭和一三年）生まれ。小学校に上がる頃は戦争が終わり、敗戦国となった日本が焼け野原となり、国民全体が飢えに苦しんだ時代。ハングリーという言葉では生ぬるいほど、困窮を極めた時期でもある。

父の東英は、海軍を満期除隊後、香港で手広く割烹料理店を経営し、黒江家の経済状況は比較的裕福だった。しかし、終戦とともに生まれ故郷の鹿児島の帖佐に戻ったことが裏目となる。知り合いの協力のもと穀物精製工場を始めるが、程なくして倒産の憂き目に遭う。子どもが八人もいる一〇人家族の黒江家は、香港での生活とは打って変わって全員が働かなければ満足に食べられないギリギリの生活を強いられるようになった。

八人兄弟の六番目として育てられた黒江だったが、小学生といえど働かざるもの食うべからずで、夏はアイスキャンディー売り、冬は薪割りでどうにか糊口をしのいだ。幼き頃から家の借金を返すために汗水垂らして働いていた黒江は、プロ野球選手になりたい思いが人一倍強かった。プロ野球の舞台に立ちたいという夢よりも、一攫千金のためでもあった。

鹿児島高校野球部三年の夏、地区予選で敗退して引退となったとき、ふと考えた。今のプロ野球界を見ても、巨人の広岡達朗、阪神の吉田義男、西鉄には豊田泰光と、プロ野球界のショートストップには錚々たる面々がいる。とてもじゃないが、自分が勝てるはずがない。プロ志望ではあったが、まずは出場できるチャンスがある場所に行きたいと思っていた。経済的な理由で大学進学を諦め、ノンプロの杵島炭鉱に就職。ちょうど石炭産業の最盛期でもあり、炭鉱数は全国に八六四、石炭産業に従事する労働者はおよそ三一万人もいた時代だ。黒江は就職のために月賦払いでスーツを作り、布団を担いで大きな夢を抱きながら佐賀まで鈍行列車で行った。だが、現実は厳しかった。たった八カ月で野球部が解散。仕方なく別のノンプロチーム炭鉱高松に入ることになる。当時二二歳の黒江の月収は一万五千円。通勤のバス代を浮かすために六キロの山道を毎日テクテクと歩いて行った。舗装されていない山道を歩いている間、足腰の鍛錬になるという思いよりも、どうやったら極貧の暮らしから抜け出せるか、夢と現実の狭間のなかで黒江は妄想を掻き立てるしかなかった。

六〇年には出来たばかりのノンプロチーム立正佼成会に移籍。そして六四年には強豪、熊谷組の補強選手として都市対抗野球大会に出場し、8打数連続安打を放ったことでスカウトの目に止まった。黒江に声をかけてきたのは、巨人のスカウトだった。

「今なら抜けるかもしれん」

その頃、巨人でショートのレギュラーを長年張っていた広岡も三三歳になろうとしていた。晩年で力が落ちたとはいえ、天下の名手広岡だ。その広岡を抜けると思うこと自体、黒江は相当の勝気であり、プロ向きの性格だったのだろう。無謀と無敵は紙一重。でも挑戦しなければ答えが出ない場合もある。黒江は巨人からの誘いをすんなりと受け入れた。事実、この頃の巨人は遊撃手ばかり集めていた。広岡の後釜という狙いがあったのだろう。船田和英、滝安治、土井正三、当時上尾高校の山崎裕之（元ロッテ）も獲るつもりでいた。

都市対抗野球が終わり、八月五日に巨人軍に入団した。まだV9に入る夜明け前だ。この時、既に二人の子どもを持つ二五歳の子連れルーキー。巨人担当の記者からプロ野球の印象について質問され、「別にプロと言ってもそう大したものではないという感じです」と大胆発言。だからといって、注目を浴びるわけでもなく、「威勢のいいのがいるな」程度の〝その他大勢〟扱いだった。

それでも入団翌年の六五年には、南海との日本シリーズで代走要員としてベンチ入り。馴染みの記者に「まあ、来年見とってください。レギュラーを獲って日本シリーズに出ますから」と怪気炎を上げていた。ただその表情は、入団時に見せていたあっけらかんとした表情ではなく、追い詰められた男の険しい顔つきになっていた。

入団後、すぐにレギュラーを獲れると思っていた黒江だったが、想像以上に高かった巨人軍の内野の壁に直面する。ファースト、サードにはONという燦然と輝く両巨頭がいる。ONをいかに働きやすく目立たせるために何をすべきか。残る内野のショート、セカンドの選手には、そんな脇役として任務が求められる。もちろん、入団前から予想はしていたが、ONの存在があまりに大きくて、矮小化してしまう自分が時々いる。その度に「いや、そうじゃない」と自分に言い聞かせる。本当の意味でのポジションを確立していかなければならない。そう真に焦ったのは、あるシーンに出くわしたからだ。

ルーキーイヤーのときだ。自分の思うままにプレーしていた黒江は、「コーチの言うことは絶対だから言うことを聞いたほうがいい」と同僚から助言を受けた。そういうもんかと思った黒江は、甲子園球場で試合があるときの定宿、竹園旅館で荒川博バッティングコーチが開催している夜間練習に、挨拶がてら訪れた。遠征では恒例となっている〝荒川道場〟だ。汗だくの王貞治が素振りを終えて帰ろうとしているが、見回すと王と荒川以外誰もいない。傘型の丸い蛍光灯のオレンジの光が弱々しく光っている。

「振ってみろ」

腕組みをしている荒川の目が光る。

「は、はい」

言われるままに素振りを始めた。二〇畳ほどの和室に、「ビシュビシュ」と素振り音と「うっ!」と踏ん張る息だけが響く。三〇分振り続けても、荒川は一向に何も言わない。

「いつまでやらせるんだ⁉」

心の内で叫ぶ黒江は、大広間に来たことを後悔した。しかし、今更止めるわけにもいかない。素振りを始めて一時間が経過した。それでもまだ荒川は何も言わない。ただじっと、黒江の姿を凝視しているだけ。二〇畳ほどの空間がさすがに息苦しくなってきた。言い知れぬ荒川の無言の圧力を、素振りによって振り払う。休憩もできない状態で一時間以上バットを振り続けたのは初めてだ。

何も言わないのはフォームに欠陥があるのか、それとも何時間も素振りをさせることがプロの練習なのだという見せしめなのか……、考えれば考えるほどわからない。黒江の専売特許である強気の表情が素振りをする度にだんだんと崩れかけていく。最初は何も言わないことに怒りを覚えたが、最後は汗まみれの泣きべそ状態になった。薩摩隼人ゆえの凛々しい眉毛は震え、西郷隆盛ばりのプックリとしたほっぺに涙が伝ってきた。二時間が経過する。上半身は雨に打たれたようにずぶ濡れになり、額からも汗が噴き出るように流れる。もう頭のなかは空っぽだ。ただ、来た球をイメージしながら素振りを繰り返すだけ。

「よし、今の感じだ！」

荒川が突然大声を上げた。

黒江は、最初よく聞こえず、素振りを止めなかった。

「今だ、黒江、今の感じを忘れるな！」

荒川は満足そうな笑みを浮かべて、椅子から立ち上がって襖を開けて帰って行った。

頬を伝うのが涙なのか汗なのかもはやわからない。すべてを消耗した黒江はバットを放って、畳にドタッと仰向けに倒れ込んだ。

「やっと終わったぁ、なっげぇ――」

二時間二〇分に及んだ素振りがやっと終わった解放感と、途中で投げ出さずに最後までやり遂げた達成感。疲労困憊のせいか蛍光灯の光がおぼろげに揺らめくなかで、黒江はどうしてこんな長時間やらされたのかをあらためて考えてみた。

おそらく、俺がコーチの前で素振りでもしておかなきゃという打算でこの大広間に来たことを簡単に見透かされていたに違いない。だから、無心になるまで振らせたんだ。黒江はなんだか自分が恥ずかしくなった。プロというのは打算や理屈ではなく、上手くなりたい、打てるようになりたいという一心で練習に励まないと、レギュラーなどほど遠い。邪念だらけの俺じゃ、まだまだだ。

二年目の六五年一二月一日から、黒江は一念発起して荒川道場に通うことにした。

〝一本足打法〟の王貞治を育てた荒川博の自宅は、早稲田鶴巻町から中野区鷺宮に移っていた。その自宅の三三平米の庭にネットを張り巡らし、塀に沿って二つの強力な投光器が設置してある。これが荒川道場だ。

荒川の息子・堯（元ヤクルト）が練習相手となり、二〇時までに素振り、ティーバッティングをそれぞれ五〇〇本ずつやる。王に倣い、塚本一貫斎作の日本刀を使っての素振りもやった。大毎の四番、榎本喜八も荒川道場にやってきて、一緒になって練習することもあった。オフの間の二カ月ほとんどバットを持たなかったという榎本だが、一度素振りをし出すと「ヒュッ！」と他の打者では聞いたことがないような音がする。さらにティーバッティングでは、ボールが潰れるのではないかと思うほどの力強い打球をガンガン飛ばす。

「これが、あの榎本喜八かぁ、すげえな」

ショックを受けるというより啞然としてしまった。王貞治の素振りも間近で見ていたが、それよりも鬼気迫る威圧感と、空気を切り裂く素振り音に恐怖を感じてしまうほど。榎本に触発されてか、黒江はより一層荒川道場での練習に励んだ。

その頃、荒川は黒江のバッティングを根本から直さないといけないと感じていた。バラバラに分解して、一から作り上げることに着手した。プロのスピードに対応できるように、右耳より高い位置にあったグリップの位置を肩より下にし、スタンスも一五センチほど狭くした。フォームを変えることはそう容易いことではない。毎日何百本の素振りを続け、身体に完全に叩き込むには数カ月かかる。黒江はそれをやり通した。やり続けないと、レギュラーなんか獲れっこない。それどころか、一軍にさえいられなくなる。悲壮感を漂わせながら、必死の形相で黒江はバットを振り続けた。

まだV9前の黎明期の巨人軍は、とにかく厳しかった。フリー打撃でも、いい加減なスイングを一度でもやると「そんな格好で打つんだったらファームに落とすぞ」とコーチから罵声が飛ぶ。実際にファームへ落とされることもあった。ボール球を振ると「ダメだ、帰れ」と荒川コーチの怒号が響く。

当時は打撃投手がいなかったため、ファームの投手がバッティングピッチャーをやった。コントロールの良いピッチャーはONに当てられる。黒江が「俺にもコントロールのいいピッチャーをお願いします」と荒川に言うと、

「偉くなったもんやな。下行け」とファームに落とされた。それでも、荒川道場での荒川はどんなに練習が遅い時間になろうとも最後まで付き合ってくれた。

ビジターだと、打撃練習が四五分程度しかない。そのうち、ONとベテランの広岡が二〇分以上使い、残りを全員でやる。そうなると、ひとり5、6球程度で終わる。一度なんか3球で終わったこともある。だから自分で振り込まないといけない。よほど自制心がしっかりしていないと、簡単に楽なほうへと流されてしまう。

遠征先の宿舎は日本旅館がほとんどで、長嶋、黒江、土井の三人部屋になることが多かった。長嶋はバッティングのことが気になると寝られなくなる。夜中に突然起き出して「襖を外せ」と言い、黒江と土井が襖を横に持って長嶋の腰あたりに水平に持つ。黒江が「インコース」「アウトコース」と言い、長嶋が素振りを始める。バットが上から出ても下から出ても襖を破る。破らないようにするためにはレベルスイングにならなくてはいけない。そうなるまで素振りを続けるのだ。自分が納得するまでやる。

「お前らもやるか」などとは一度も言われたことがない。甲子園球場で阪神のバッキーを攻略し、三人で7安打、8打点を挙げたときだけ「今日は合格だな」と、試合後に三人で風呂に入ってすぐに寝た。

後にも先にも素振りをやらなかったのはこの一度のみで、遠征中でも試合前後で必ず素振りをやっていた。

王の練習量も半端じゃなかった。キャンプ中、大広間で夜間練習の素振りをやるのだが、夜遅く外出先から戻った王は大広間に入るや否や「長嶋さんは何本振りましたか？」と荒川に聞く。本当は50本程度だったが、荒川が「150本だ」と言うと、王は「わかりました。300本振ります」と答え、上半身裸になって黙々と素振りを繰り返した。長嶋への対抗意識もそうだが、倍やらないと長嶋には勝てないと王は思っていた。

そもそも黒江は自信の塊の男だ。貧しさから這い上がってきた男に怖いものなどない。プロ入り前からバッティングには自信があったし、現に荒川道場に通ってからメキメキとプロ仕様の打撃を身につけていった。だが守備となると、なかなか及第点はつけられなかった。初めてのキャンプでもポロポロとエラーが多かった。

荒川からは「広岡に教えてもらえ」と言われたが、レギュラーの広岡においそれと聞くこともできない。なんとか広岡のプレーを盗もうと目を凝らして見ても一向に真似することができない。自分の思考や見よう見まねだけでは限界に来ている。考えたって始まらない。広島遠征の寝台車の中で黒江は、上の段にいた広岡に尋ねた。

「広岡さん、起きてますか？」

「ん？　どうした？」

「ちょっと相談があるので、そっちに行っていいですか？」

「は⁉　ここじゃ狭いからデッキに行こう」

二人は、デッキへと出た。

ガタンガタンと絶え間ない激しい振動により身体が左右に揺れる。まるで自分の心が映し出されているようだ。手すりにつかまっていないと、体が流されてしまう。黒江は思いつめた顔で言う。

「広岡さん、なんで僕は使ってもらえないんでしょうか？」

あまりにド直球な質問だったため、広岡は少しだけたじろいだ。だが、冷静沈着な広岡はそんな動揺をおくびにも出さない。

「それは上が決めることだ。俺にはわからない」

そう言って寝台に戻ろうとすると、

「コーチ兼任の広岡さんならわかるはずです。俺のどこが悪いのか……教えてください」

〝コーチ兼任〟という単語を出され、広岡の足は止まった。いや止めるしかなかった。選手の相談に乗るのもコーチの役目、ましてや野球のことを聞いてくる以上、無下にするわけにはいかない。寝台列車のスピードが増したのか、車体は激しく上下に揺れた。薩摩隼人の黒江がすがるような目でゆっくりと頭を下げ出した。

広岡はプロ入りしたての頃の自分を思い出した。

「あんとき俺もああだったなぁ」

バッティングがどうにもこうにもならないときに、先輩の平井三郎の部屋へ押しかけて教えてもらったことを思い出したのだ。

「いいか、首脳陣はお前のプレーが怖くて使えないんだ。お前の守備は後ろに流れている。社会人ならそれで良かったかもしれないが、プロならゴロの勢いを殺して捕球しないと通用しない」

黒江は俯いていた頭を上げ、ハッとした表情をする。

「どうすればいいんでしょうか?」

「それは自分で考えるんだ」

広岡は、それだけ言い残して腰に手を当てながら寝台へと戻っていった。

もう黒江には、引き止める言葉が出なかった。それよりも広岡に言われた言葉の意味をしっかり噛みしめる。

「ゴロの勢いを止める、かぁ」

暗闇の景色が絶え間なく流れている窓ガラスに映る自分の顔を見ながら、黒江は静かに呟くしかなかった。

それから黒江は、遠征時には広岡と同室にしてもらうよう荒川に頼み込んだ。そして、夜更けまで徹底的に守備のいろはを教えてもらった。そして運命の六六年七月二日がやってくる。プロ入り三年目を迎えていた二八歳の黒江は、一軍ベンチ入りする機会が増えたものの、その役目は代走要員が主だった。しかし、広岡からの指導により守備は格段に上達しているのは試合前練習を見ても明らかだった。

この年も開幕から広岡がショートのレギュラーに就いていたが、五月中旬から千田啓介が守るようになっていた。この日も本拠地・後楽園での中日戦に千田が先発出場。六回から守備固めに入った黒江は、二対二の七回裏に先頭打者で打順が回ってきた。中日の先発は小川健太郎。変幻自在の投法で打者を翻弄するタイプで、巨人は小川を苦手としていた。黒江は食らいつくしかないという思いでバッターボックスに入る。変化球に狙いを絞った黒江は、スライダーにうまく合わせて三塁打を放つ。まさかの伏兵の長打に、巨人ベンチも沸き立つ。ノーアウト三塁で、九番の堀内恒夫が初球スクイズをやった。しかし、当たりが良すぎて打球はチャージをかけていた中日の一塁手・広野功の真正面。すぐさまキャッチャー木俣達彦に送球し、万事休すかと思われた。そのときだ。

まだハーフウェー付近を走っていた黒江が、ホームベースの三メートル前あたりから加速をつけて木俣にラグビーのバックスばりのタックルをかました。木俣は二メートルほど吹っ飛び、ボールを落とした。木俣の右肩が脱臼するほどのぶちかましに中日の西沢道夫監督は抗議するが、ジャッジは変わらず。そのまま試合は、王のホームランも飛び出し、巨人軍が勝利した。

試合後のミーティングで、川上哲治監督が選手全員の前で嬉しそうに言う。

「今日の黒江の体当たりを見たか。今の巨人に足りないのはあのファイトだ」

監督賞金一封五千円をその場で手渡された。

黒江は監督賞も嬉しかったが、川上監督に認められたことのほうが数倍嬉しかった。

この日を境に、黒江はショートの定位置を確保し、長年巨人の正遊撃手として君臨した名手広岡からレギュラーを奪った。

定位置を獲得した黒江は水を得た魚のようにグラウンドを所狭しと暴れまくった。だが、憂鬱なことがひとつだけあった。今まで遠征の宿舎で守備のいろはを聞きまくっていた広岡からレギュラーを奪った形になったことで、同部屋であることが気まずくなったのだ。同じ部屋にいてもなるべく目を合わせないようにと心がけていたが、ある夜ウィスキーグラスを持った広岡に声をかけられた。

「なあ、黒江。変に気を回してやいないか。別にお前にポジションを獲られたってどうってことはないんだから。まあ一杯付き合えよ」

このときの広岡は、左股関節捻挫の後遺症からか、両足の痺れが酷く、腰にカイロをいくつも貼っている状態だった。広岡自らグラスに「サントリーオールド」を注ぎ、黒江に渡した。

「はい、ありがとうございます」

「とにかく乾杯だな。何に乾杯しようか?」

黒江は、胸が詰まって話せない。

「今度は、俺がお前からポジションを奪う決意に乾杯だ」

互いにグラスを合わせ、黒江は一気に飲んだ。

「おい、もっと味わって飲めよ」

「わかってます」

今度は黒江が自らグラスに「サントリーオールド」をゆっくり注ぎ込んだ。

この年を最後に、広岡はグラウンドを静かに去った。


最後に、現在八五歳（二〇二四年三月現在）の黒江は、広岡についてこう振り返った。

「現役時代、先輩から『今のうちに広岡から守備を教わっておけ』と言われていました。最初は躊躇していたんですが、どうにもこうにも行き詰まってから意を決して広岡さんにしつこく尋ねまくりましたよ。僕が広岡さんから一番教わったんじゃないかな。性格的に広岡さんは自分を頼りにして来る人を気に入るんでしょうね。『お前だから言うけど……』って僕にはよく本心を漏らしたりしてましたからね。あの人に教わったことは、僕が指導者になってからも相当役立ちました。

広岡さんは、意外なことに指揮官として諦めも早いところもありました。しつこいかなと思ったら『今日はあかんわ！』って感じで見切りますから。コーチの僕に『お前はどう思うか？』『俺はこう思うんだけど、お前どう思ってんだ？』と訊いてきたりして、よく話し合いましたよ。『僕はこう思いますので、こうやってみたらどうですか？』と意見を言うと、『そうだな、そうしよう』と結構意見を採用してくれましたよ。イメージからなのか、広岡さんに全然寄り付かない選手がいたら『もうちょっと監督に訊けよ。俺なんか監督にいろいろと守備のこととか聞きに行ったぞ』と言ってやるんですけど、ダメでしたね。イメージが先行しちゃって、やっぱりとっつきにくいんでしょうね。

僕は広岡さんの言うことを素直に聞いてやっていたので『こいつなら俺の言うことをちゃんと理解できている』と思われたみたいです。広岡さんが西武の監督時代に『黒江コーチなら大丈夫だから黒江に聞け』って選手にもよく言ってくれてたみたいです。それぐらい信頼されてましたよ」

TOYO
65

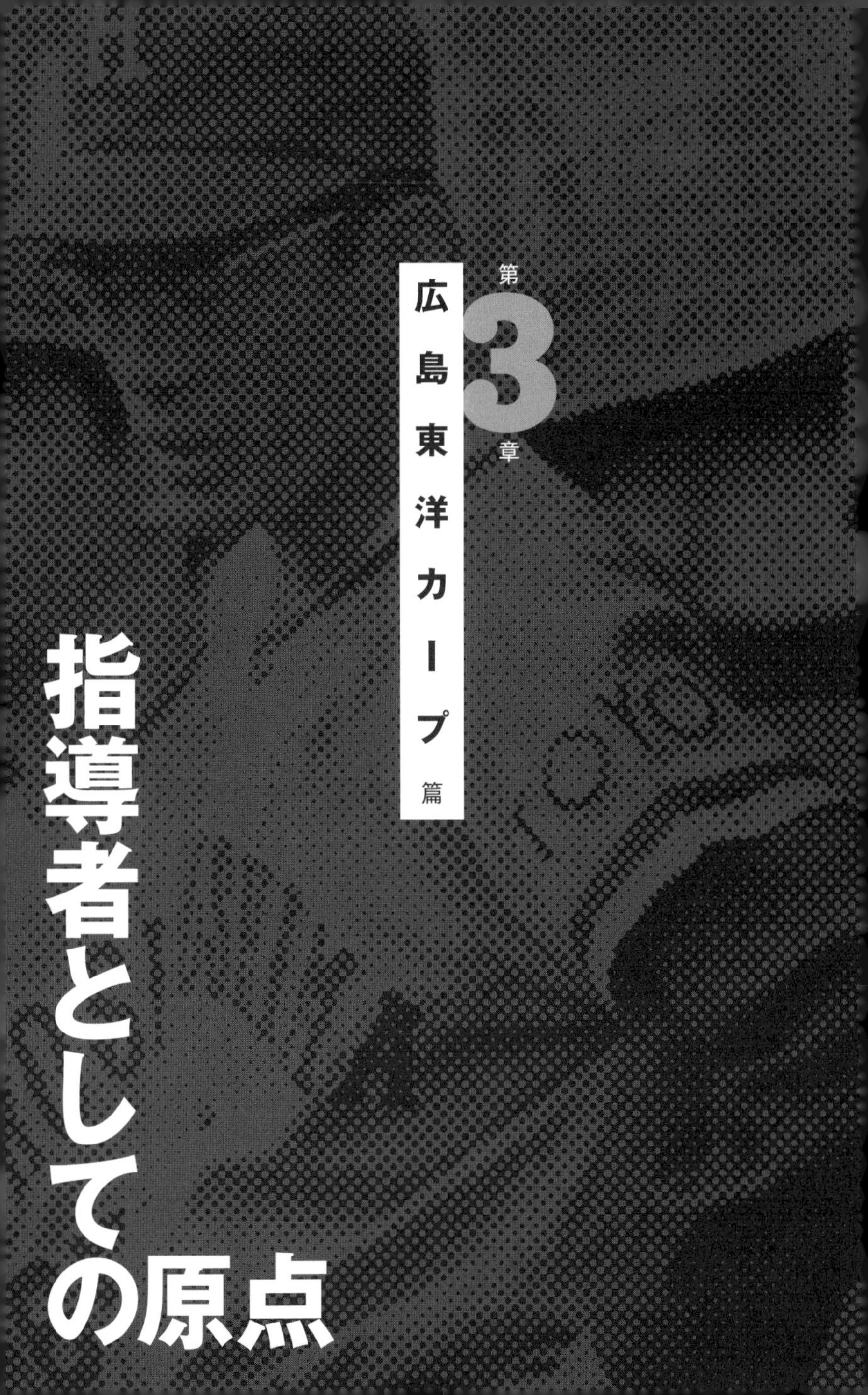

第3章

広島東洋カープ篇

指導者としての原点

広岡には、大きな自負がある。

六六年一〇月に巨人軍川上哲治監督との確執が原因で巨人を引退した翌年から、自費で世界を半年間見て周ったことだ。アフリカ系アメリカ人による公民権運動で揺れるアメリカでのMLB視察以外に、ベトナム戦争への反戦運動に端を発するヒッピー文化やフラワームーブメントを体感。さらにヨーロッパに行ってはカウンターカルチャーから派生したモッズ、ビート・グループ、ブルース・ロックを生で聴き、酒を酌み交わし、たくさんの人々と親交を深めた。若者の無限のパワーが各国で爆発した六〇年代後半の世界を生で見られたことに価値があると実感した。

「野球界で、自分の金で世界を周ったやつなんて俺くらいなもんだろ」

今まで狭い空間でしか息をしてこなかった広岡にとって、この世界一周は天啓に打たれるような経験だった。

「まだ1ドルが360円の時代に、アメリカへ二月中旬から六月下旬まで自費で行った。早稲田の知り合いに英語を習って、なんとか日常会話程度をマスターしてひとりで渡米した。途中、金がなくなったから送ってもらったこともあったな。ベロビーチで巨人がキャンプしていたから視察に行ったんだが、俺が来ると突然練習を止めてしまう。『広岡に見せると他のチームに筒抜けになる』とまるでスパイ扱い。悔しくてたまらなかった」

かつての古巣へ陣中見舞いという形で顔を出しただけなのに、裏切り者扱い。知らぬ間にレッテルを貼られ、忌み嫌われていることを知った広岡はひどく落胆した。

「すべてはあいつの仕業……」

古びたモーテルのベッドに横たわると、浮かんでくるのは川上の憎き顔。自分の野球を認めさせるためには巨人を倒すしかない。広岡は、巨人への恩讐を胸に邁進することを誓った——。


早稲田、巨人とエリートコースのど真ん中を歩んできた広岡は引退後、これまで歩んできた道を拒むかのように真逆へと進んでいく。まず指導者として最初に声をかけてきたのが、生まれ故郷を拠点とする広島カープだった。

野球王国と呼ばれる広島で誕生したカープだが、一九五〇年の創設以来一七年間で一度もAクラスになったことのない最弱球団だった。

春から秋にかけて、ある一帯の闇夜だけが煌々と放つ白光によってほんのりと溶け出していく。広島市民球場のカクテル光線は、大歓声と一緒になってグラウンドへと降り注ぐ。その一方で、そのカクテル光線は球場のすぐ横に位置した原爆ドームをも浮かび上がらせていたのを忘れてはならない。戦争と平和の象徴と希望の灯火が広島市内では同居していた。

弱小の広島カープの転機となったのは、後に〝球界の寝技師〟と呼ばれる根本陸夫を招聘してからだ。根本は六七年にカープのコーチとして迎えられ、翌六八年から監督に就任。ここから、広岡の時計の針も再び動き出した。根本は、五〇年代に広島で活躍した広岡の兄、富夫と古くからの知り合いだったこともあり、地元呉出身で元巨人のスター、頭脳明晰の広岡にコーチとして白刃の矢を立てたのだ。

根本が監督に就任した六八年、球団運営が東洋工業（現マツダ株式会社）に一本化され、正式名称が「広島東洋カープ」になった。監督に就任した根本は松田恒次オーナーから「今年は最下位になってもいいから優勝を狙えるチームに育ててほしい」と激励された。

「六九年の秋、根本（陸夫）さんから呼ばれて二年間広島のコーチをやった。初年度は黒い霧事件やら不正行為やらで大変な年やった。この広島で、選手を育てるということの意味、意義を学んだ。当時は弱小チームだったが、技術は未熟だけど甘さや馴れ合いなどなく、野球に対して皆が一途だった。広島という熱狂的なファンに支えられている土壌が、選手たちのひたむきさを引き出していた」

根本がカープの監督に就任すると三位となり、一九五〇年の球団創設以来初のAクラスに食い込んだ。ここから初優勝まで七年を要する。

七五年の広島初優勝は、たった一五試合で辞任した、メジャー出身者として初めて監督に迎えられたジョー・ルーツの改革による影響が大きいと評価されている。だが、実際は七〇年にヘッドコーチとして迎えられた関根潤三と内野守備コーチの広岡達朗、そして六二年に二五歳で二軍コーチになり、翌年から六九年まで一軍バッテリー、打撃コーチを務めた上田利治（元阪急監督）の三人による功績が大きい。彼らが衣笠祥雄、山本浩二（元広島監督）、水谷実雄、三村敏之（元広島監督）、水沼四郎らを育成し、後の「赤ヘル黄金時代」

の礎を築いたことは間違いない。

「最初、根本さんはショートに今津（光男）という選手を使っていた。でも私は『今津を使うのなら僕は責任を取りません』と根本さんに進言した。『僕が責任取りますので、今津ではなく三村をどんどん使ってください』と。三村も一生懸命にやったから、すぐレギュラーになった。苑田（聡彦）という選手は外野から内野にコンバートさせて一生懸命教えたんだけど、ハゲができるほどやらせてもダメだった。私が『根本さん、こいつに内野は無理ですよ』と言うと、『二年契約なんだから二年間教える義務がある』と返された。確かにそうだなと。その後も根気よく教えると、一年半かかったけど上達して苑田もレギュラーを獲った。監督、コーチが偉いんじゃない。やっぱり監督、コーチも選手から教わることが多いんですよ」

広岡は、苑田のことをよく例えとして出す。チームが弱くても、広岡が広島の二年間で一番学んだものは、時間がかかっても根気よく教えれば人は必ず育つということ。選手に才能がなくても、チーム内のやる気に満ち溢れた土壌は、指導者として教えがいがあった。この教訓は、後にヤクルト、西武でも実践されることになる。

広島でのコーチとしての二年契約を終え、単身赴任だった広岡は東京へと戻ることになる。新幹線の車中であることを考えていた。

「東京へ戻ったら挨拶に行こう」

今だったら普通に話せる、いや話さねばと思った。窓に映る景色はグラデーションがかかったように猛スピードで流れていく。ふと数えるとあれから六年も経っていた。

「あっという間だったなぁ」。月日が流れた実感はあるものの感傷に浸る余裕はまだない。ただこの年月が今後の人生で大きな役割を担うことだけは確信している、そう思いながらも広岡は、戦士の束の間の休息のごとくウトウトと微睡《まどろ》みのなかへと落ちていった……。

数日後、広岡は瀟洒《しょうしゃ》な邸宅の前にいた。晩秋の日暮れは早く、淡いオレンジ色に染まった上空はあっという間に闇に塗り変わっていく。昭和の武家屋敷といった大邸宅ではなく、風貌とはおよそ似つかわしくない近代的な家屋。綺麗に刈ってある芝生を敷き詰めた日本庭園風の庭には趣味の盆栽が並び、どれもこれも手入れが行き届いている。付け入る隙がないほどに和と洋をうまく配合したモダンな屋敷を前にすると、一瞬バベル塔のようにそびえ立つ要塞に思えた。手土産のウイスキーを持参しているのを再度確かめ、チャイムを鳴らした。

ガチャ――ドアが開いた途端に懐かしい声がした。

「おぉ、元気にしとっか！」

「ご無沙汰しております。川上さんもお変わりない様子で何よりです」

「まあ入れ」

六年ぶりの対面だ。

応接間に招き入れると、川上は封を切ってないオールドパーを開け、二つのグラスに注ぐ。

「ご苦労さんだった」

まずは乾杯の言葉だ。何に乾杯かわからなかったが、互いのグラスを鳴らす。

雪解けのつもりはない。過去にあったことは消せない。でも、明日を生きるためには、言わなくてはいけない。広岡は熱い思いを惜しげもなく語った――。

「今思い返すと恥ずかしい部分もあるけど、いろんなことを考えての行動だった。『一軍のコーチでなくとも選手を育てる自信があるので、今までのことを水に流して俺を使ってくれませんか』。そう言って自分を売り込んだんだ。でも、川上さんはすぐに断った。これで巨人との縁は完全になくなった……」

広岡は包み隠さず正直に話してくれた。一説には川上に詫びに行ったとも言われているが、広岡は自分を売り込むことが目的だった。広島で二年間コーチをやり、選手を育てることの真意を学び、育成することへの自信を持つことができた。V7継続中の巨人といえども、長嶋、王を中心とした主力はピークを過ぎ、次世代の育成を睨んでいく時期でもある。自分こそ、今の巨人軍に必要だ。なりふり構わず川上に頭を下げたのだ。

現役時代に一三年間世話になった古巣巨人で指導したいと思うのは当たり前のことであり、野球人の本能に従ったまでだろう。いついかなるときでも勤勉で実直な広岡が、ほんの少しだけ人間味ある行動をとっただけのことだ。恥でも何でもない。

詫び、容赦、協調、打算……、いろんな感情が渦巻きながら川上と対峙し自分の願望をぶつけたが、その夢叶わず見事に散った……。

井上弘昭の証言

六七年秋、ヘッドコーチから監督に昇格した根本陸夫は、ドラフト一位に電電近畿の井上弘昭を指名した。四番の山本一義、このオフに阪神からトレードで来た山内一弘、期待の若手である衣笠祥雄とともにクリーンアップを担わせ、強力打線を形成する構想を持っていた。

そんな首脳陣の思惑を知らず、井上は自主トレに行くまで「自分の実力ならプロでも大丈夫だろう」と高を括っていた。だが、思い切り大恥をかくことになる。

自主トレ開始早々いきなりの一時間走を言い渡されたときのことである。最初は軽快に走っていた井上だったが、四五分を経過したところで力尽きて途中リタイア。翌日の新聞には「ドラフト一位井上ダウン」という見出しをデカデカと載せられる羽目になった。

「こりゃやべえ、さすがに舐めすぎてたな……」

井上は自分の甘い考えを呪った。周りに目をやると、外野には主砲の山本一義、そして阪神から移籍したばかりの〝シュート打ちの名人〟山内一弘が、そしてファーストには期待の大砲、四年目の衣笠がレギュラーのポジションを固めている。スラッガーの井上に適したポジションはすでに盤石の布陣となっている。

「万年最下位の広島といえども、本気で掛からんとえらいことになるぞ……」

入団時、すでにレギュラーだった衣笠から「おい、井上」と三つも年下であるにもかかわらず平気で呼び捨てにされた。今は、年功序列が当たり前となっているが、この頃はいくら年下であろうと先に入団した者が先輩という風潮があった。そんな悔しさをバネに、とにかくレギュラーを摑もうとキャンプ初日から必死にアピールした。

ドラ一ということで首脳陣からも大いに期待をされていたが、キャンプ中あまりに張り切りすぎて肉離れを起こしてしまった。ルーキーにありがちなオーバーワーク。結局、この肉離れが尾を引き、開幕にも出遅れてしまった。ルーキーイヤーは35試合に出場し、打率二割二分四厘、1本塁打、5打点という、社会人即戦力という触れ込みとはほど遠い成績で終える。

二年目の六九年にはようやく一軍に定着し、八月からは一番・レフトでスタメンに名を連ねる。102試合に出場、打率二割五分二厘、ホームラン12本、打点23。この年、法政からドラ一で入った山本浩二がセンターのポジションを獲った。いや与えられたと言ったほうがいいだろう。監督の根本陸夫が法政出身ということで、後輩の山本浩二を優遇したのだ。前年のドラ一であり同ポジションを争う立場の井上は、山本浩二に敵対心を燃やし、遮二無二練習に打ち込んだ。

人間、真面目にやっていればどこかしらで転機が訪れる。大抵の人間は見過ごしてしまうものだが、それを転機だと捉えられる人間が成功を手にしてゆく。

六九年七月一二日、北見東陵球場での大洋戦で山本浩二が背中へデッドボールを食らった。これにより、井上は翌日から5試合スタメンを勝ち取った。むしろ、転機となったのは山本浩二のほうだった。デッドボールを受けトレーナーから「大事をとって休んだほういい」と言われるがまま欠場した。その間、井上が二番センターとして試合に出場し結果を残す。それをベンチで見ていた山本浩二は「休んでる場合じゃない」と出場を志願し、わずか5試合の欠場で戦列に復帰する。この時期に山本浩二が安穏とベンチに座っていたら、そのキャリアは大きく変わっていたかもしれない。危機感が生まれたからこそ、与えられたポジションであろうと奪われてたまるかという気概を前面に出し、センターのレギュラーを死守した。ライバル関係との立ち位置はちょっとでも隙を見せれば猛スピードで入れ替わってしまうことを、井上はまざまざと見せつけられた思いだった。

ある試合で、セカンドの交代要員がいなくなった。

「誰かおらんか?」という首脳陣の呼びかけに、井上は即座に答えた。

「やれますよ。高校まで内野をやっていたんで大丈夫です!」

試合に出るためには外野に固執してばかりではいられない。元来、俺が俺がとアピールするのは苦手な井上だったが、そんな悠長なことも言っていられない。井上は、遠慮なく己を誇示した。早速ゲームの終盤にセカンドを守り、ゲッツーをいとも簡単に成立させた。

「できるじゃねえか！　来年はセカンドをやってみないか?」

根本監督の鶴のひと声で、井上のセカンドコンバートが決まった。

このシーズンオフにセカンドの古葉竹識（元広島監督）の南海へのトレードが既定路線だ

ったこともあって、セカンドのポジションが空位となるとわかったうえでの「誰かいねえか？」だったのだ。

そして六九年の秋季キャンプから、新たに守備コーチに就任した広岡達朗がやってきた。六六年に巨人を引退してから三年余り。年齢はまだ三七歳で、動きを見る限り現役時代さながらのようだ。広岡にとってはアメリカでの野球留学を終え、評論家活動を二年やった後の初めてのコーチ稼業。クールに見えても、身体中に闘志が漲っていた。

まずは井上を含め、ピッチャーから野手に転向した西本明和、苑田聡彦など、内野にコンバートされた選手を徹底的に鍛え直した。

「カキーン」「違う！」「カキーン」「ダメ！」「カキーン」「ボケ、あかん！」

ノックバットを片手にダメ出しの連続。広岡の銀ブチ眼鏡の奥のまなざしが井上に突き刺さる。「そうじゃない」「ダメだ！」。頭ごなしに否定されるものの、広岡は具体的な指示は一切出さない。

「違う、こうだ！」。広岡はノックバットを投げ、グラブを持って井上らがいる位置へ近寄ってくる。

「いいか」とだけ言って、自ら手本を見せる。ノックされた打球が、吸い込まれるようにグラブの中に収められていく。あまりに無駄のない華麗な動きに、井上たちは呆気に取られた。もし野球を知らない者がこの光景を見て、「この中で誰が一番上手いか」と尋ねられれば、誰しもが真っ先に広岡を指しただろう。

手取り足取り教えることもなく、自分で手本を示すだけ。これが広岡のやり方だった。井上がその後やらされたことは、真正面の緩いゴロをひたすら捕る練習だった。

「正しく捕る型の基本を身につけさせるには、これしかない」

広岡は口酸っぱくこう言ったが、小学生にでも捕れるような緩いゴロを延々と捕らされる修行は肉体よりも精神を蝕む。

日が暮れて宿舎に戻っても、広岡が手でゆっくりと転がすボールを捕らされ続ける。来る日も来る日も同じ練習をさせるが、広岡は一向に「よし!」とは言わない。「ダメだ」と言っても何がダメなのか教えることもない。難しい打球を捕らせるのではなく、正面の緩いゴロを捕る練習を延々とやるだけ。褒められることもなく、毎日血反吐を吐くまで同じ動作を繰り返しやらされていると、次第に頭の中が混乱してくる。

「基本ってなんなんだ?」

わからなくなった。基本が大事なことはわかっているけど、そもそも、基本ってなんなんだ? 自問自答しても答えが見つからない。広岡の熱心さは十二分に伝わるが、根掘り葉掘り教えてくれることもなく、毎日ノックでゆっくりとしたゴロを打つだけ。それを呆れるほど毎日繰り返すのみ。こんな簡単な練習にどんな意味があるのか……。どんなに考えても袋小路に行き着くばかりで、納得も折り合いもつかない。井上がやけになりそうになったのは一度や二度ではなかった。一方広岡は、きちんと基本が身に付くまでいくらでも付き合うとでも言いたげにグラウンドでは片時もノックバットを離さない。

「わかったわ、どっちが辛抱強いか、諦めた時点で負けや」

井上は、もはや意地だけでかろうじて己を支えているようなものだった。

そうして何週間も同じ練習を続けるうちに、井上のなかにぼんやりとしたものが見えてきた。

「右方向の打球でも左方向の打球でも、来たボールに対して正面にグッと入らないかんのやな。逆にボールを身体の正面から逃したら、たとえ捕れても無理な体勢からの送球になってしまう。あのおっさんは、それを言葉ではなく身体でわからそうとしてるのかもしれん――」

どんなゴロに対しても身体がしっかりと正面に入っていれば、次のステップにスムースに移行でき、難なくスローイングできる。ボールへの身体の入り方さえしっかりしていれば、ファインプレーも出てくる。井上は、真っ暗闇の道に一筋の光明を見たような気がした。

そして迎えた七〇年シーズン。井上は主に三塁手としてスタメン起用されることになるが、ある試合でエラーしてしまったことがあった。ベンチに戻ってくると広岡はすかさず言った。

「今のエラーはよかったぞ。ボールに対してちゃんと正面に入っていった。捕れなかったのは単にお前のミスだ」

怒られることを想定していただけに、驚くしかなかった。

「あぁそうか、これが基本なんや」

井上は、それからボールが怖くなくなった。

七〇年、広岡と一緒にカープに入閣したのが打撃コーチの関根潤三だった。監督の根本とは日大三高、法政の同級生で、「根本」「潤ちゃん」と呼び合う仲。関根からは「腰でタイミングを取れ！」と打撃指導されていた井上だったが、その理屈がさっぱりわからなかった。だが、下手にわかろうとしなかったことが大きかった。あまりに生真面目だと、無理にわかろうとして心にも身体にも負担がくる。誰にも悩みを打ち明けることができないまま最後は心に大きな空洞ができて終わりだ。

ピッチャーから内野手に転向した西本がそうだった。元ピッチャーだけあって肩も強く、守備も上手く、バッティングも良かったこともあって、なんとかものにしようと関根はつきっきりで教えていた。男女間でもそうだが、選手にとってコーチとの相性は相当大きい。この時代、コーチは選手をオモチャにしていた節もなくはない。あくまでも自分の理論が一番だ。一〇人いれば一〇人とも同じように教える。一〇人いて一人でもモノになればいいという利己的な考え方。選手の特性を伸ばすのではなく、自分の理論を押し付けることに快感を覚える指導者が、昔は山ほどいた。

一方、井上は自分に合わないとなれば馬耳東風の如く、聞き流すことができた。西本はつきっきりで教えられたこともあって自分を見失い、バッティングがガタガタになってしまった。見ていて気の毒に思えた。最後はノイローゼ気味になってしまい、結局芽が出ずに終わった。潰れてしまった。

その後も、井上は広岡に必死に食らい付いていった。精神的にもやられ、10円ハゲができたこともあった。

「ここで辞めたら負けや」

そう何度も自分に言い聞かせながら、最後まで音を上げなかった。しかし、七〇、七一年とサードのレギュラーを張ったものの、入団当初期待されていたほどの成績を残すことはできなかった。

結局、広島には五年間在籍しただけでトレードに出された。ドラフト一位といっても、社会人出身の二三歳での入団。翌年山本浩二が入団してきているだけに、戦力にならなかったらドラフト一位も関係ない。トレードに出されたのは単に成績を残せなかっただけではなく、球団の都合による部分も大きい。だが、組織の編成上の問題によってこれまでの努力が完全に無駄になることはない。レギュラーになるには運やタイミングがあり、他球団で一気に花が咲く場合も多々ある。井上は、トレード通告を受けても動じなかった。ショックがないと言ったら嘘になる。「まだ野球ができるんや」と気持ちを切り替えた。広岡に鍛えられた二年間で、守備に関して自分なりに成長できたと自負している。あの練習を耐えたことで自信は植え付けられた。トレード先で一年間死に物狂いでやって、ダメならもう辞めてもいい。不退転の覚悟を強く持って、新天地の中日に移籍した。

広島は、井上がトレードされると同時に根本監督から別当薫監督に代わった。七三年の開幕戦、広島対中日のカードで、広島の新監督である別当が、グラウンドにいる井上に声をかけた。

「井上、僕は残念だよ。なんで広島の監督を受けたかっていうと、君と水谷（実雄）を何とかしたかったからなんだ。これは本当だ。縁がなかったな。でも頑張れよ」

別当は、これまで大毎、近鉄、大洋で一五年もの間監督を務めてきた。一度も優勝を経験することはなかったが、最大の功績といえば、近鉄監督時代に大鉄高を中退してプロ入りした土井正博を〝一八歳の四番打者〟として育て上げたこと。井上を、土井のように40本前後打てるホームランバッターに育てる目論見があったに違いない。

井上は、別当から突然声をかけられて驚いたものの、思いがけない言葉に内心嬉しかった。懇意にしている人ならまだしも、ほぼ初対面の敵将がわざわざ呼び止めて言ってくれるなんて、よっぽどのことだ。広島に恩返しする意味でも、中日で絶対に花を咲かしてやろうと余計に燃えた。広岡との特訓で鍛えられた不屈の精神力で、中日に移籍後はレフトのレギュラーを勝ち獲り、七五年にはシーズン最後まで首位打者争いをした結果、惜しくも三割一分八厘で二位。八年間大砲として活躍し、八一年に日本ハムに移籍した。

「広岡さんが『長嶋はな、守備のとき俺の前にチョロチョロ出てきて、いらんことばっかりやっとった。何ともならんよ長嶋は』とよく笑いながら言っていたよ」

現在七九歳になった井上は、当時の広岡の姿を脳裏に浮かべながら述懐する。

大きな目をギョロッとさせながら話す井上の証言には、独特の世界観と臨場感を漂わせながら、聞く者をグイグイと引き込んでいくものがある。四一歳まで現役を続け、引退から三八年が経とうとしているが、惜しまれて辞めるプロ野球選手なんて指で数えるくらいしかない。

どんなスターであろうと、球団の都合で引退に追い込まれる選手は少なくない。ただ、引退を考える理由は選手によって様々である。打者にとって衰えを感じる大部分が、目だという。いわゆる動体視力だ。「行った！」と思った打球がフェンス手前でお辞儀する。感覚のズレをどうにもこうにも矯正できずに辞めていかざるを得ない。井上は八四年に一度は引退している。しかし、翌年現役復帰を果たしたのだ。しかも、広岡の打診によってだ。広岡の数多い教え子のなかでも、一度引退した者を現役復帰させたのは、後にも先にも井上しかいない。

「中日から日ハムに移籍して、八四年限りでの引退を決意したときに、西武で監督をやっていた広岡さんとも話をしたよ。『何かできませんか？』って。そしたら『ファームの総合コーチでもやるか』って言ってくれたので『ありがとうございます』と即答よ。早速、秋季練習に行くと笘篠（誠治）がいて、面白い選手だなと思った。すぐさま広岡さんに『こいつを一軍の練習に参加させてもらえませんか？』とお願いしたら、『いいよ』と快諾してくれた。それで翌年の自主トレで、選手と一緒に走っていたんだ。サラエボ五輪のスピードスケート代表の鈴木靖さんも一緒に走っていたかな。そしたら『井上、右の代打がおらんから、もう一回選手としてやってくれんか』と打撃コーチの長池（徳治）に言われた。ちょうど田淵や山崎が辞めたばかりの頃だった。さすがに『いやもう引退したんやし、一回気持ちが切れてるからあかんよ』と即座に断った。日本ハムは自由契約じゃなくて任意引退だから、ルール的にも西武では復帰できない。結局、三回ほど断ったかな。でも、最後の最後に広岡さんがやってきて『頼む』と頭を下げられた。そこまで言われたらしょうがないよね。結局、契約上の問題は西武が日本ハムに申し込むような形で処理したんだと思う。あとで日本ハム関係者から『お前、ファイターズを裏切ったのか』と言われ、『いやそうじゃないんです』と弁明したけどね。それで、西武と契約し直した。根本さんからインセンティブ契約を提示されたんだけど、インセンティブ契約は俺が日本で最初だったんじゃないかな。兼任コーチではなく、選手として契約した。やる以上は腹決めてやらないとしょうがないからね」

井上は、開幕から2試合続けてスタメン出場。結局八五年は10試合出場、14打数3安打で打点1、二割一分四厘。広岡が西武の監督を辞任するのと同時に、井上も正式に引退した。

「実は広岡さんから守備以外で教えてもらったことが一つある。それがディレードスチール（投手が投球動作をしていないときに行う盗塁のこと。セットポジション時や、捕手にボールが届いてからスタートを切る）。ずっと練習しながら、こうしたらいいなと試合中もタイミングを計っていた。広岡さんが広島のコーチを辞めて、俺が中日に移籍してからディレードスチールを初めてやった。ネット裏の記者たちが『あれ、なんや?』って騒ぎ出して、報道陣が押し寄せてきた。最初の頃は、みんなわかんないから全部成功。巨人の二遊間を守っとった土井や黒江なんかも目を切るし、阪神の藤田や中村もいつも下向いてるからカモ。ランナーのとき、ピッチャーを見ながら二遊間も見とった。通算で20個ぐらいディレードスチールを決めてるんじゃないかな。広岡さんがヤクルトの監督のときに、杉浦（亨）に『ディレードのやり方を井上に聞きに行け』って言って、杉浦が聞きに来たからね」

話を聞く限り、ガッツ溢れる井上のことを広岡は十分に認めていたはずだ。広島時代、広岡の厳しい指導に一軍すれすれの選手がどんどん脱落していくなかで、苑田聡彦、三村敏之、そして井上だけが残った。広岡は一語一語を頭の中で確かめながら喋った。

「井上は決して器用ではなかったが、泥水を啜っても這い上がってやるという闘志を前面に押し出して勝負に挑んでいた。手負いの野武士ほど怖いものはないからな。猪突猛進で練習をやっていたよ。お互い何かを削って戦っていた時代だったな」

練習で常に真剣勝負を挑んでいた広岡と井上。両者の間には、師弟の域を越えた結束があるのは確かだ。それは、何人たりとも侵すことのできない聖域といった仰々しいものではなく、あの時代共に過ごしたからの〝繋がり〟の深さに見えた。

井上の目尻に柔らかな皺が持ち上がった。そして、心の置き場所を探しているかのように言葉を紡ぎ出す。

「高校時代に左肩を脱臼したことがあったんだけど、結局引退まで完全には治らずにずっとプレーしていた。外れたら自分で入れられるんだけど、寝とってもカクンと外れることがある。癖になっていた。脱臼がなかったらもっとやれたかなって思うけどね。（七七年六月七日）秋田の八橋球場での大洋戦。レフトを守ってて三塁側のファウルグランドのフライをフェンスに衝突しながら捕った。そしたら肩が抜けた。チェンジになって次の攻撃は俺から。ブルペンの椅子に座って一生懸命入れるんだけど、入らへん。なんとか入れたけど痛いのなんのって。ピッチャーは間柴（茂有）。痛くてバットは振れへん。相手ピッチャーはそんなことわからんから悟られないように打席に立ったよ。一振りでセンター前。忘れもせん。そんなこともあった」

一八年間の現役生活に悔いがないと言ったら嘘になる。井上は、この脱臼がなかったらもっとやれたとはっきり言う。それだけ自信があった証拠でもあり、やりきった自負でもある。

「あの人（広岡）がグラウンドにぽっと姿を見せると、選手は〝おっ！〟となって急いで次の行動に移る。何も言わずに姿を見せるだけで選手が動く。だから細かいことは言わなかった。とにかく広島時代、広岡達朗に嫌というほどプロの厳しさを味わわされたよ」

広岡に無理やり現役復帰させられ、たった一年で二度目の引退を経験した。プロ野球史上初めての満塁敬遠やディレードスチール、インセンティブ契約など、いろいろ経験したが、最後に一年間だけ西武に在籍し、選手が「監督の言うとおりにすれば勝てる」という共通認識のもとで動いているのを肌で実感した。その方向性に迷いなく選手が従っていくところに、広岡野球の強さと凄さを見せられた。

「あの人は、ホンモノだったよ」

なぜか、井上の顔は不思議なほど透き通っていた。

21
50

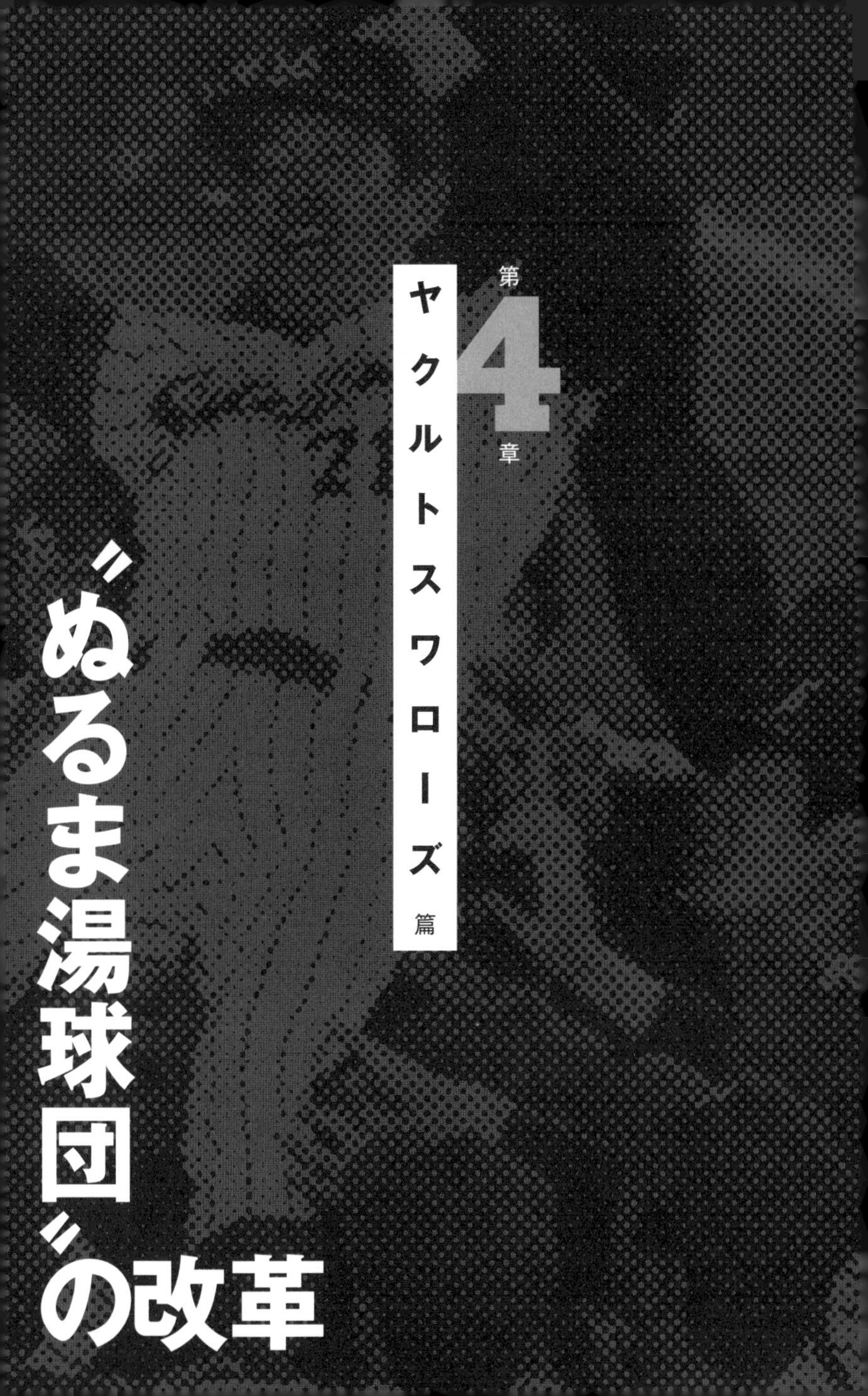

第4章

ヤクルトスワローズ篇

〝ぬるま湯球団〟の改革

「このくそ！」。この一念こそが、広岡達朗の原動力になった。コーチ、監督、GMになっても自身の信念を貫く姿勢は一貫して変わっていない。

「あいつは天才だからいい、あいつは才能がないからダメといった分け方が一番ダメ。選手を信じて正しいことを教え続ければ、必ず人は育つ」

プロ野球選手という職業に対して揺るぎないリスペクトを持つからこそ、広岡はどんな障壁に阻まれようともプロとしての自主独立の気概を失うことはなかった。

劇的に選手たちの、いやチーム全体の意識改革に成功したのはヤクルトの監督になってからだ。一九七八年、ヤクルトが創設二九年目にして初めての日本一になったのは、快挙というより奇跡に近い出来事だった。

「弱い球団で指導することこそ、多くの学びを得る絶好の機会である」

ことあるごとにそう言っているのは、まさにヤクルトでコーチを三年半、監督を二年半務めた経験から得た教訓でもある。

一九五〇年にスワローズが発足して日本一になるまでの二九年間を見ると、Aクラスはたったの三度（六一年、七四年、七七年）しかない。あとは四位が九度、そのほかの一七シーズンは五位か最下位。史上最弱の球団という名が相応しいほどの体たらくだった。七四年に広岡がコーチとして入閣するまでの二五年間に限れば、Aクラスはたった一度しかない。今の一二球団を見ても、二五年間遡って一回しかAクラスに入っていないチームなど皆無だ。プロ野球黎明期において、どれだけ戦力格差があったかがわかる一例だ。

七三年の秋、佐藤邦雄ヤクルト球団社長が広岡のもとへ直々に出向き、監督就任を要請。当時、ヤクルトの打撃コーチは早稲田大の一つ上の先輩である荒川博が務めていたため、「先輩を差し置いていきなり自分が監督になるわけにはいかない」と固辞した。広岡にとって、先輩後輩の縦社会の規律は絶対である。ましてや名門早稲田の体育会系ともなれば鉄の掟にも匹敵する。一度目の打診時で、広岡は先輩を敬い、自ら退いた。

その後、荒川が打撃コーチから監督に昇格したことで、広岡は七四年から一軍守備コーチとして入閣した。監督に荒川博、コーチ陣に沼澤康一郎、小森光生を揃え、マスコミから〝早稲田カルテット〟と名付けられた。しかし、シーズンに入って負けが込み出すと、メディアは「荒川派と広岡派に分かれてチームが分裂している」と好き放題に書いたりもした。そもそも二五年間負けっぱなしのチームに分裂も破裂もクソもない。

荒川は人前で目立ってなんぼのタイプで、選手に対しても「私生活はどうでもいいから打席で打ってくれればいい」という主義。一方、広岡は人間に純粋さを求めるタイプで、グラウンドで良い成績を残すために私生活から厳しく律する主義。周囲は「完全に水と油だ」と対立構造をかき立てた。だが、「タイプが同じか同じじゃないか」でいがみ合うほど両者は幼稚ではない。荒川は大毎をクビになったとき、広岡が川上哲治に頭を下げてまで頼み込んだおかげで巨人の打撃コーチの職に就いた経緯がある。いわば荒川は広岡に対して借りがあり、また広岡にとって荒川は早稲田の一つ上の先輩。ただそれだけなのに、火種を作ろうとマスコミは躍起になっていた。むしろ弱小球団のヤクルトにはそれくらいしか話題がなかった。

広島で二年間コーチを務めた経験から、広岡は弱小球団の悲惨さを肌身で体感していた。ヤクルトも弱小球団には変わりなかったが、広島とは意味合いがまったく違っていた。広島は決して良い環境ではなかったが、選手のモチベーションが高くてやる気に満ち溢れ、活気があった。それに比べてヤクルトは隅から隅まで腐っていた。選手たちは怠惰という濁ったぬるま湯に頭までどっぷり浸かり、まったくやる気がない。完全な負け犬体質。負けに慣れきって、感覚が麻痺していることにすら気づかない。まずこの状況を劇的に改善するためには、荒療治が必要だった。

七六年シーズン序盤の五月半ば、荒川監督の休養により広岡はヘッドコーチから代理監督、六月には正式に監督昇格が決まった。

優勝するには信頼できる片腕が必要だと考え、ヘッドコーチ兼バッテリーコーチに巨人時代の同僚だったV9正捕手・森祇晶を招聘した。

広岡は決意する。

「監督になったからには頂点を目指す」

目標が人生を支配する。そう信じて生きてきた以上、勝負事において頂点を目指すのは至極当たり前だ。そのために、広岡はオフに大改革を実行する。

政治の世界でも企業でも、改革への第一歩といえば大粛清が基本である。しかし、ヤクルトの松園尚巳オーナーのモットーは〝家族主義〟。トレードを嫌ったため、ヤクルトでの大胆な血の入れ替えは不可能に近かった。

となれば、既存の戦力を底上げするしか手はない。手始めに秋季キャンプではウエイトトレーニングを導入した。あまりにシーズン中の怪我や故障が多かったからだ。事実、ヤクルトの選手は一年中アルコール漬けの生活をしていた。勝ってはお祝いだと酒を飲み、負ければストレス発散でヤケ酒をあおる。タバコはベンチ裏だろうとどこでも好きなときに吹かす。シーズンも夏を過ぎれば、ロッカールームではシーズンオフの余暇のスケジュールを立てるのに大忙し。「どうせ俺たちには優勝なんて無縁だ」という自堕落な意識が蔓延していた。

年が明けての春のキャンプからは三禁（麻雀、花札、ゴルフ）に加え、休養日の前日以外は原則として酒も禁止にした。その他にも、炭酸飲料の禁止、ユニフォーム姿での喫煙禁止、練習中の私語禁止と事細かく禁止事項を増やし、選手を徹底的に管理した。当然、選手からの恨みは相当なものだった。

「野球はピッチャーが勝負の七割を左右するから、まず先発ローテーションを確立することが先決だった。松岡弘、安田猛、浅野啓司の三本柱に、ジャンボ（鈴木康二朗）と会田照夫の二人を入れた。みんな元気良かったよ。交代時に安田なんか『やってられるかい！』とライトに駆け出して帰ってしまうし、会田はボールを渡さずにバックネットにぶつける。『こいつら、やりやがったな』とカッカしたけど、そうした行動は『自分を信用して欲しい』という裏返しの意思表示でもあり、いわゆる成長の過程に過ぎない。とにかく先発陣には

『五回まではどんなことがあっても代えない。どうしたらいいかコーチに聞くか自分で考えろ』と伝えた。そう言えば、各々がいろいろと勉強するようになる。ストッパーには井原慎一郎。こいつはへそ曲がりで、自分の部屋で座禅を組んでいたな」

とにかく、広岡は選手に〝自助努力〟させることを徹底させた。まるで明日なき戦いの高校野球のようにガムシャラでプレーさせるため、遠征先では真昼間から宿舎の屋上に選手、コーチを呼び出した。

「勝つためにやる。やらないと勝てんぞ！」

そう威勢良く発破をかけ、宿舎の屋上で野手には素振り、投手にはシャドウピッチングをやらせ、一汗かいてからユニフォームに着替えさせて球場に向かうこともあった。あまりに猛練習を強いるため、コーチ陣が「こんなことをしていたら怪我します」と抗議すると、広岡は平然とした顔で「怪我人が出て最下位なら納得する。元気いっぱいで最下位はたまらんよ」と返した。

そして、勝負の三年目の七八年。打撃陣、投手陣ともにシーズンを戦えるだけの準備は整った。あとは、心に蔓延《はびこ》る負け犬根性を完全に取っ払うこと。つまりは、長年の巨人コンプレックスを払拭しなくてはならない。そのためには巨人より上の環境に身を置くべく、メジャーの球団と同じ場所でキャンプに邁進するのがいいと考えた。広岡は、松園オーナーに直談判しに行く。

「巨人コンプレックスを払拭しない限り、チャンピオンにはなれません。そのためにはメジャーと一緒にキャンプを張り、巨人より上の世界を肌で感じ、巨人より良い環境でやっているんだということを意識づけたいんです」

「わかった、広岡くん。ではブラジルへ行ってくれ」

「松園さん、ブラジルに何しに行くんですか？」

「ブラジルにはヤクルトの工場があるから、まずはそこで激励を受けてから好きなところへ行ってくれ」

「遊びで行くんじゃないですよ」

「じゃあ、君の言うとおりにして勝てなかったらどうするんだ？」

「私の責任なので辞めます」

「よし、わかった！」

広岡の覚悟を知り、松園は鶴の一声でヤクルト球団初のアリゾナ州・ユマでの春季キャンプの実施を決めた。

初の海外キャンプで、選手たちは〝格別〟を味わった。合同キャンプとして一緒にやるサンディエゴ・パドレスのメジャーリーガーがどういった練習をしているか、生で見ることに意義があった。そこで練習の合間にウエイトトレーニングを取り入れることがメジャーの主流だと知り、選手たちは大いに触発された。

「ヤクルトの松園オーナーには『縁あってうちに入った選手たちを一人前にして勝ってく

れ』と言われた。 当時ロッテの山崎（裕之）が俺のファンで、ヤクルトに行きたいとトレードを志願していた。あとは佐藤球団社長が判子を押すだけで成立だったのに、生え抜きを可愛がるオーナーが直前で白紙にしたんだから。それくらい、自分の球団に入った選手を出したくなかった。優勝したときは『下手くそをここまで根気よく指導して選手権で勝ってくれて、僕は嬉しい』と抱きついて喜んでくれたよ。松園さんの『自前の選手を一人前にして勝たせてくれ』という言葉は、今のプロ野球界にも通じるよ」

暗に巨人のことを指しているのがすぐにわかった。広岡は、初めて務めた監督業で結果を残せたこともちろん嬉しかったが、負け犬根性が染みついた選手たちが意識を変えて成長してくれたことに大きな喜びを感じた。

「根気強く教えれば、人は必ず成長する」

広島で得た教訓を、監督として見事に実践できたからだ。

一九七八年、ヤクルトは球団創設以来初となるリーグ優勝、そして日本一を飾った。最弱と揶揄されまくっていた球団の監督を引き受けて、わずか二年半後の出来事だ。日本シリーズで戦ったのは、当時、日本シリーズ三連覇中の阪急ブレーブス。日本プロ野球史における最強チーム論でも必ず名前が挙がるほど安定した力を持ち、長嶋一次政権の巨人が七五、七六年と二年連続で立ち向かっても歯が立たなかったチームを破っての日本一だから、余計に価値があった。

広岡は日本一になった時点で契約切れとなり、一度はヤクルトの退団を決意する。しかし慌てふためいたのはフロント陣のほうで、「優勝監督をクビにはできない」と慰留をし、チームの運営を全面的に広岡に任せて協力体制をとる約束を交わして、新たに三年契約を結んだ。

日本一には輝いたものの、チームとしてはまだまだ発展途上だと感じていた広岡は、大胆な策を講じた。ヤクルトでは禁じ手のトレードだ。南海から江夏豊、柏原純一、近鉄から井本隆をトレードで譲り受ける手筈が整い、あとは正式に調印するだけだった。しかし、土壇場でひっくり返された形になった。ここでもやはり、トレード嫌いの松園オーナーの意向が働いた。それでも、常勝チームを作るためには是が非でも戦力を補強しなければならなかった。

「近鉄の監督だった西本（幸雄）さんから『鈴木啓示はいらんか?』って言われたときはびっくりした。二年連続20勝以上の最多勝投手とのトレードとなれば、こちらも相当な相手を用意しなくてはならないんでね」

もしこれらのトレードが成立していたら、超大型トレードとして後々まで語り継がれただろう。この〝幻のトレード〟には及ばないが、広岡はあっと驚くトレードを仕掛けた。

チームの主砲だったマニエル、日本シリーズでも安打を放ち初の日本一に貢献した内野手の永尾泰憲を放出し、近鉄からサウスポーの神部年男、佐藤竹秀、寺田吉孝を獲得する二対三のトレードを断行した。日本一に大貢献したマニエルの放出は、衝撃的なニュースとして球界を駆け巡った。打率三割一分二厘、39本塁打、１０３打点と主軸として申し分ない成績を残していたマニエルだが、機動力野球を目指していた広岡にとって走力と守備に難点がある助っ人は、決して十分ではなかった。

優勝候補筆頭で迎えた七九年のシーズン。前年のバラ色のオフの余韻を引きずっていたのか、チームは怒濤の開幕8連敗を喫する。五月にようやく勝率五割に戻すが、六月にかけて4連敗を二回、5連敗一回と浮上の目を摑めないまま最下位に沈んだ。

佐藤邦雄球団社長はこの体たらくに、広岡の懐刀であるバッテリーコーチの森祇晶、投手コーチの植村義信の二人に独断で休養を言い渡した。これが大きな火種となった。この人事に烈火のごとく怒った広岡は、筋が通らない球団人事案を巡ってフロントと激しく対立。結局、広岡は八月二九日付けで森、植村とともにヤクルトを退団した。

「佐藤球団社長はもともと弁護士だから、いろいろと言ってきた。松園さんは優勝したとき、抱きついてきたほど喜んでくれた。俺も嬉しかったよ。でも、日本一の翌年は生え抜きの武上（四郎）を監督にしたくてたまらなかったんだと思う。やはり生え抜きは可愛いんだろうな。どうしてもオーナーは選手側に寄ってしまうものだから」

明らかに寂しさや悔いを含んだ言い方だった。松園オーナーの気持ちはわからなくもない。子飼いの選手が可愛いのは当然だ。だからといって、首脳陣はどうでもいいのか。広岡はドライに見られがちだが、人間の純粋さを求めるだけに組織論より感情のほうが先走ってしまう。

広岡は、一過性の強さではなく、常勝球団を作ることこそが健全な球団運営にも繋がるという理念を持っていた。だからこそ、一度の日本一よりもっと先を見ていた。マニエルのトレードで世間が大騒ぎしてもどうってことはなかった。一般人は目先のことにしか意識が行かない。ちょっと負けが込めば大騒ぎし、抜本的改革だといって人事のテコ入れをする。チョコチョコッと人を代えればフロントは仕事をした気になるが、実際は何も変わらない。

「経営に携わる者であれば、違う分野なのに勉強もせずにしゃしゃり出るのではなく、結果を出したプロに任せておけないものなのか。素人がなまじっか口を出すから軋轢が生まれるんだ。すべて上手く丸く収めて、劇的に勝てる集団を作れる者などこの世に誰一人としていない。多少なりとも血は流れるものだ。真理を突けない経営陣が多すぎる」

広岡は、自分が呼んできた人間を無造作に切り捨てる組織に辟易した。広岡ももう少しフロントに寄り添った考え方を形だけでも上手く示しながら交渉に当たれば良かった。ただ、劇薬を使える人間は本人も劇薬だということを周りも必要以上に理解すべきであった。物事には道理がある。それを無視して行動を起こされては、ルールもヘチマもあったもんじゃない。広岡が怒号を発するほどの怒りを噴出させた気持ちはよくわかる。

「もっと大人になれとか、協調性を持ってやれとか、薄っぺらいことを言う奴が必ず出てくるが、そういう奴に限って何もやったことがない口先男ばかりだ。俺がやろうとしたのは、日本一になることではなく、常勝軍団を作ることだ。アメリカ留学で学んだメジャー流の理論をもとに、巨人に匹敵するチームにしようとしたんだ」

計画性には抜かりがない広岡だけに、フロント陣に説明をしたとは思うが、おそらく誰一人理解できなかったのであろう。そこも織り込み済みだ。自身の考えが先鋭すぎるため、結果を残すことで理解してもらおうと考えた。

理論や戦略も大事だが、最後に人を動かすのは沸騰するほどの熱量があってこそだ。広岡には、間違いなくマグマに匹敵するほどの熱量もあった。組織の前では、それも焼け石に水だったというわけだ。

せっかく広岡が三年間かけてチームに改革を起こし、負け犬根性を脱却させ、これから常勝軍団を作り上げる矢先に、舞台から降りてしまった。翌八〇年こそヤクルトは二位になったが、これを最後に再び暗黒時代へと突入していくのだった。

大矢明彦の証言

一九七八年一月一六日、ユマでの朝。

「やっぱ真っ青だな」

ヤクルト入団九年目の大矢明彦は、見渡す限り広がるペンキを塗ったようなブルーの空に胸が高まる。どこまでいっても遮るものがない広大な青空に、グリーンの芝、白いベースとその周りの茶褐色の土……、原色めいた鮮やかなコントラストが美しすぎる。見ているだけで心も身体も晴れやかになり、爽やかで心地よい空気を吸っただけで自然と背伸びしそうになる。檻に閉じ込められたような島国日本から、解放感満載の広い広い世界へと飛び出せた気がした。

大矢がこのアリゾナの空を見るのは初めてではなかった。プロ一年目の七〇年オフに、武上四郎、松岡弘、藤原真、安木祥二と五人で、アリゾナ・メサの教育リーグに派遣されている。エンゼルスの傘下に入ってプレーしたことが、昨日のことのように思える。またあの感覚が味わえると思うと大矢は無性に嬉しくなった。

綺麗に狩り揃えられたグリーンの芝が一面に広がるグラウンドが何面もあるのを見ると、自然とボルテージも上がって高ぶる意識も抑えられない。前年、荒川監督の休養により広岡が代理監督から監督に昇格した。広岡にとってはこのユマキャンプが監督として初の春季キャンプ。例年以上の厳しさが待っているのは百も承知だった。それよりも、初の海外キャンプということで選手たちにとって見るものすべてが新鮮であり、一気に濃密な時間が凝縮される。

パドレスには本球場と三面のグラウンドが用意され、そのうちの一面をヤクルトが借りて練習をする。日本のキャンプは一つの球場で行うのが当たり前で、それに加えて予備のグラウンドと申し訳程度の室内練習場があるくらいだ。まず設備の違いに選手たちはカルチャーショックを覚えた。実力主義をモットーとし、完全ヒエラルキーの組織形態をなすメジャーだけあって、環境整備に余念がなく、すべてにおいて規模が桁違いだ。

メジャーと合同だけあって、朝の集合時間が早い。日本のキャンプは一日中やるイメージだが、メジャーは午前中だけ。その代わり朝早くから始動する。パドレスと一緒にやるときは、七時三〇分にはグラウンドに来て、それぞれストレッチや体操をし、八時から合同でアップを開始する。パドレスの若手は、もっと早朝に来てコーチと一緒に練習している。練習時間は午前中だけなので、全体練習前の朝早くに来ないと、コーチにつきっきりで教えてもらえないためだ。

グラウンドいっぱいに広がってパドレスと一緒にウォーミングアップをやったときは、自分たちもメジャーリーガー気分になったものだ。

広岡監督は主に内野を担当し、キャッチャー出身の森ヘッドが捕手陣を任された。正捕手の大矢はワンバウンドの処理やスローイングの矯正など、ユマの地で連日泥だらけになるまで練習させられた。投手陣は午前中だけ、野手陣もどんなに遅くとも午後三時までには練習を終えた。朝から晩まで練習する日本方式と異なるメジャー方式のキャンプは、選手たちの満足度も高かった。

広岡が監督になって、終始徹底してなんでもきちんとやることを求められた。食事からプライベートまで厳しくチェックする「管理野球」。広岡は、やれることをきちっとやらないと気が済まないタチなのだと大矢は思った。

そしてユマ春季キャンプから、これでもかというくらい禁止事項が掲げられた。

①禁酒（練習休みの前日のみ可）、②禁煙（ユニフォーム姿のみ）、③マージャン、花札禁止、

④ゴルフ禁止、⑤練習中私語禁止

まるで監獄のような禁止事項のオンパレード。明文化されてないものも多数あり、「炭酸飲料水禁止」などというのもあった。野球漬けにさせる意図はわかるが、禁止されているものが多いほど、それをどんどん破っていきたくなるのが人間の性でもある。血気盛んなプロ野球選手が禁止事項を聞かされて「はい、わかりました」と素直に聞くわけがない。

禁酒を堂々と掲げた広岡も、実は酒が好きだった。朝起きると、キャンプでも遠征中でも監督部屋の前のトレイに酒瓶が何本も転がっているのを何度か見た。

「自ら禁酒って決めてるのに、あの部屋の前にだけあんなに酒瓶が転がってるってどういうことなんだよ」

酒を飲まない大矢を尻目に、ブーブー文句言っている選手たちがたくさんいた。

広岡の持論は、監督コーチと選手は別、つまり選手は自分のコンディションを整えるために節制するのは当然であり、そこに監督コーチは関係ないというメジャー方式の考え方。言いたいことはわかるが、オレたちはメジャーでもなんでもなくＮＰＢの選手だ。日本には一蓮托生って言葉がある。少しはこっちの身になって慮れよと思ってしまうのが日本人。こういうことがあると、大矢も含めて選手たちはどうしても前任の監督である三原修と広岡を比較してしまう。

例えば、遠征中全員で幾つかの丸テーブルにわかれて食事をしていると、三原は「こっちこい」と必ず若手を呼び、食欲を増進させるためにビールを飲ませていた。大矢にとっては下戸のためすごく苦しい時間だったが、三原の選手を思う愛は感じられた。

また、当時の遠征中の宿舎は大広間で若手が何人かで雑魚寝状態が常だった。夏場、大矢が寝付けずにいると、夜中に誰かがこそっと入ってくる気配を感じた。誰が来たんだろうと思ったら、三原だ。布団をはだけている選手に、布団をそっとかけてやっている。そのシーンを見た大矢は、すごい人だなと純粋に思った。そんな三原イズムがチーム全体に染み込んでいたところに、広岡が来て一切真逆のことをやられると誰でも面食らう。

型にハメて戦力を整えることが先決だと考える広岡と、自由にやらせることで当人の能力を見極めて割り振りしていく三原。どちらが良い悪いではなく、どちらも正しい。ただ共通している点は、勝負に貪欲で、細かいところまで人を見ている部分。選手のモチベーションを上げるために環境を変えてユマでのパドレス合同キャンプをやったことは、選手たちにとっていろいろと考えさせられる場になったのは間違いない。練習中のメジャーリーガーの目つきを見ればわかる。ユニフォームを着ている間は、チーム内に〝友だち〟なんかいない。馴れ合いなんか一切ない。それがメジャーで生き残るための厳しさでもある。

「カーン、カーン」

ノック音が乾いた空気に浸透するかのように軽快に鳴り響く。

最初は招待選手も参加するためパドレスの選手も数多く、メジャー候補生の若手たちは午後からも個人練習をしている。そのなかでもひときわ目立っていたのが、長い手足を無駄のないシャープな動きで操り、ノックの球をいとも簡単に捌く黒人選手だった。左右に振られたノックのボールがいつの間にか吸い込まれるようにグラブに収められ、ごく自然に、柔らかいスローイングで一塁に転送される。

「誰だあいつ⁉」

大矢以下ヤクルトの選手は一瞬にして目を奪われた。

のちに殿堂入りするレジェンド、オジー・スミスの夜明け前だった。


ユマでメジャーと合同キャンプできたのも、広岡がパドレス側と交渉してくれたおかげだと知り、大矢はさすがだなと思った。メサでの教育リーグでエンゼルスの1Aの若手と練習をやったときに、キャッチャーがブロックする際にどうやるのかを初めて明確に教わり、目からウロコだったのを今でも覚えている。海外では、どんな新しい発見や出会いがあるかわからない楽しみがある。

現に、メジャーデビュー前のオジー・スミスと出会えたのもそうだ。2Aからいきなりメジャーキャンプに参加したばかりで、パドレスのアルヴィン・ダーク監督が「今（七八年）シーズンからメジャーデビューさせる」とマスコミに公言するほどの新時代のホープ。全体練習が終わってからもショートのポジションでよく練習していたのを、ヤクルト選手はじっと見ていた。

メジャーの練習は午前中で終わるが、その間はインターバルを置かずに効率よくやる。息つく暇もない。四時間なら四時間、きっちりと濃密な練習をこなす。そして午後からは各個人で練習をする。

当時のパドレスは、寄せ集め集団だった。七二年からワールドシリーズ三連覇したアスレチックスから移籍二年目のクローザーのローリー・フィンガースや、キャッチャーのジーン・テナスもいるし、超ベテランクラスが何人かいた。

大矢が練習を終えてユニフォーム姿でひとりでブラブラとユマのキャンプ地周辺を歩いていると、後ろからプープーとクラクションを鳴らしてくる車が通りがかった。

振り返ると、大きなキャデラックの窓からサングラスをかけたヒゲ面の男が顔を出して「ヘイ!」と声をかけてくる。

「フィンガースだ」。特徴あるヒゲですぐにわかった。アスレチックス在籍時の七二年からワールドシリーズ三連覇を果たしたのちにパドレスに移籍し、当時チームのクローザーを務めていたローリー・フィンガースだった。「乗って行くか⁉」と大矢に合図する。こんな機会はないと思って、遠慮なしに乗り込んだ。メジャーの大スター・フィンガースは日本人選手が珍しかったらしい。

「どうしてここでキャンプをやっているんだ?」「お前のチームは日本では強いのか」「日本にいる外国人選手はどうだ?」。矢継ぎ早に、いろんなことを訊いてきた。大矢は片言の英語で答えると、フィンガースは「ふ〜ん」と半ば納得していないような顔をして、片手でハンドル握ってビールを飲んでいた。

大矢が助手席と運転席の間に設置されている自動車電話を珍しそうに覗き込む。

「おお、これなぁ、日本にも電話できるぞ」。フィンガースはニタッと笑って言った。

メジャーの一流たちと一緒にキャンプをやったのは、いろんな意味で刺激になった。広岡の狙いも、まさにそこ。まず〝甘え〟を払拭させたかった。世界に目を向けることで巨人コンプレックスなんかぬぐい取って奮起しろ。いつまで眠たいことを言っているんだ、世界を見てみろ、やった者が勝つんだ。より大きな世界を肌で感じて欲しかったのだ。

東京出身の大矢は早稲田実業から駒大に進学。四年間でベストナインを四度獲得する活躍を見せると、プロ注目の捕手として大矢の周辺がにわかに騒がしくなった。もともと巨人と中日が獲得に熱心で、大矢もこの二チームのどちらかに入団するものだと思っていた。当時のドラフト会議は現在と違って午前中から始まり、指名選手確定を筆で大きく書いて発表するのが定例だった。そのため、指名の確認作業をする者が発表者と球団の間を何度も往復して慌ただしかった。昼食と夕食を挟んで朝から夜までやるのが普通で、何かと手間がかかるアナログの時代だった。三位までの指名は大体夕方前までに終わるため、大矢は夕方までに何の連絡もないことで察しがついた。

夜の七時頃、新聞記者から「ヤクルト七位指名」の知らせを聞いた。「ヤクルトかぁ」。これまで熱心なアプローチを見せてきた球団ではなかったため、大矢はまさかの思いだった。ただ在京球団でホームグラウンドは勝手知ったる神宮球場。それであれば父も反対する理由はなく、大矢はヤクルト入団を決める。

ドラフト一位には、同じキャッチャーで仙台商業の八重樫幸雄が指名された。球団の考えとしては、ドラ一の八重樫よりもドラ七といえども東都で活躍した鉄砲肩の大矢を即戦力と考えていた。

レギュラーだった加藤俊夫がシーズン中に無免許運転の事故を起こして無期限出場停止となったため、ルーキーイヤーから96試合に出場。二年目から正捕手の座に着いた。

大矢は、一六年間の現役生活のなかで六人の監督のもとでプレーしてきたが、そのうち四人が途中休養となり代理監督が指揮している。つまり四シーズンは代理監督の指揮のもとでプレーしている。監督の途中休養こそ、大矢にとって「弱い球団とはそういうものか」と思わせる要因にもなっている。

七六年五月中旬、荒川監督の休養によりヘッドの広岡が代理監督となった。大矢は「またか」程度にしか思ってなかった。広岡は六月に監督に昇格し、ここからヤクルトはリスタートする。

広岡が監督として初めてフルシーズン戦った七七年は、大矢にとって野球人生が一変する出来事があった年だ。七月一〇日、長野県営球場で行われた大洋とのダブルヘッター第一試合、大矢はキャッチャー人生を変えるほどの大怪我を負う。

大洋の攻撃、バッターは高木由一。エンドランを警戒し、ウエストさせてセカンドに送球しようとしたときだ。

「バチッ！」

右手に衝撃が走った。

バッター高木が送球を妨害しようと腕を伸ばして空振りしたバットに、右手を叩かれてしまった。右手の指、甲が完全に骨折した。

「大丈夫か？」

ベンチから広岡監督が出てきて心配そうに右手を覗き込んだ。

「ボール握れるか？」

「握れますけど、これじゃ無理でしょ」

大矢は、グシャグシャの右手を広岡の目の前に差し出した。すぐさま負傷退場し、タクシーで長野にいる大矢の知り合いの先生に診断してもらうことになった。

「本来なら手術せずに保存治療がベストなんだが、手の甲が粉砕骨折しているから手術をしましょう」

固定するためにプレートを入れる手術を行い、両外側からもワイヤーでバッテンを結び、包帯を巻いて固定した。

「ワイヤーが動くようになったら少しずつリハビリできるから」。そう主治医に言われ、大矢はベッド上で「やったものはしょうがない」と割り切って考えることにした。

大矢が戦線離脱している間、ヤクルトは一進一退の攻防を続ける。一位の巨人とは10ゲーム近く離されていたが、二位をなんとかキープ。ヤクルトにとっては、球団創設以来初めて二位に食い込めるチャンスだ。そのため八月末に広岡から「できるのならゲームに出てくれないか」という連絡が入った。その頃はまだ完治しておらず、やっと右手が動くようになった程度。ボールを放るにはほど遠い。球団初の二位を死守せよという至上命令でもあったのだろうか、いつでも冷静沈着な広岡が申し訳なさそうに電話してきたことに驚きを隠せなかった。

「まともには投げられないけど、やるだけやってみようか」

療養モードとなっていた大矢だったが、今一度ここで気持ちを入れ直した。

大怪我からわずか二カ月後の九月四日、その日行われた巨人戦からスタメン復帰した。無論、骨折は治りきっておらず、まだヒビが入った状態でのプレーだ。そのため試合のたびに右手は腫れ上がり、毎日氷で冷やして腫れを抑えながら試合に出場する日々が続く。その繰り返しで、七七年はなんとかチームは球団初となる二位を確定することができた。そして、シーズン終了後に再手術に踏み切った。大矢としては、ここできちんと怪我を完治させ、来年以降は全試合に出場する腹づもりだった。

「プロのなかでも俺が一番の強肩だ」

怪我をするまで、大矢にはそんな自負があった。ボールを握った際に人差し指か中指、薬指のどれかが縫い目に掛かっていれば、握り替えずに投げられた。シーズン終了後に再手術へと踏み切ったものの、完治する前に出場したことが影響したのか骨が元通りになっても神経がうまく繋がらず、握り替えてうまく引っ掛けないと投げられなくなった。球界一の鉄砲肩が、ただの強肩となってしまった。

だが、大矢は現在も一切後悔していない。広岡に懇願され無理矢理試合に出たが、決断したのはあくまでも自分だ。何の未練もない。ただこのときの経験が、大矢の指導者人生における大きな教訓を生み出すことになる。


悲願のセリーグ初制覇を果たして迎えた七八年の日本シリーズ、「ヤクルト対阪急」は球史に残る選手権であったのは間違いない。第七戦の六回裏には、大杉のレフトポール際の打球がホームランかどうかで試合が一時間一九分も中断した。また、ヤクルトは神宮球場というホームを持っているにもかかわらず、東京六大学開催のため使用できず、急遽後楽園球場をホームグラウンドとして使用することになった。当時、まだ歴史の浅いプロ野球より格式ある東京六大学のほうが上だったという事例だ。試合の内容以外の部分でも、こうした異例づくしのことが起きていた。

日本シリーズ前、ヤクルトメンバー誰もが口々に言っていた。

「4連敗じゃ格好がつかないからせめて1勝だけはしようぜ」

これが合言葉だった。まるで甲子園初出場の公立高校野球部部員の台詞だ。

七〇年代の阪急ブレーブスは、悲運の名将・西本幸雄監督から指揮官の座を受け継いだ上田利治監督が見事にチームを最強軍団へと導き、脂の乗り切った時期を迎えていた。

打撃陣には、世界の盗塁王・福本豊、巧打者・加藤英司、豪打者・長池徳治、トリプルスリー・簑田浩二、代打ホームラン世界記録・高井保弘と個性豊かな面々が名を連ねる。投手陣のほうも、魅惑のサブマリン・山田久志、天才アンダースロー・足立光宏、硬骨漢・稲葉光雄、ヨシボール・佐藤義則、酔いどれ投手・今井雄太郎の強力五本柱に、抑えに史上最強の速球王・山口高志と、癖のある剛速球投手ばかりがひしめき合う。名実ともに投打の戦力が充実していた阪急は、七五年から日本シリーズ三連覇中。これだけの選手を並べられたら、ヤクルトの選手たちが名前負けしてしまうのも無理はない。ヤクルトの首脳陣は頭を悩ました。まずはパ・リーグのデータを早急に集め対策を練った。日本シリーズのような短期決戦では、必ずキーパーソンとなるプレーヤーが出てくる。それをどう抑えるかが勝敗のカギを握ると言われている。

阪急では、トップバッターの福本。やつを是が非でも塁に出さない、特にフォアボールで出塁させないことを絶対の決め事にした。出したとしても走らせない。ここが勝敗を分けるキーポイントとなり、ヤクルトバッテリーの真価が問われる。

監督の広岡とヘッドの森は、福本攻略の策を一緒になって考えた。やはり正攻法しかない。福本が塁に出たらしつこい牽制で釘付けにし、徹底したクイックモーションで盗塁を阻止。その結果、このシリーズの福本は、打率二割一分四厘、四球6、盗塁5。大矢の肩が唸りを上げ、何度も盗塁を阻止した。福本が盗塁を二つ決めた試合こそ阪急が勝ったが、盗塁を封じた試合はヤクルトが2勝している。完全に福本の足を封じ込めた。

初戦こそエース山田久志に完投勝利されたが、山田から5点を取ったことで選手たちのなかに「イケる」という雰囲気が出たことも大きかった。エース山田の不調がこのシリーズの行方を左右したと言ってよい。運もあった。

最終戦六回裏、大杉のホームランについても、一時間一九分の異常とも言える中断で大矢はピッチャーの松岡の状態が気が気じゃなかった。肩が冷えないか、気持ちが切れないか……。憂慮に堪えなかった。そんなときにベンチの中では、バットケース横の水道管が破裂し、大量の水がバッと流れて込んできた。「おいおい、水が溢れ出してるぞ!」。あっという間にベンチの中が水浸しになった。ジッとしているよりは一時しのぎになったとも言える。

大矢の心配をよそに、松岡はこの一時間一九分の中断がいい休憩になった。シーズン同様にシリーズもフル回転で投げ続け、もうガス欠で疲労困憊だった。そこへきての中断は天の恵みだと思った。逆に阪急の足立光宏は中断している間に膝に水がたまり降板。阪急の上田監督は、ギリギリの場面だと思い辞職を賭しての抗議だったが、それが裏目に出てしまい、四対〇の松岡の完封勝利でヤクルトが日本一を手にした。

七八年のリーグ優勝、日本一で世間の騒ぎようは尋常じゃなかった。主力が大矢を含め、松岡、若松、安田、会田と同級生で、ベテランの大杉もいて、若手の杉浦、水谷、井原も育ってきている。チームとしてのバランスはベスト。ヤクルトの時代が到来すると巷では噂されていたが、大矢はまったくそんなふうに思っていなかった。勝負はやってみないとわからないし、ここが毎年毎年安定して力が出せるご都合主義の世界じゃないのもよくわかっている。ただ、年回りが一緒のやつらと奮起して初優勝を飾れたことがなにより嬉しかった。

「広岡さん、僕のこと言うこと聞かない奴って言ってたでしょ」

七六歳になった大矢に広岡達朗のことを訊ねた瞬間、内容を遮るように少し苦笑しながらそう言った。どうやら大矢は、広岡が自分のことをあまり好んでいないと思っているようだ。人間は自分のことを嫌う相手に対して、自身もその相手を嫌いになる傾向がある。別に大矢がそうだとは言ってない。大矢と広岡の間に何の確執やしがらみもない。ただ大矢にしてみれば、前任の三原修監督が憧れの人だっただけに、そのギャップが埋められずにいただけだろう。

広岡が大矢を初めて見た第一印象は「意外と小さいなぁ」だった。広岡は、チーム力強化に欠かせないセンターラインを強固なものにすべくショートとキャッチャーの固定を早急にしなくてはいけないと考えていた。他の首脳陣が、新人の大矢を一軍で使いながら育てる意向を示したとき、広岡も同意した。キャンプでも一軍中心のAグループに抜擢し、英才教育を施した。そして、大矢は一年目から試合に出場し、一三年もの間レギュラーを死守。一六年間の現役生活をヤクルト一筋で過ごした、いわばエリートである。

馬鹿とアンポンタンは時に同調するものだが、エリート同士はどうだろうか。

広岡は海軍兵学校への登竜門である広島県立呉第一中学校、早稲田大、巨人軍とエリート街道を歩いてきた野球人。川上哲治との確執さえなければ、巨人軍の監督になって川上のV9に及ばずとも劣らぬ記録を残したであろう。しかし、広岡は上昇志向のエリートと違って、体制に媚びず己の考えが絶対というリアリスト。一方、現役時代の大矢は勝気で短気な一面を時折見せた。若手投手に対して遠慮なしに「なんで、言うとおりに放れないんだ！」と叱責することも度々あった。キャッチャーというポジションはグラウンドでの司令塔でもある。チームの監督である広岡とグラウンド上の司令塔である大矢。ベクトルが少しでもズレれば、互いに引かない性格だけに反目し合う可能性が高い二人でもあった。

広岡が大矢に対して、二つ驚いたことがある。

一つ目が、投手交代で荒川監督がマウンドに行こうとすると、大矢が「これから調子が上がるところなので、今は来ないでください」と身体を張って制止したこと。

二つ目は、鈍足の大矢が自信満々で二度のホームスチールを成功させたこと。御年九二歳の野球界の生き字引とも言える広岡が、このプレーに関していまだに疑問に思い、そして敬服しているのだ。

大矢にそのことを告げると、少し驚いたような顔で答える。

「ホームスチールをやっていいかっていうのはちゃんとベンチに確認しましたから。OKだっていうんでやりました。神宮での中日戦でした。ピッチャーの打席のときに成功させました。もう一回は後楽園での巨人戦で横山（忠夫）さんが投げているときで、まったくの無警戒だった。走った瞬間に横山さんが慌ててバックネットにボールを投げちゃったんです。僕は足が遅かったから、僕が走るときは文字通り〝盗塁〟です。失敗すると思わないからやるのであって、もちろん成功が前提じゃないと『やっていいですか』ってお伺いを立てません。足の速い人だったら走らせてみようとなるでしょうけど、僕は足が遅いので一〇〇％成功する確信がなかったら自分から言い出しません。戦況に応じて、ピッチャーの仕草とか周りの雰囲気をよく観察したうえで、この二回は一〇〇％成功すると思って走りました。もちろん確率一〇〇％でないと絶対に走りません。狡くやるのが盗塁ですから」

野球の作戦のなかでもホームスチールほどリスクが高く、成功した暁にはランナーへの賞賛が一番大きいプレーもないだろう。プロともなれば、滅多に見られるものではない。それも俊足じゃないのに二度も成功したのだから、百戦錬磨の広岡もさぞ驚くことだ。

ファン目線で言うと、同級生でチームリーダーの若松や不動のエース松岡、サウスポーの安田に比べると、どうしても大矢は地味な部類に入ってしまう。大矢の名が一般的に知られるようになったのは漫画『がんばれ‼タブチくん‼』。ヤスダが「オーヤくん、オーヤくん」と呼びかけ、オーヤが出てきて魔球を披露するシーンによって全国のちびっ子にもヤクルトの大矢の名が浸透する。漫画では、恋女房としてヤスダの破茶滅茶の行動にいつもガミガミ怒っていた。実際の大矢も、バッテリー間では色々と注文や注意をつけていたが、プライベートでは酒を飲まず、いたって静かで物腰柔らかい優しい男だった。ただ一度だけ、みんなの前で怒ったことがあった。

七九年、大矢が選手会長を務めていたときに「野球人の前に社会人であれ」という考えのもと〝挨拶の徹底〟を全選手に通達したことがあった。ユマキャンプ時、副会長の八重樫に「若手が挨拶をしないから注意してくれ」と頼んだ。練習後に選手を集めて八重樫は「声出して挨拶してください」と注意喚起をする。みな最初のうちは挨拶をするが、日が経つにつれておざなりになり、また挨拶しなくなった。

さすがに大矢は我慢ならず、自ら選手を集め、つんざくような声で激高した。

「社会人でありながら、挨拶ができないとはどういうことか。ここがアメリカだろうと日本だろうと関係ない。恥ずかしいと思わないのか！」

怒りでワナワナと震えている大矢がいた。

投手陣は、リード面での強気な部分やサイン通り投げないと「なぜここに投げないんだ？」と叱咤されることから大矢の気の強さをよく目の当たりにしていた。でも一度グラウンドを離れれば、温厚な人間ということも承知だったゆえ、この怒号を浴びた選手たちは瞬時に慄いた。

現役時代、大矢は広岡と話す機会があまりなかった。しかし、広岡はそんな大矢をある意味信頼していた。独自の考えを持ち、森ヘッドがキャッチャーの構えを正対にしろと教えても右足を少し引く構えを貫き通し、それで結果を出し続けたのは認めざるを得ない。ヤクルトナインで唯一理知的にものを考えられる人物だと広岡は認識していた。

そのことを告げると、大矢は屈託のない照れを見せながら言う。

「そういうふうに思われてても、時々は選手に直で言ってもらいたいもんですよ。彼女との間でも、たまには〝愛してるよ〟って言わないと愛が冷めてしまうのと一緒です」

最後に右手を見せてもらうと、中指が大きく変形し、手の甲も骨折の跡なのかゴツゴツといびつな形をしていた。七七年の負傷によるものだ。もはや戦歴の証とは呼べないほど、何かの犠牲を払った代償の結果に見えた。

「神経一本やられてるんで寒いときは痛いんですよ。正直言って自分がこの怪我をしたことによって、選手には絶対無理はさせちゃいけないなと思いました」

大矢は、目を見据えてはっきり答えた。

松岡弘の証言

「昭和二二年会」という昭和二二年度生まれのプロ野球人の会合がある。

面子を見ると、若松勉、安田猛、佐藤道郎、木樽正明、上田次郎、江本孟紀、松岡弘、平松政次、谷沢健一、鈴木啓示、藤田平、福本豊、水谷実雄、山内新一、堀内恒夫、門田博光、古沢憲司、大矢明彦……よくもまあこれだけ一癖も二癖もある輩たちが同じ年に生まれたものだ。

人間、幾つになっても相手が同級生とわかれば、どんな世界であろうと国境関係なく妙に親近感が湧いてしまう。特に野球界は年齢が一つ違えば先輩後輩という縦の関係がすぐに構築され、理不尽な要求をする者と受ける者と区分され、受ける者が地獄を見る羽目になる。だからこそ、変に気を遣うこともなくフラットな関係性でいられる同級生にオアシスを感じてしまうのだ。

松岡、若松、安田、大矢といった七〇年代ヤクルトを支えた主軸メンバーは、揃いも揃って同級生。松岡、安田の左右のエース、チームリーダー若松、不動の正捕手・大矢と、センターラインを同級生同士でガッチリ占めていたチームが過去ほかにあっただろうか。これだけでも奇跡だ。

一九七八年のヤクルト球団初の優勝、日本一も奇跡だったのか。奇跡は二度起こらないから奇跡という。実際のところ、その奇跡を連続して起こしてやろうと考え、奇跡を定跡に変えてチームを常勝軍団にしようとしたのが、広岡達朗だった。そんな広岡が、数あるピッチャーの教え子のなかで最も才能を評価しているのが松岡弘だという――。

七八年四月一日、半年間にも及ぶペナントレース開幕戦。

若葉生い茂る明治神宮の杜は、東京のど真ん中なのに雑多感はなく、落ち着き払った洗練さを醸し出している。おそらく、緑が芽ぶく木々に囲まれた様相が一役買っているのだろう。この日の神宮外苑の主役は、開幕ゲームを迎える神宮球場。ここから半年の間、テレビやスポーツ新聞を通じて日本中がプロ野球熱に侵されていく。

七〇年代後半といえば、戦後の高度経済成長がピークを極め、そこから派生する環境問題や資源の限界による社会の歪みといった様々な問題が顕在化していく時期。そんな転換期に大衆娯楽として確固たる地位を築き上げた日本プロ野球は、巨人Ｖ９というプロ野球界にとっての高度成長期が終わり、次のステージへと突入していく時期だった。

神宮球場での開幕ゲーム、ヤクルト対広島。スコアボード「Ｐ」の下には、エースである松岡弘の名前がなかった。先発は、松岡と同じく「昭和二二年会」のサウスポー安田猛。186センチの松岡がストレートで押しまくる本格派の〝剛〟であれば、安田は身長170センチ強のずんぐりむっくりの軟投派の〝柔〟。まさに好対照の二人だ。

「なんだよ、準備してきたのに俺じゃねえのか……」

松岡にしてみれば、オープニングゲームに投げられなかった屈辱より喪失感のほうが大きかった。

「前年度途中から監督に就任した広岡さんだけに、開幕オーダーも一筋縄ではいかないだろうと思っていたけど、まさか開幕投手からこうなるとはなぁ、やっぱ三原さんとは違うわ」

松岡は軽く舌打ちした。

三原修監督時代の七一年から七年連続で開幕投手を務めてきた松岡にとって、オープニングピッチャーこそ一流の証だと思ってここまで投げてきた。そもそも入団の経緯からしても特殊だった。倉敷商業から三菱重工業水島に就職し、二年目の六七年にサンケイアトムズにドラフト五位で指名された。飛び上がらんほどに喜んだものの、待てど暮らせど球団から連絡がこない。すると一通の封書が届く。「ドラフトには指名しましたが、諸般の事情により交渉はいたしません」と書いてある。前代未聞の契約の見送りである。さすがに呆れ果てた松岡は、絶対に球団から頭を下げて交渉に来させるためガムシャラに練習して、夏の都市対抗野球大会で圧巻のピッチングを披露。スカウトに存分に実力を見せつけ、ドラフトから一〇カ月後に入団した経緯がある。スカウトを見返すための気炎は入団後も消えることはなく、エースの地位まで上り詰めた。

ペナントレースの初日を飾るゲームに投げることは、監督の信頼がなきゃ務まらない。そう信じていたからこそ、自分がそのマウンドにいないことに喪失感を覚えた。

開幕戦は、マウンド上の安田のピッチングスタイルと同じように淡々と進み、三対一とヤクルトの快勝で幕を閉じた。開幕ゲームを白星で飾ることは幸先良いスタートしてチームに明るさを灯し、負ければ「たかが130分の1」と慰められる。開幕戦の勝敗だけは、己の都合で考えても良い唯一の日である。

第二戦に登板した松岡は、4失点しながらも完投勝利。続く第三戦、同級生の会田照夫が先発し七対五で勝利し、ヤクルトは開幕三連勝を飾った。

「ふざけんなよ！　やってられんわ‼」

あと二、三日で七月に入ろうとした頃、松岡は大人気なく思い切り吠えた。そりゃそうだ。弱小球団と揶揄されながらも安田と二人でピッチングスタッフを支えてきた自負があったけに憤慨した。

「なんで、俺がこんなことやらなあかんのだ⁉」

やるせない思いでグラブを思い切り投げつけた。

七八年は、松岡にとって間違いなく最高の年だが、最も屈辱を味わった年でもある。開幕から二カ月経ち、ちょうど疲れが出始め、おまけに梅雨に入る季節。チームを背負う先発投手なら誰しもここで一度コンディションを立て直す時期でもある。

六月五日の登板が終わって16試合で4勝3敗1セーブ。例年に比べてもまずまずといったところ。

翌日、広岡がグラウンドにいる松岡を呼んでこう言った。

「俺が手本を見せるから、ちょっとやってみなさい」

広岡は早速ピッチングフォームから軸足で立ったままの状態でいるのを見せる。

松岡は「はい」と返事し、同じようにマネした。片足で立ったときのバランスを見ているんだなと思った。ここからだった。

六月五日を最後に登板が回ってこない。来る日も来る日もブルペンで投げ、試合になればベンチで戦況を見つめるだけ。たまに試合中にブルペンで投げることがあっても「行くぞ！」の声もかからない。

「おかしくねえか。まさか、俺が故障しているとでも思ってるのか⁉」

肩肘ともなんともない松岡は、監督が勘違いして自分を使わないのではないかと思うほど、先発が回ってこないことに苛立った。その間、毎日のように広岡から前述の指導が繰り返された。片足で立つ練習をただひたすらやらされる。遠征先でもホテルの部屋で、ピッチングフォームでの片足で立つ練習をずっとやらされる。

広岡から説明を受けたのは、「軸足でピーンと立てばバッターは恐れをなす。きちんと立てないとバッターは怖くもなんとも感じない。だからきちんと立つんだ」

一週間経っても投げさせてもらえない。そんな日々が続く度に眉間の皺がどんどん深く刻まれる。「おいおい、干されてるのかよ」。エースのプライドが踏みにじられ腹が立ってきた。いくら温厚な松岡でも、登録抹消もされず、二軍にも落とされず、一軍ベンチに入るだけの状態に嫌気がさし、顔も硬直してくる。そんな雰囲気をすぐに察知したピッチングコーチの堀内庄が松岡を呼び止めた。

「いいかマツ、広岡さんのやっていることは気に食わないかもしれないが、マイナスにはならないから言うことを聞いとけ。やる気があることを示せ」

諭されるように言われても松岡は納得できなかった。監督からもコーチからも、いつまで続ければいいのかという説明もなしに「やる気をみせろ！」だって。やる気なんかとっくにない。嫌々やっているだけ。気持ちがどんどん荒んでいき、心が何かに蝕まれていくようだった。

毎日、チームでの練習とは別に軸足で立つ練習をやらされ、試合ではベンチに座ったまま。たまにブルペンで投げるだけ。まるで晒し者になっている気分だった。こんな仕打ちを受け、さすがに堪忍袋の緒が切れた。鼻息荒く、堀内コーチに真意を確かめにいった。

「コンディションも良いのに、これってどういうことなんですか？」

「今は広岡さんの言うとおりにしないと使ってもらえないから我慢しろ。わかるよな」

わからない、わかるはずがない、松岡は言い返そうと思ったが堀内に当たっても意味がないと一旦飲み込んだ。「三原さんだったら、こんなことしねえだろーよ」。ふと呟いた。

松岡にとってプロ入り三年目、監督に就任した三原修との出会いが強烈だった。

まず七〇年、三原監督が就任したばかりの秋季キャンプでの初対面で「おいおい、松岡くんなぁ、練習しすぎ」と言われ呆気にとられた。七二年シーズン終盤九月二〇日頃に「明日からもうグラウンドに来なくていい。二月一日までにグラウンドで見かけたら罰金をとりますから」と宣告され面食らった。ただガムシャラにやっていた松岡に対して三原は、「己のためにまず良きことが何なのか、常に考えてから行動に移せ」と丁寧に教えようとしたのだ。そんな三原流の練習方法と選手への掌握術が頭にこびりついているためか、広岡監督の管理野球が余計に息苦しく感じる。人間、ギャップが大きすぎると自意識が乱れ、嘆息もする。

相変わらず、広岡からは毎日呼ばれ、軸足一本で立つ練習をやらされる。じっと立ってるだけだから別に褒められもしない。気を抜けばすぐふらつき「ダメだ！」「違う」と叱咤される。こんな調子がずっと繰り返された。

嫌々やっていてもストレスが溜まる。堀内さんもああ言っているし、ここは一生懸命やっているふりをしてみようと、松岡は考えた。ふりはふりでも一生懸命やっていると、次第に相手の態度も変わってくる。広岡からも「よし、そうだ」と認める言葉が出るようになった。そうなると人間の心は氷解していくものだ。松岡は、一本足で立つ練習が苦痛じゃなくなり、広岡との指導でも「やってみろ！」と言われる前に自ら一本足で立つようになった。

物事には、始まりがあれば終わりがあることを誰もが知っている。松岡だけがこのことを忘れていたのかもしれない。いつものように遠征のホテルの部屋の中でトレーニングをしていると、軸足一本だけで安定して立っている松岡の姿を見た広岡が静かに言った。

「よし、明日行くぞ！」

松岡は微動だにしない。集中している。

「マツ、明日行くからな！」

二度目の声で、松岡はハッと目覚めたように広岡を見た。

相変わらず厳しい顔をしている広岡だが、微かに首を縦に振っているように見えた。

終わったぁ～。安堵の声が心のなかで木霊《こだま》する。

「ありがとうございます。じゃ、失礼します」

松岡は素直な気持ちで言えた。広岡はそんな松岡を見て付け加えた。

「それでいいんだ。これで勝てるぞ」

広岡がプレーにおいて重視していたのは、身体の軸。師でもある心身統一合氣道会・藤平光一の教えに「臍下の一点に心を鎮める」というものがある。この教えを実践することで、アスリートが自身の力を最大限に発揮することができる。王が一本足打法を完成させるときに意識を集中させていた部位だ。おへその下にある臍下の一点とは、身体の力みの及ばない場所であるため、そこに心を鎮めることで外からの圧力に対しても影響を受けず、心身ともに土台が盤石に保たれる。そうすることで軸がぶれない。軸さえ安定すれば、ピッチングやバッティング、守備においても無駄のないきれいなフォームを構築でき、スムーズな動きがとれる。だから広岡は、松岡のピッチングフォームにおける〝軸〟をきちんと作り直したいという思いからシーズン中でのミニキャンプを敢行したのだ。優勝するためには、松岡の力は必要不可欠。松岡を再生させるためにも、チームが調子良い時期にエースを離脱させたのだ。

復帰戦は七月二日、ナゴヤ球場での中日戦。二七日ぶりの先発だ。首位を走るヤクルトは四連勝中で、久しぶりのエースの登板でチームも活気付く。

試合前、堀内ピッチングコーチが松岡に対して思いを託すように言う。

「監督が『お前は軸が強いから大丈夫だ。それだけの力がある』と言ってたぞ。よくやった、あとは結果を残せ」

「はい、わかってます」

「いいか、立ったときに軸足に自分の体重が乗っているのがわかれば大丈夫だ」

松岡は、思い切り背中を押されてマウンドへと向かった。

ここからの松岡は凄かった。復帰戦を四対一の完投勝利。九月一日に10勝目を挙げると、九月は8試合に登板し負けなしの6勝で月間MVP。九月だけで42回3分の1を投げる八面六臂の活躍を見せ、創設二九年目のセ・リーグ初優勝に大きく貢献した。

七八年一〇月四日、神宮球場ヤクルト対中日二四回戦。先発の松岡は気合が入りまくっていた。マジック1。この試合に勝てば念願のセ・リーグ初制覇。気合が入らないほうがおかしい。試合は初回からヤクルトが4点先取し、三回までに8点差のワンサイドゲーム。そして九回表、遂にそのときが来る。九対〇、一死一塁で谷沢健一のセカンドゴロをヒルトンが逆シングルで捕って、ショート水谷新太郎から一塁大杉勝男に転送されゲームセット。二〇時五一分一二秒、創立二九年目にしてヤクルト初優勝の瞬間だ。松岡はマウンド上で両手を上げてジャンプを繰り返す。一塁の大杉が飛び込むように抱きつく。すぐにキャッチャー大矢、内野陣がマウンド上にごった返し、ベンチの選手たちも遅れじと堰を切ったようにグラウンドに飛び出てきて一瞬で歓喜の輪ができる。

広岡は、少し遅れてマウンド上に向かい、七二キロの細身の身体が神宮の宙を舞った。一回、二回……普通は七、八回で終わるものだが、計一四回も胴上げされた。歓喜の爆発だ。その長い胴上げは、長い苦難の末のV1の証でもあった。

ファンも一気になだれこみ、その数およそ五千人。選手の背中をバンバン叩く者、また芝生で寝っ転がる者がいたりとグラウンド内は大混乱で、降り立った観客は一生に一度のお祭り騒ぎを皆で分かち合った。はたから見ると暴動だ。警備の数も追い付かず、場内放送による「お気持ちはわかりますが、スタンドにお戻りください」の促しもまったく意味をなさない。選手もファンも「バンザイバンザイ！」を繰り返して踊り狂った。

グラウンドに造られた特設インタビューのお立ち台でまず監督の広岡が、ファンや選手たちに挨拶をする。やがて手招きで「あんたが来ないでどうする！」と叫び「ヤクルト応援団」名物団長のメガネの岡田正泰を呼び寄せ、お立ち台に一緒になって並んだ。この瞬間、球場内は唸りを上げて一体となり、優勝したシーンに匹敵するほどの盛り上がりを見せたのだった。

もう一人、七八年の優勝に大きく貢献した剛速球投手の存在を忘れてはならない。ダイナミックなフォームから繰り出される150キロ超の速球を武器にチーム最多の58試合に登板した井原慎一朗だ。

七八年の成績は、10勝4敗4セーブ。井原にとって最初で最後の二桁勝利で、10勝はすべてリリーフで挙げた勝ち星。どれだけ優勝に貢献したかわからないほどの大活躍ぶりだ。それまでBクラスが当たり前の弱小球団が七七年に二位になったことで、負け犬集団の心に純粋な思いが芽生え始めたことを覚えている。井原は、およそ半世紀前の出来事を昨日のことのように臨場感たっぷりに話してくれた。

「七七年の秋季キャンプで、ピッチャーを含めた内野手がガンガンノックを受けさせられたんです。あれだけノックを受ければ、試合では簡単に捕れるようになります。打った瞬間、打球がどこに行くかわかるし、バント処理も上手くなった。俊敏さが身に付いてフットワークが軽くなりますし。この猛練習が次の年の優勝に繋がる最初の一歩でした」

しかし、今までBクラスに甘んじていた選手たちがたった一度の二位で、次は優勝だとはならない。ぬるま湯でふやけた心は練習して汗で絞り出すしかない。そう思った広岡は猛練習を課すが、それが亀裂の発端となる。井原は続ける。

「広岡さんと選手との間に溝があって、いろいろあったんですよ。とにかく練習がきつかったの一言。七八年の一月上旬の自主トレは神宮に集まってやるんですけど、もう練習に行くのが怖いの何のって……。ランニングの本数もそうだけど、インターバルが短くてきつい。練習メニューを聞くのが本当に怖かった。正月明けに東京に戻って自主トレが始まる前、球団が各選手のブレザーを新調したんですけど、春季キャンプが始まるまでにげっそり痩せてブレザーがブカブカになるんですから」

松岡も語っていた「選手と首脳陣との間の溝」ができる要因となったのは、キャンプ中の食事制限・禁酒がシーズン中も適用されたことだ。これについては、井原も思うことがあったという。

「広岡さん自体がかなり飲む人で、最初のミーティングで『俺は飲んで現役寿命を縮めた。おまえたちにはそんなことさせたくない』って言うんだけど、こっちは現役寿命を縮めてもいいから飲みたかったので隠れて飲んでましたよ。選手会長のように『ビールを飲ませてください』って広岡さんに直接言うわけにもいかない。地方に行って地元の名士が宴会を開いてくれても、ビールが出ないわけですよ。ヤクルトで中華料理なんか食えないですよ。遠征でナイターが終わったあとの飯のときでもビールはないからね」

人間、どんな土地に行っても食物や飲み物さえまともであれば、なんとかなる。しかし、どんな豪華なホテルに泊まろうが、ふるいつくような女がいようが、飯や酒がまずければ人間の幸福度はガタ落ちだ。

松岡も、そんな経験を味わった一人だ。

「キャンプからシーズン中まで、ずっと禁酒だからね。おまけに休みがユマキャンプから日本シリーズ終わるまで一日半だけ」

キャンプから日本シリーズ終了まで数えると、およそ九カ月にもなる。その間、休みが一日半だけ……、現代ではにわかに信じられない事実だ。

「ユマキャンプ中のある日、雨が降っていたのかな。それでも午後からグラウンドで練習するというお達しがあったんだけど、球場のグラウンドキーパーが『NO』って言ったの。メジャーのグラウンドキーパーはある意味大統領より偉いからね。だけど、広岡さんはそれを無視してグラウンドを使ったんだよね。そしたらグラウンドキーパーが『初めてだよ、俺に逆らったのは』ってキレて逃げちゃった。その一件を聞いた球団が怒って怒って……次の日グラウンドを使わせなかった。それが唯一の丸一日のオフ。あとはユマからロスへ行って、ドジャース球場で練習をしてから東京へ戻った日に半日だけ休みがあっただけで、翌日からすぐ練習。そこから移動日も練習だったからね」

とにかく遠征だろうと移動日だろうと、練習を強行するために過密スケジュールが組まれる毎日。勝つために練習するんだから、そこは百歩譲って仕方がないとしても、一番きつかったのは禁酒と門限だ。

「キャンプからずっと禁酒。例えば、北海道にデーゲームで行くと、サッポロビール園でジンギスカンを食べさせてくれるわけ。サッポロビールだからさすがにビールは出てくるんだけど、〝明日ゲームだから飲むなよ〟っていう空気を出す。俺たちもわかってるから無茶なことしないけど、ここでもかよって感じになるよ」

酒も、適度にたしなめばストレス発散になる。それを完全禁止にしてしまうと、むしろ逆効果になってしまう。溜まったマグマは大爆発を起こしかねないが、規則は規則。今にも爆発しそうな火薬庫の導火線を消せる唯一のメソッドが、勝ち星の積み重ねだった。

遠征に行くにしても、自由時間以外の個人行動は御法度。監督、コーチ、選手、裏方が全員一緒に行動をともにする。ベテランだからって一人だけ遅れて行くなんてもってのほかか。「チームで動いてるのだから、バラバラに動くことは許さない」というのが広岡の考えだった。

「長崎でデーゲームがあるから午前中に移動して、一四時から二～三時間練習。夕食が一九時頃で、そこから外出すると門限が二二時だから二一時三〇分頃にホテルに戻ってくると、修学旅行で来ている高校生がその時間に外に出て行くのよ。『おじさんたち、何？

まだ二二時前だよ』って高校生に言われた日は、情けないやら恥ずかしいやら。いい大人が何でってことよ」

未成年ならまだしも三十路を過ぎた大人、見方によったらおっさんだ。自立した大人の集団である以上、多少の自由を認めてくれてもいいじゃないかと叫んだところで、広岡は「二二時まで自由だからいいだろう」と平然と言うだろう。これが〝厳しさ〟なのだ。でもこれを厳しさと理解するには、少々若すぎた。

「何回罰金を食らったことか……。二二時に部屋でみんなと一緒に雑談してて、肩を冷やしたいからフロントに氷を持ってきてくれと頼んだことがあった。そしたら翌日、『おまえ、昨日部屋で何やってた？　飲み会してただろう』と言われたからね。ホテルのフロントが、氷と一緒にマドラーとピッチャーまでご丁寧に持ってきてくれたのを見たんだろうな。飲んでもねえのに飲んだって言われてさぁ。だったら飲んでやればよかった」

こうした監視を行なっていたのは、広岡ではなく森祇晶ヘッドコーチだった。汚れ役として選手を監視していた。この森ヘッドの監視が相当堪えた。選手にとって陰湿に見えたからだ。それをやらせているのが監督の広岡だと誰もが思っていた。

「ユマキャンプを終えた後にロサンゼルスに行って、ドジャースのグラウンドでちょっと練習して、ロスで世話になっている人から夜ご馳走になるってことで森さんを含めて五、六人で飯を食いに行ったことがあった。ニューオータニに二二時に戻ってきた。森さんも一緒にホテルに帰ってきたのに、門限を一分過ぎていたということで東京に戻った日に一

○万円の罰金。森さんなんか俺より後ろにいたんだからね」
　この当時、ヤクルトの控え野手として優勝に貢献した伊勢孝夫も、この罰金に関しては一家言ある。

「福岡での遠征があったんよ。俺の知り合いの人が寿司をわざわざ部屋まで差し入れしてくれたので『ビールでも』と冷蔵庫からビールを出したわけ。やがてビールが足らなくなったから、近鉄から来たサウスポーの神部（年男）さんもいて『伊勢やん、俺の部屋のビール取ってくるわ』って。あの人は酒飲まんから持ってきてくれて、一緒に寿司を食ってみんなでビール飲んで終わったのよ。あくる日、長崎への移動日だったのでフロントでビールとか電話代とかを精算するやん。そこに森さんがおって『お前、冷蔵庫のビール全部飲んだやろう』って言うのよ。

『別にいいやないですか。ワシの金で飲むんやから。誰に迷惑かけてるわけでもない』って返したら『なんやお前その言い方は！』て怒鳴り出した。

『言い方も言わない方も関係ないでっしゃろ。俺が飲んでみんなに迷惑かけたわけやあらへん』って押し問答してたら神部さんが降りてきた。神部さんの部屋のビールも昨晩俺の部屋に持ってきてくれたから空。そしたら森さんがまた『神部、冷蔵庫の中、空っぽやないか！』って怒鳴るわけ。『いやいや、みんな俺が飲んだんですって。それを調べてどうのこうの汚いことすんのやめましょうや』って言ってやったよ」

　話はこれで終わらず、続きがある。

「長崎に移動し、グラバー邸を下ったところの長崎第一ホテルが宿だった。冷蔵庫を見たらビールとか酒がいっぱい入ってるのよ。練習が終わってホテルに戻ってくると、若松から『伊勢やん、ちょっとワシの部屋でビール飲もうや』って誘われたんで部屋へ行った。『俺シャワー浴びるから伊勢やん、先飲んどって』って若松が機嫌よく言うから、冷蔵庫を開けたんやけど……何も入ってない。しばらくしたら若松が風呂場から出てきて『遠慮せんと飲んどってよ』とタオルで頭拭きながら言うんだけど、『遠慮せんも何もビールも炭酸類全部カラやぞ』って。森さんが選手の部屋の冷蔵庫から全部抜いとった。こんなことするんやったら、それで結構や。ワシら外で買ってきて、冷蔵庫入れて飲むだけのことやから。別にやりたかったらやれって。そういうことが、積もり積もってきたんやね。やり方が汚い。あの人はそういうところがあった。むかついたね」

こうして、選手の反発は日に日に膨れ上がっていった。

「毎日、ゲームが終わった後にミーティングをするんやけど、勝っても負けても広岡さんは出てこなくて、森さんが仕切っていた。森さんはいつもズケズケと選手を酷評するんやけど、『これは監督からそういうことを言われた。だから俺が伝えてる』ってすべて監督の発言として伝えよったんや。ひどいこと言うなぁと思っていたけど、引退してしばらく経ってから広岡さんと話したときに『そんなこと俺が言うわけない』って言ってたからね。森さんが勝手に尾ひれつけて言うんだけど、それを監督の発言ということに仕立て上げとったんよ。今でもみんな広岡さんが言ってるもんだと思ってるから」

広岡にしてみれば、禁酒にしたって大の大人がきちんと守るとは最初から思っていない。ただ禁酒だと表向きのルールを定めておけば、飲むときだって後ろめたさが残り、今までのようにナイター終わりに焼肉店へ行って浴びるようにビールを飲むことはないだろうという意図があった。現に、伊勢が食事中にヤカンの中にビールを入れて隠れて飲んでいても「ちょっと臭うな」とぼそっというだけでお咎めなし。門限にしたって「森、選手のことよろしくな」と言っただけで、細かく指示して親の仇のように厳罰にしろとは一言も言ってない。あくまでも森祇晶の独断で管理していたに過ぎない。とにかく森は「お土産を貰ったから配りにきた」と言っては選手の部屋を回って門限チェックの確認をし、門限を過ぎた者がいるとずっと待機していたという。松岡は苦虫を潰した顔で話す。

「森さんはとにかく事情通だった。多分、選手のなかに内通者がいたと思う。あのときは監督批判なんかしたらすぐ漏れちゃって大変だったんだから。そういうこともあって、仲間内でも監督批判は一切ご法度になっちゃったね。選手としての発言、大人としての行動を抑えられた時期だったのかな」

広岡は、選手に思いきり嫌われようが、勝つためには何をするのかをとことん突き詰めようと、計五年半ヤクルトで指導してきた。その成果は球団初の日本一という大きな福音をもたらした。しかし、その過密な練習スケジュール、球場内外での厳しい〝管理〟は、大きな反発を招いたのも事実。そして、広岡の想定をも超えた行き過ぎた〝管理〟の裏には、森祇晶の存在があった。

広岡は、かつての名参謀・森祇晶についてこう語ってくれた
「森祇晶は、頭は良かったけど正直さがないな。選手から反発を食らうと『監督命令！』って逃げて俺が悪者になる。それはいいんだけど、相手が見え見えのインチキをしているのをわからんときがある。俺が上手に森の力を借りたんだ。一度こう言ったことがある。『人間は長所と欠点を持って生まれてきているんだ。おまえは欠点ばっかり言ってるから不愉快になる。長所を伸ばせば欠点が消えるだぞ』と。そしたら『知ってるじゃないですか、僕は教えることができないんです』と平気で言ったことがあるな」
広岡森のコンビは、西武に行っても続くことになる。

もうひとつ、松岡弘にどうしても尋ねたかったことがある。それは一九七九年の凋落はなぜ起こったかだ。むしろ七八年の初優勝より興味深かった。

球団創立二九年目にして初優勝、日本一の栄冠に輝いたヤクルトスワローズが翌年、開幕8連敗のワースト記録を皮切りに、一度も浮上することなく最下位に甘んじた。前年、あれほど勢いがあり強かったヤクルトに何があったのか――。

「マニエルを放出したでしょ。会社と監督で話し合ったらしいけど、来年強くなるためには守れないマニエルはいらない、となった。そんなにめちゃくちゃ下手な守りじゃないけど、大杉さんやマニエルはやっぱり足がまったく使えない。広岡さんは機動力のあるチームを作りたいという理想を持っていたんじゃないかな。会社もそんな贅沢していられない

となって、要するに監督と会社の話し合いがうまくいかず、放出したものの補強がうまくできなかったのかも。ピッチャーとして、打率三割一分二厘、39本塁打、打点103のマニエルの破壊力がなくなったのは痛かったよ」

エースとしてマニエル放出は痛手であり、得点源が下がったのは否めない。ただマニエルひとりの放出だけでチームが低迷したわけではない。

「とにかく優勝したあとも休ませてくれなかった。日本シリーズが終わって一週間後に、もう来年のための秋季練習だから。がっかりしたよ。半年間の激戦を終えたばかりなのに、一週間程度の休みで疲れが取れるわけがない。それに優勝して日本一になったんだから、一一月、一二月はいろんなところへ引っ張りだこよ。全国に名前が知れ渡るし、副業的な部分でもいい思いができる時期だったはず。それを完璧に抑えられた。会社に来る取材だけがOKで、あとは全部会社に仕切られる。『日本シリーズに出た選手は休んでいいよ』と言ってくれればまだ良かった。広岡さんはそれを許さない。必ず全員一緒に練習をさせる。これがショックだった。ベテランの大杉さんをはじめみんなで『休ませて欲しい』と直談判しても、『覇者として今度は追いかけられる立場だから、来年のためにより練習せねば』と突っぱねられるばかり。広岡さんが言うこともわかるんだけど……まあ俺らも苦しかったからね。勝てないんだもん。あんだけ強かったチームが、なんだこりゃと思った。だってみんな動けない。若いやつは動いたけれど、前年もう目一杯使って、次の年に思うように動けなかったね」

リリーフエースの井原の考えも同様だ。

「優勝した年はみんな休みなしで目一杯やった。身体も精神的にも追い詰められてますから。日本シリーズ終わってすぐ練習だし、オフの間、ケアをきちんとできなかったですね。七九年に開幕8連敗して、みんなが同じように躓いてガタガタになって、五月になんとか持ち直したけどまた連敗が続いた。もう一度立て直そうとしたときに、広岡さんが途中辞任しちゃうので……選手は何も言えないものですから」

日本シリーズの激戦を終え、すぐ練習に踏み切ろうと決めるまで広岡なりに苦慮した。一一月を休ませてしまうと、一二月から一月いっぱいまで練習できない。広岡はそれを危惧していた。だったら身体はできているのだから、シーズンの勢いのますぐに練習させよう。これが完全に裏目に出た。

二月からの春季キャンプは例年になくきついメニューを設けたが、まだ疲労が残っている選手たちの身体は重く、まったく動けていなかった。

皮肉にも、広岡がシーズン途中でヤクルトを去った七九年のシーズン終了後から、投手陣だけは休養のため保養所に行くことが義務付けられた――。

松岡は、プロ一八年間で代理監督を含めると九人の監督のもとでプレーした。最初の監督である別所毅彦からは体力を、三原修からは精神力を、広岡達朗からは技術、そして勝つ野球を教えてもらった。松岡は心の底から言う。

チームが勝つための方針を貫いた広岡の真意は「監督は嫌われたっていい。優勝させれば、選手は幸せになる」。生活を犠牲にし、自分を犠牲にしてきた。

人間は他者との関係性で自分を測る。だから反応をいちいち気にしがちで時に動けなくなる。嫌われることを恐れて何もできないことほどアホなことはないと広岡は言う。確かにそのとおりだが、世の中、他人から嫌われたくないアホでいっぱいだから忖度という言葉が生まれてしまう。間違っていることを間違っていると大声で言えたら、正しい世の中に簡単になるということも皆わかっている。

「指導者のなかに、俺がこうやったからこうなったって語る人が多いけど、何をどう指導したっていうんだ？　広岡さんも同じことを思っているんじゃないかな。結果を見れば、指導者たちの力量が一目瞭然。広岡さんの指導そのものは間違いではなかったけど、当時は反発も多く、理解しがたいことも数多くあった。今はほとんど納得できるし、ちゃんと昇華できている。それが、人の生きてきた道だと思うんだよね」

松岡は、七八年の優勝で感謝してもし尽くせないほどの大きな財産を得た。そこには広岡のもとで学んだ教訓が多く含まれているのは言うまでもない。

どれだけ綺麗事を言おうと、勝つことでしか学べないことがある。

それを教えてくれたのが広岡達朗であり、出会えて本当に感謝している。

そう思えるようになったことが、一番の財産だと松岡は言った。

水谷新太郎の証言

テレビのブラウン管から「中日対巨人」の試合がワーワーがなりたてて放映されている。

「この人、うまいなぁ」

当時、小学校六年生だった水谷新太郎は、ある遊撃手のプレーに見惚れていた。ブラウン管に映っていたのは、当時三三歳の広岡達朗だった。それから九年後、神宮のグラウンドで相対することになるとは、そのときの水谷は夢にも思わなかった。

水谷が日の目を見ることになるのは、ブラウン管越しの広岡のプレーに見惚れたあの日から五年後の一九七〇年。三重高校二年時にセンバツ甲子園へと出場し、一躍プロ注目の選手となった。現に、南海、近鉄、巨人のスカウトが学校へ挨拶に訪れ、南海にいたっては実家にまで来てくれた。学校からは「慶応か法政のセレクションを受けて大学へ行かないか」と勧められていたが、水谷は幼少期から憧れ続けていた〝ブラウン管の向こう側〟の世界に行きたかった。そして迎えた七一年、ドラフト会議翌日に新聞を見ると、ヤクルトアトムズからドラフト九位指名されているのを知り、驚いた。この時代、ドラフト会議のテレビ中継も、指名に際しての事前通達なども存在しなかった。

「でも、ヤクルトって何の接触もなかったよなぁ……」

ドラフト指名された嬉しさよりも、何でヤクルトが俺を指名したんだろうという不可思議な気持ちのほうが強かった。だが、すぐにこう思った。

「ヤクルトなら早く試合に出られるんじゃねえか？」

水谷は、自らの可能性を夢見てブラウン管の向こう側に飛び込んだ。しかし、その夢はプロ入り後眼前に広がった景色によっていとも容易く打ち消されてしまった。

小学生の頃から巨人ファンだった水谷は、同じグラウンドに立つ敵軍の高田繁、柴田勲、土井正三、末次利光、黒江透修、そして長嶋、王といったＶ９戦士と相対したとき、ただただ憧れの目線で見てしまった。そして、このようなスターたちと自分が戦っていかなければならないのかと、怖気付いてしまったのだ。今までブラウン管のなかに広がっていたモノクロの景色が、色鮮やかな実物大の光景として現れたとき、水谷の自信は音を立てて崩れ去った。でも水谷には運があった。広岡との出会いがあったからだ。もし出会わなかったら……、想像するだけで恐ろしい。


プロ入り当初の監督は三原修だった。今となっては畏れ多い存在だが、当時の水谷にとってはよくわからない存在だった。三原監督といえば、神宮第二球場で後ろポケットにタオルをしのばせて草むしりをしている印象しかない。二軍暮らしが長かったため、三原のイメージはそれしかない。プロとして入団した手前、一生懸命やってはいたが、水谷自身も入団前の自信はとうに失い、「正直、三年から五年くらい持てばいいかな」と諦めにも似た境地になっていた。

転機となったのは七三年オフ。荒川博が監督となり、沼澤康一郎、小森光生、そして広岡達朗がコーチとして招聘されてからだ。それまで、ショートのレギュラーは東条文博が務めていた。守備コーチに就任した広岡は、三十路間近の東条に代わって次のショートの育成を画策していた。

「強いチームを作り上げるには、まずセンターラインを強固にする必要がある」。そう考えていた広岡は、七二年ドラフト一位の永尾泰憲を筆頭に、益川満育、渡辺進、水谷新太郎といったイキのいい若手を鍛えようと考えた。

七四年のシーズン後半には、まず永尾がレギュラーとしてショートを守った。そして翌年には、七一年のドラ四である益川が台頭し、レギュラー争いに加わった。この益川は「喧嘩マス」の異名を持つ暴れん坊だったが、イタリア系アメリカ人を父に持つハーフだけあって身体能力には目を見張るものがあった。

広岡がコーチに就任して一番最初に目をかけたのが、この益川満育だった。181センチの身体から繰り出す俊敏性、リズム感、そして肩の強さに広岡は心奪われた。広岡は「大型内野手として大成させる」と公言し、益川を外野からショートに転向させるほどの惚れ込みようだった。守備範囲の広さと鉄砲肩はすでに東条を抜くほどであり、バッティング面でも「中距離ヒッターだが、パンチ力があり、常時出場させれば二割五、六分以上は打てるだろう」と潜在能力の高さを認めていた。

広岡のお眼鏡にかなった益川は、熱の籠った特訓を続けた甲斐があってか永尾とレギュラー争いできるまでに成長する。広岡は目をかけた選手を起用するとき、どんなに結果が出なくても最低10試合は起用し続ける。七五年、益川はショートで57試合に先発出場し、ホームランを2本打っているが、もちろん広岡はこの程度で満足はしなかった。球界を代表する大型ショートになるためにはもっともっと精進すべきと広岡は手綱をよりきつく締めた。しかし、当の本人の益川は結果が出たことで気が緩んだのか、ゲームが終わると毎夜毎夜、街へと繰り出し始めた。

翌日の試合前の練習でも、益川は酒が残っているのか覇気がまったく感じられない。そんな日が続けば、さすがの広岡も簡単に見捨てる。そこでようやく広岡は、酒もタバコもやらずひたむきに練習に打ち込んでいた水谷へと目を向けていくのだった。みずからレギュラー争いから落伍した益川は、七六年近鉄にトレードとなった。

「こらー何しよんか！」

広岡がノックバット片手に罵声を浴びせる。ノックを受ける水谷の姿勢が少しでもブレれば、容赦なく怒鳴りつける。ノックと怒号を交互に浴びせられ続ける水谷は、疲労困憊のせいかハアハアと激しく息を吸っては吐き、吸っては吐きを繰り返すだけだった。

「なぜできねえんだ……」

かつてブラウン管越しに観ていた広岡の流れるようなプレーは、水谷の脳裏に焼き付いている。それだけに、同じようにできないもどかしさが身体中に充満する。

「もっと素直になれや！」

広岡の言葉が耳をつん裂く。

「はあ、素直ってなんや……畜生！」

その刹那、カッと熱いものが水谷のなかに駆け上がってきた。ノックで受けたボールをノッカーの広岡めがけて投げつけたのだ。シュルシュルと唸りを上げるボールが広岡の顔に向かって一直線に飛んでいく。

当たると思った寸前で、広岡はひょいと避けた。

「まだ元気あるのぉ。おどりゃあ、やるかぁ」

広島の呉弁で言われると余計に癪に障る。

「まだまだ、来いや！」水谷が、不甲斐なさや憤りがないまぜになった雄叫びを上げる。

「違う違う、こうやるんじゃ！」

広岡は業を煮やしたのか、自らグラブを持って水谷のもとへ近寄ってきた。そして別のコーチにノックを打たせると、どこに力が入っているのか見当もつかないほど脱力した構えから、補球、送球が一体となった華麗で俊敏な動きを見せつけた。あのとき、ブラウン管越しにみた広岡の姿のままだ。これを見せつけられたら何も言えなくなる。さすが巨人V9初代ショートだ。水谷のフラストレーションは極限に達していたが、それでも広岡に見惚れてしまうほど、完璧なフィールディングだった。

遠征に行けば広岡の部屋に呼ばれ、「よし」と言われるまでひたすら素振りをやらされた。ホテルのエレベーターホールの廊下では、小学生でも捕れるようなボールを広岡が転がしては捕る練習を毎日何度も繰り返させられた。地道な反復練習によって、フットワークを嫌というほど叩き込む。これが広島時代にも井上弘昭に実践した広岡のやり方だ。

それでもなかなか上達しない水谷に対して、外野がやんやと言ってくる。

「やっぱだめだな」「使えないだろ――」。チームメイトからだけでなく、首脳陣からの「あんなの無理ですよ」「やめましょうよ、もう使っても一緒ですよ」という声さえ耳に入ってくる。だが、そんな首脳陣の声に対して広岡は、

「それでも、何とか我慢してやってくれないか」と説き伏せていた。

そんな広岡の行動は、水谷の耳にも入ってきた。だが、水谷は嬉しさよりも申し訳なさでいっぱいだった。

「ここまでしてもらって、絶対に自分がモノにならないと広岡に顔向けできない――」

辛い反復練習を課す広岡への怒りともどかしさ、それでも上手くならない自分のふがいなさ、そして自ら仕向けた意識と降りかかる現実とのギャップに、水谷は必死に喘いでいた。上手くなりたい、ライバルとの勝負よりも広岡には敗れたくない。勝って見返したい。そうすることでしか自分の存在価値を見出せないと真剣に思っていた。

プロ四年目の七六年五月、荒川監督が途中休養になり、ヘッドの広岡が代理監督になった途端に、水谷は巨人戦で初スタメン出場を果たした。そこからショートで使われるようになり、この年は１００試合出場したものの、打率は二割ちょっとの数字しか残せず不動

のショートストップとは言い難かった。しかし、犠打が29とリーグトップの数字で、打席数301に対して10打席で一回の割合。四球も23あり、出塁率二割八分一厘、打率が極端に悪いだけで、ショートのポジションを鑑みればまずまずだったとも言える。

そうやって試合に出してもらえるようになった時期、水谷は夏場の広島市民球場での試合が嫌で嫌でたまらなかった。試合前のバッティング練習はベテランから順に打っていき、若い選手は一番最後。その間ずっとノックを受けさせられる。夏場の強い西日が照りつけるグラウンドは蒸し風呂状態。身体中からとめどなく汗が噴き出てくる。そんな状態のなか、試合前にもかかわらず延々とノックを受ける。ドロドロのユニフォームが汗で張り付き、疲労度も気持ち悪さも半端じゃない。試合が始まってもまだ身体は疲弊しきっていて、4イニングス目あたりでようやく回復するといった具合だ。

連日地獄のような反復練習を課されるものの、水谷が広岡と直接面と向かって話す機会はほぼなかった。しかしそれでも、水谷は次第に「広岡監督は優しい一面を持っている人だ」と感じるようになった。いわゆる〝ムチ〟だけでなく、ごく稀に〝アメ〟を与えることもあったという。

「みんなで東中野の焼肉屋に食べに行って来い!」

試合後、広岡から現金を受け取り、若手連中で食事に繰り出したこともあった。

また、水谷が怪我で長らく戦列を離れたときのこと。静岡草薙球場での試合前にようやく復帰・昇格を果たしたものの、その復帰戦前の練習で捻挫し、あえなく帰京する羽目になってしまったことがあった。

「やばいなぁ。『自己管理がなってない！』って怒られるだろうなぁ……」

復帰早々の捻挫に、広岡から苦言を呈されるとばかり思っていた水谷だった。だが意外にも広岡は水谷の怪我の具合を心配し、巨人時代から世話になっていた吉田接骨院に自ら連絡を入れて「すぐに行ってこい！」と治療の手配までしてくれた。正直、接骨院での治療は痛めている足首をグリグリと回すだけで痛みが増すばかりだったのだが、その日の夜に広岡から「どうだ？」と律儀に連絡が入ると「痛くありません！」と言うしかなかった。野球に関して絶対曲げないところがあり、それが冷徹冷酷な野球人としての印象となっている。ただ一度その仮面を外せば、滅多に見せない笑顔に優しさを感じ取ることができた。


優勝するチームは、優勝間近になると日替わりヒーローが必ず出てくる。極め付けが、九月一九日からの3試合だ。静岡草薙球場の中日戦ダブルヘッター第2試合で船田和英がサヨナラホームランを打ち、翌日中日戦で杉浦亨が〇対二からサヨナラ3ランを放ち、次の日も杉浦のサヨナラ犠牲フライで3試合連続サヨナラ勝ち。この神がかり的な勝ち方で、ナインたちは優勝を確信した。

日本シリーズは三連覇中の王者阪急と対戦し、日本シリーズ史上二度とない出来事に遭遇。第七戦の六回一死後から大杉勝男が打ったレフトポール際のホームランに対し、阪急上田利治監督の猛抗議による一時間一九分の中断。危うく放棄試合になるほどで、当時の金子鋭コミッショナーが出て「わしの頼みでもダメか」と収拾しようとする前代未聞の事態に発展し、後楽園球場は騒然とした。

「一塁ベンチで見ていて、あれはファウルでした。レフトポール際に看板があるんですが、巻いてホームランなら一瞬看板がボールで隠れるんです。このときは隠れなかった。ファウルやと思いながら、判定はホームランになれと願ってましたね」

結果、4勝3敗で球団創立二九年目にして初のリーグ優勝かつ日本一を成し遂げた広岡ヤクルト。翌年もディフェンディングチャンピオンとして大いに期待されたが、何が狂ったのか一気に最下位に沈んだ。

水谷は、自分たちのせいだと思った。ひとつ歯車が狂ったら悪いほうへどんどん流れてしまう。チームがこんなに脆いものだとは思わなかった。広岡が言っていた「野球は生き物だ」という意味がようやくわかった気がする。酒はダメ、米はダメ、肉はダメ、ダメダメづくし。これが二年連続となれば我慢していたベテランたちもさすがに気持ちがプツッと切れてしまう。開幕8連敗でチームの歯車はガタガタになってしまい、広岡は球団と揉め八月に途中退団し、ヤクルトはそのままかつての定位置の最下位へと沈んだ。

広岡はたくさんの選手を教えてきたが、一番時間と手間がかかったのは水谷だと即答する。一人前にするのに五年。この期間は、水谷と広岡の根比べの期間でもあり、根負けせずに堪えてやり続けた水谷がレギュラーを勝ち獲るまでに必要だった期間だ。いくら時間がかかろうと、広岡の教えを吸収してきちんと結果を出した水谷のことを、広岡は今でも度々その名を挙げて誇らしげに評価する。まさに広岡イズムを継承する野手の一人だ。

古希を迎えた現在の水谷は述懐する。

「シーズン途中で辞められたけど、僕自身はずっと監督をやってもらいたいなという気持ちはありました。広岡野球を一言で表すのなら〝手堅い〟。やっぱり点が欲しいときにどうやって点を取ればいいのかってことに、すごく執着された方でした。場面に応じて、点を取るためにはどうすればいいのか、そのための練習をしなきゃいけないし、当然奇襲があっても、やっぱり手堅いというのが顕著です。自分が指導するときに真っ先に思い出すのが、広岡さんから教えてもらった技術指導です。今の時代でも、あの基礎の反復練習は子どもから大人まで十分に通用しています。

野村（克也）さんの下でコーチをやらせてもらいましたが、バッテリー間のことを中心に教えてもらうことが多くて、他の野手のことはあんまり気にしてなかったのかもしれません。配球であったり、打者目線で考えてこれを狙えといった作戦はありました。勝っているときはイケイケでいろんな意味で作戦を多用しますが、野村さんは意外と臆病だったんで、負けているときはあまり作戦を使いませんでした。そういう観点でいくと、広岡さんの野球というのは勝つためにどうするか。指導者としての役目はあるんですが、1点を取るためにはどうするかっていうことを真っ先に積んで積んでいくような感じだったと思いますね。妥協なく勝負に徹した野球人です」

広岡が親身に教えたなかで、一人前にするのに五年間費やした水谷新太郎。レギュラーになった選手で一番時間も手もかかった。だからこそ水谷は広岡チルドレンであることを誇りに、明日の〝何か〟のために今も格闘している。

渡辺進、永尾泰憲の証言

「俺が一番下かぁ」

周りを見渡さなくともすぐわかることだった。希望なんか最初からないに等しい。千葉の名門、銚子商業といっても甲子園で優勝しているわけでもないし、気軽に一軍の三原修監督と話せるはずもない。よく見たら内野手で一番歳が近い人が五つ上だし……。渡辺進は初めての春季キャンプで内野陣に話せる人がほとんどいないことに気がついた。

一九七〇年ドラフト四位で入団し、二年目のシーズンの消化試合で若手の期待枠として8試合に出場させてもらった。三年目は開幕一軍スタートだったが、四打席四三振で終わっている。

広岡はのっけから厳しかった。ベテランだろうと中堅だろうと一軍二軍分け隔てなく平等に厳しく接していた。

一つ下の水谷にはもちろん強烈なライバル心を抱いていた。広岡から同じように教わったのに、水谷はできて、渡辺はできない。またその逆も然りで毎日が一進一退といった感じだ。そこに七二年ドラ一の永尾泰憲（現太良高校監督）が加わり、「明日こそは使ってもらう」とそれぞれ胸に秘めながら三人で切磋琢磨した。

広岡の直接指導は半端なかった。後楽園、甲子園、中日球場などのビジターだとヤクルトは三塁側ベンチとなる。一時間一五分が持ち時間の試合前練習がスタートすると同時に、「渡辺、来い」と広岡から呼ばれ、レフトポール付近から〝ボール転がし〟が始まる。それを徐々に位置をずらしては捕っては返し捕っては返しの繰り返しでライトポールまで到達し、今度はレフトポールへ向かって同じようにやる。試合前の練習とはいえ、既に客は入っている。「恥ずかしいな」と心の奥底で呟きながらも渡辺は黙ってやるしかなかった。それが終わったら守備位置についてノックが始まる。練習時間終了五分前になるとバッティングコーチが「広岡さん、渡辺ちょっとバッティングいいですか」と叫び、広岡は渋々「しょうがない、行ってこい」と渡辺を解放する。渡辺は急いでケージに入り、5、6球打って終わり。そして相手チームのシートノックが始まると、ベンチ前でトスバッティングをやる。広岡の辞書に「妥協」なんて文字はなく、徹底的に練習して身体をいじめ抜いた。

七六年は開幕スタメンを勝ち取り、五月一九日まで3試合を除いてずっとスタメン出場を続けた。五月、荒川監督の休養に伴い、広岡がヘッドコーチから監督に昇格すると、つきっきりの指導により守備力が上がった水谷をスタメン起用する。しかし、九月になると再び渡辺がスタメン出場するようになった。とにかく、言われたことをやるのに必死の時期。ゲームに出てもバッティングまで気が回らない。「よーし打ってやるぞ」よりも守備に全神経を集中する毎日。試合が終わると、「今日はミスしなかった」と安堵し、ヒットを打つことなどどうでもよかった。

あるゲームでの守備交代時、広島のショート、三村敏之がキャップを目深に被って渡辺に近づき、少しハニカミながら言う。

「なあ、広岡さんが見ていると今だに緊張するんだよな。わかるだろ」

渡辺は返事をしながら首を大きく縦に振った。三村は、かつて広岡が広島コーチ時代の教え子だ。

「三村さんでさえ、そんな緊張するのか」

渡辺は自分だけじゃないんだと思い、なんだかホッとした。

確かに、守備についていても広岡の目線が気になってしょうがない。

ショートを守っていて、打球が飛んできてアウトにする。リズムよくボール回しをして、ピッチャーに戻す。ちらっとベンチ見ると、広岡が「う〜む」と首をかしげた格好する。ナイスプレーが飛び出しても、うむうむと頷くこともせず、相変わらず無表情で不機嫌な態度を取る。

七七年は91試合に出場し、打率二割四厘で8本塁打。パンチ力があるのはわかっていたが打撃面での確実性が足りず、主に守備固めとしての出場に留まる。

そんな渡辺も優勝した七八年オフにトレード要員となっていた。ロッテの山崎裕之と、ヤクルト西井哲夫と渡辺の一対二のトレードだ。すんなり決まるものと思われたが、縁あってドラフトで獲った選手を育てるのがヤクルト球団だという理念を持つ松園オーナーによって、土壇場で白紙に戻った。ゴタゴタに巻き込まれた山崎はロッテから西武へと移籍する。

ショートのレギュラーで凌ぎを削った永尾泰憲は、このオフにマニエルと一緒に近鉄にトレードされた。だが移籍先の近鉄でいきなりレギュラーを獲る活躍ぶり。八二年には金銭トレードで阪神に移籍し、代打の切り札として存在感を見せる。八五年の西武対阪神の日本シリーズにも出場。ヤクルト優勝メンバーで広岡西武と日本シリーズで対戦した唯一の選手でもある。現在、高校野球の指導者である永尾が語る。

「七七年はセカンドでレギュラーを獲ったんですが、翌年の優勝したシーズンは、ヒルトンの加入により控えに回されました。そしてオフにマニエルとともに二対四のトレード。私なんかマニエルの付け足しみたいなもんです。近鉄の監督の西本さんから『(打率) 一番良かったのはどのくらいだ?』って聞かれたんで、『二割八分八厘です』って答えると、『そっか、内野陣の刺激になってくれ』ってはなから控え扱いですから。オープン戦でヤクルトと対戦したとき、広岡さんに挨拶したんですけど、無視されました (笑)。でも阪神に行ってからオープン戦で挨拶すると、『頑張ってるじゃないか』と言ってくれましたね。広岡さんに鍛えられたヤクルト時代はノイローゼになりそうで野球がない国に行きたいと思ったほど。近鉄移籍一年目に (コーチ時代から数えて) 五年間教えてもらった成果が出てレギュラーを獲れたと思っております」

永尾は、ヤクルト、近鉄、阪神と在籍した球団ですべて優勝を経験し、八七年に引退してから二〇一一年まで阪神の二軍コーチやスカウトを歴任した。ドラ一で入団し、二年目広岡がコーチとして入閣してから、肉体的にも精神的にもどん底につき落とされた。先輩や同僚に広岡に対してたまった鬱憤を晴らしたりもした。それでも心身ともに疲弊しきり、塗炭の苦しみに埋もれ自分を見失いかけたこともあった。友や家族に助けられ、血反吐を吐きながら這い上がってきた思いは、のちの人生の糧となっている。ひとえに広岡達朗のお陰でもあり感謝の念は尽きない。

オフのトレード騒動によりユマキャンプに参加できなかった渡辺だったが、周りの先輩選手たちの動向がどうもシラけているように見えて仕方がない。緩んだ空気が漫然と充満していた。チームが一丸となって優勝した原動力の反骨心はすでに失われてしまったのだろうか。もともと強固な団結心で繋がっているわけでもなく、共通の敵を見返すためだけにやっていた。目標を成し遂げても、共通の敵の手は緩めずむしろより手綱を締めてくる。一体、何のためにやっていたのか……。選手たちの気持ちが揺れたままシーズンが開幕し、最下位に沈んだ。

「八〇年代は、四月に開幕して一カ月ちょっとしたらもう最下位。そんなんで一体どうやってモチベーションを保てるかってね。最初から負けるつもりでプレーしてはいないですが、負けが込めば自分の成績だけを見がちにもなりますよ。どんな状況だろうと打ちたい思いは強いけれども、例えば7、8点負けていて四打席目にヒットを狙いますか。「ここでヒット打ってもなぁ」となり、長打を狙いにいく。だから最後の打席は雑になりがちになる。そんな思いをみんな持っていて、その積み重ねがチーム成績にも影響してきますよ。

広岡野球で育った僕はチームプレーを身上とした野球をしてきたんで、ランナーが出たらバントのサインが出てなくてもチームバッティングをするとか、セカンドランナーがいたらサイン関係なく進塁打を打ってランナーを進めることが当たり前だと思ってきた。それが、ある日突然、そんなことしなくていいって言われたらどう思います？ ランナーがいるのに「自由に打て」とか言われたら「えー」と思いますよね。その監督が悪いとかではなくて、野球のスタイルがまったく違うという話です。すべてにおいて違和感が出てきます。それでも観に来てくれるファンの人がいるので、負けていても飛び込んでボールを止めようとしたり、一生懸命さをアピールしてきましたけど、それでも限界があります。好き勝手にやって勝てるほど野球は甘くないってことです。

仮にも自分は、強肩強打の広岡二世と言われてプロに入ってきました。唯一自信あったのが肩なんですよ。肩だけは負けないだろうなという自負があって、ショートで三遊間に飛んだ打球を捕って投げると、ビューと糸を引いていくのが見えましたね。サードやセカンドも守らせてもらいましたが、自分の本職はショートだと思っています。ショートって足と肩が強くないとできないんですよ。ショート崩れが大体セカンドですね。内野で一番難しいのはショート。難しいけどやっていて面白い。ピッチャーの投げる球がわかってるんで、こういう打球が来てこういうプレーになるんじゃないかという予測もできる。また司令塔のようにセカンドや外野に指示できるところも面白い。ピッチャーがこの球を投げたら、バッターはこんなゴロを打つとか、その通りになるともう楽しさしかない。やっぱりショートが一番面白いですね。

広岡さんと野村さんの指導者としての違いで言えば、野村さんは常にチームが勝つためにするべきことを具現化していった。哲学から人生論まで、最初のミーティングでは野球に関係ない訓話的な事象から入りますから。人生における成功論や失敗論とか。野村さんは私生活に対してあんまりうるさく言わない代わりに『とにかく頭を使え』をモットーにしていました。〝野球は頭を使うスポーツ〟の第一人者ですから。何も考えずにプレーすることを極端に嫌う人でした。

広岡さんは、普段の生活すべてが野球に直結するという考え方。野球に対する取り組み方はいたってシンプルかつ真摯であり、まず己を律することから始めなければならない。物事にはすべてに原理原則があり、自然との調和のなかで人間は死ぬまで勉強する必要があるといった思想を持つ。広岡さんに教えてもらった技術や精神力を、次世代の子どもたちにきちんと受け継いでもらうため、自分も日々勉強してます。とにかく広岡さんは周りを見ない自己中心的なプレーは絶対許さない。妥協を許さず、こうと決めたら必ず最後までやり遂げる。選手のためなら平気で鬼になれる人ですから」

八重樫幸雄の証言

だが一方で、そんな広岡野球を屁とも感じていない男がいた。

「広岡野球を厳しいだとか、管理野球だとか全然思わなかった。厳しくあるのが当たり前だと思ってましたから」

かつての鬼瓦顔が完全に消え去り、今や好々爺顔が板についている八重樫幸雄が、ゆったりと優しい口調で話してくれた。

メガネをかけたキャッチャーといえば〝のび太くん〟古田敦也が有名だが、それ以前にメガネをかけたキャッチャーといえば八重樫だった。極端なオープンスタンスで快打を放ち、メガネをかけた寸胴型のキャッチャー姿は、硬い苗字に反してなぜかコミカルに見えた。現役生活はヤクルト一筋二四年、その後、コーチ、二軍監督、スカウトと、一九六九年にドラ一で入団してから二〇一六年までの四六年間ヤクルト球団で世話になった。いわばヤクルトの生き字引だ。

「高校一年と三年のときに夏の甲子園に出て、東北球界始まって以来の大型捕手と言われてました。ヤクルトのドラフト一位指名で、契約金一千万円、年俸144万円は、当時の高卒新人では破格だった。プロに入りたての頃は、ヒョロヒョロで足も速かった」

ドラフト指名された六九年は、ヤクルト本社が単独で経営権を持ったことでアトムズ球団からヤクルトアトムズに改称された年。ちなみに、前年六八年の一年間のみ存在したアトムズ球団は、二リーグ分立以降、企業名や地域名といった冠なしの唯一無二のチーム名である。とにかく、球団資本が産経新聞からヤクルトに譲渡されたことで、三年の間にサンケイアトムズ→アトムズ→ヤクルトアトムズと目まぐるしく変わった。そういう経緯もあってか、六九年ドラフト一位の八重樫は自身のことを〝ヤクルト一期生〟と呼んでいる。

八重樫は、バッティングを買われてドラフト一位になっただけあって、入団時から打撃には自信があった。当時の監督の別所毅彦も、キャッチャーとしてではなく外野で育てたい意向があった。

「別所さんはドラフト後に高校まで来てくれて、豪快というか、ガハハハハとでかい体にでかい手で握手された思い出があります。チーム統率を目指すためにキャンプ時に軍歌を流していましたね」

そんな別所毅彦監督の後任には、三原修が就任する。

今更説明するまでもないが、三原は日本プロ野球史における名将のトップスリーに数えられ、日本で初めてセ・パ両リーグで優勝した監督でもある。「昭和二二年の会」の若松、松岡、大矢といった主力たちに話を聞いても、広岡と同様に必ず三原修の名が出てくる。

エース松岡が「三原さんのもとで野球やった者からしたら、広岡野球に対して一家言はある。広岡さんを知りたかったら三原さんのことも知っておくべき」と言ったのが妙に引っかかっている。皆が三原を崇拝する口ぶりで語り、当時は三原イズムを纏った選手たちが広岡を出迎える図式となった。いっぺんで選手を虜にする三原修の人間性に、ここでも触れておかなければならない。

「三原さんが監督のときは、先輩方もいい意味でイエスマンでした。三原さんの前ではプロに入りたての新人のような感じでしたね。滅多に話しかけられないんだけど、八重樫くんって〝くん付け〟なんです。丸山（完二）さんなんかは、現役を辞める年に『丸ちゃん』と呼ばれた。ちゃん付けされるとどうも最後らしい」

三原は極力言葉を発さず、相手の行動をじっと見る。そして、選手に「こうやりなさい」と言った場合、その選手がその言葉を受け、どう考えて練習をやっているのかを黙って見ている。みずから考えられず、自立できない者はグラウンドに立つ資格なし。逆にいくらプラベートで遊んでいても、結果を出していれば使い続ける。

〝日本プロ野球に三原あり〟といわれるほどの人物なのに、偉ぶらず威張らず、下の者にも平気でへり下れる三原だったが、ここぞという時は漢を見せ、誰よりも頼もしかった。

七三年一〇月一四日、中日球場でのダブルヘッター。第一試合で、ゲッツーの間にショートの東条文博が、ランナーの外国人に足を思い切り払られた。これが伏線となって、次の試合で報復の措置を取る。当時のプロ野球選手は血の気が多いというか、殺るか殺られるか、グラウンド内は常に殺気めいたものがあった。

二試合目が始まった。試合は中盤でヤクルトの攻撃、ランナーセカンドでレフト前ヒットを放ったときだ。ランナーの久代義明が完全にアウトなのに体当たりで突っ込み、キャッチャーのブロックを吹き飛ばした。もんどり打った中日のキャッチャー新宅洋志はミットを投げ捨て、久代に摑みかかるやいなや、両軍が一気にホームベース上になだれ込む。マウンドにいた若き日の星野仙一は、一塁側ベンチへ戻ってバットケースからバットを取り出し、鬼の形相で走ってくる。両軍がもみくちゃになっているなか、八重樫はサウスポーの小林国男と二人で、激昂している中日のウォーリー与那嶺監督を後ろから抑える。「シットゥ！」。紅潮しているウォーリー与那嶺監督は、二人に抑えられているのをものともせずに突進していく。試合は二〇分ほどの中断を挟んで再開されたが、問題は試合後。一対四で中日が負けたこともあって、試合終了と同時にファンがグラウンドになだれ込んできた。

「なめとんのか、このたわけが！」「やってまえって!!」

暴徒化した中日ファンは一直線にヤクルトナインのいる三塁側ベンチへと走る。選手たちが三塁側ベンチ裏通路に脱兎のごとく逃げ込むと、三原監督は扉を完全に閉め切った。そして、通路口に近いベンチにドカッと座ると、門番のように「ここから何人たりとも通さん」とばかりに三原は腕組みをした。暴徒と化したファンは三原を見ると、たじろいでそれ以上近づくことができない。誰一人とも三原に向かって何も言えず、足を踏み出すこともできない。

「おい、レフトだ！」。誰かが選手の送迎バスを見つけ叫んだと思うと、中日ファンたちは尻尾を巻くようにゾロゾロと三塁ベンチから離れて走り去った。

八重樫は、扉を少しだけ開けてその一部始終を見ていた。

「すげえなぁ」。会話はほとんどしたことがなく、口を開けば「八重樫くん」と優しく語りかける三原監督の本性をまざまざと見た気がした。

三原のエピソードには事欠かない。

八重樫がプロ二年目のシーズン中、広島遠征が雨で中止となり、そのまま名古屋に向かったがそこでも雨で中止。暇を持て余した選手たちは、大部屋で麻雀を始めた。二十歳そこその若手は、先輩方のタバコの火をつけたりと小間使いをやらされる。午前〇時ちょっと前に三原が部屋に来ると、「そろそろ寝かせてやれよ」と声をかけ、麻雀は終了。翌日も雨で試合ができないところ、ヘッドコーチの中西太が「どこか練習できる室内を探せ」とマネジャーに告げ、なんとか東山の室内練習場を確保。練習の号令がかかるやいなや、三原がとぼけた口調で言う。

「何すんだよ。こういう日は練習しないでいい」

鶴のひと声で練習はなしになった。

三原はキャンプの際、グラウンドに入ったら、まず太陽の位置を見る。朝の最初の挨拶時に、選手がまぶしくないようにするためだ。

また強風があると、「風を吹いているた日にやってもしょうがねえ」と練習を中止にする。選手たちは、こんな風くらいで練習なしになるのかぁと呆気にとられている。三原は、無理して練習をしても何のプラスにもならない、という考えを持っており、選手には細かいことを言わず、大人扱いをして黙って見ているのが三原流だった。それまでの別所監督の軍隊式のスパルタ練習に対して、三原はのびのび育てることで選手の自主性を促したのだ。

一方で、雨風など関係なく練習をやらせるのが広岡だった。一見スパルタに見えなくもないが、別所のやみくもなスパルタ練習とは違って、徹底した反復練習で基本が身につくまでやらせるやり方だ。

広岡も三原修について語ってくれた。

「三原さんは頭が良くて人を惹きつけるのが上手い。三原さんも水原さんも四国出身。三原さんは早稲田で、水原さんは慶應のライバル関係。水原さんはインチキを一切しないのに、三原さんは『水原はインチキする。ダッグアウトに変な盗聴器を仕掛けているかもしれんから、みんな静まれ』と言って水原さんを貶す。盗聴器がどこにもないとわかると『おかしいな、どっかにつけているはずだけどな』ととぼける。三原さんのことを良く知っているけど、確かに頭は切れるよ。時代がそうだったとはいえ、渡り歩いた球団すべてでサイン盗みをやっていた。インチキが横行していたね」

時代だからといって卑怯な手を使う輩を、広岡は心の底から愚弄した。

八重樫が、広岡ヤクルト時代を振り返ってくれた。

「広岡さんがヤクルトにいる間、一度も笑った顔を見たことがない。優勝した七八年にしたって、胴上げしても笑わないし、優勝インタビューでちょっと口元が緩んだくらいしか見てない。広岡さんが西武に行って、白い歯を見せている姿をテレビで見て目を疑ったんですから。

広岡さんが監督になるまで、淡々と野球をやっていました。ヒット、ファアボール、エラー以外はすべて凡打と思ってました。でも、凡打でもランナーを進める進塁打もあれば、犠牲フライやバントもある。今まで雑にやっていたプレーが内容のあるものに変わっていったんです。それは広岡さんが監督になってからです。

広岡野球とは、ひと言で言うと『型にハメた野球』。攻守ともに堅実な野球を理想とし、オリジナリティーは一切いらない。守備は、背筋をピンと伸ばして真正面で捕る。ファインプレーに見せるような派手な捕り方は邪道と見ていた。常に基本に忠実なプレーがベストと考えている。弱いチームが強くなるためには型にハメたほうがやりやすいんだろうけど、自分の考えに従わない者は一切許さない。妥協することがまったくないんです。だから、実績を残しているベテランだろうと若手だろうと、分け隔てなく厳しく接するから、今までぬるま湯に浸かっていた選手は反発するんだよね」

優勝した七八年は、八重樫にとって複雑な思いが錯綜する年でもある。

前年度七月一〇日の大洋戦で右手を負傷した大矢に代わり、58試合でマスクをかぶり二割六分八厘、6本塁打の成績を残し、後半戦はレギュラーとしてキャッチャーのポジションを死守した。ここで八重樫は大きな自信を得る。

そして迎えた七八年のユマキャンプで、レギュラー獲りに向けてがむしゃらに練習する。監督の広岡は内野陣を鍛え、ヘッドの森がキャッチャー出身ということもあって、二人三脚で教えてくれた。

オープン戦もずっとレギュラーで起用してもらい、攻守にわたってそつのない成績を残していたが、残り10試合になって大矢が先発出場するようになった。「あれ、控えか⁉」。レギュラー獲りに陰りが見え始める。オープン戦ラストゲームも先発出場は叶わなかったが、代打で起用され、広島の渡辺秀武から勝ち越しホームランを放ち、開幕スタメンに一縷の希望が芽生えた。

開幕戦前の練習が終わったところで、広岡に呼び止められる。

「八重樫、いくぞ！」。念願の開幕スタメンだ。八重樫の気合は最高潮に漲った。ダブルヘッダーを含めた広島三連戦すべてでスタメンマスクを被り、三連勝を飾った。レギュラーとしてマスクを被り続けた開幕10試合を5勝4敗1分とまずまずの成績で乗り切ったが、四月二八日の巨人戦でのクロスプレーで左ひざ靱帯を損傷。衝撃時はズキーンと痛みを伴ったが、ベンチに戻った際は別に痛みはなかった。ただ左ひざから下が45度に曲がったままで、立とうと思っても立てない。長期の離脱により大矢がレギュラーに復帰した。

順調に白星を重ねていったヤクルトは、巨人、大洋の三つ巴で優勝戦線に残っていた。八月一〇日からの10試合を1勝2分7敗と大きく負け越した時点で、森ヘッドコーチは藁をもすがる思いで病院に電話した。

「おい、まだダメか⁉」

「すいません。まだリハビリ中です。もう少し待っててください」

そう返すのが精一杯だった。残り試合も僅かでなんとか復帰を果たすも、結局、記念すべき優勝シーズンを八重樫はほぼ棒に振る形で終えた。

「日本シリーズではベンチ入りできたけど、左足は右足と比べて8センチも細いんですから」

七八年日本シリーズの相手は、シリーズ三連覇中の阪急が相手だった。下馬評では阪急の圧倒的有利だったが、エースの山田久志の不調も手伝って3勝2敗と王手をかけたヤクルトは、第五戦を終えてすぐに飛行機で羽田に戻った。宿泊先のホテルニューオオタニに到着したのは二二時過ぎだった。

八重樫と同期のピッチャー、西井哲夫は腹が空いたためホテル内のレストラン等に連絡するが全部営業終了。仕方なく赤坂の知り合いの店にそばを食べに出かけようとすると、部屋の電話が鳴った。伊勢孝夫からだった。

「おい、森が見回りに来てるぞ」

「え？　そうですか。腹減ったんで急いで食べに行きます」

八重樫と西井は急いで食べに出かけてホテルに戻ったが、門限には間に合わなかった。門限後に戻った二人は運悪く打撃コーチの佐藤孝夫に見つかり、「森はもう寝とるから明日挨拶に行っとけ！」と告げられた。

明朝から雨が降っており、練習は午後からとなった。練習前に挨拶しようと八重樫と西井は早めに後楽園球場へ向かったが、トレーニングコーチ以外は誰もいない。とりあえずアップを始めてしばらく経つと、首脳陣がぼーっとした顔でぞろぞろとやってきた。アップが終わって打撃練習を始める前に謝りに行こうとしたが、森が突然「八重樫と西井、走っておけ!」とぶっきらぼうな口調で叫ぶ。謝り損ねた二人は言われたとおりに延々と走った。全員の打撃練習が終わると、今度はマンツーマンでアメリカンノックをやらされた。八重樫は仕方がないと納得するしかなかった。ただ西井だけはひとりブツブツ言い続けていた。

これだけでは終わらない。

翌日の第六戦、六対一で5点ビハインドのなか、五回表から三番手で西井が登板。制球が定まらずメッタ打ちを喰らってさらに6点追加されたが、晒し投げのように最後まで投げさせられた。

門限にしろ、罰金にしろ、懲罰にしろ、ヘッドの森が管理しており、それはすべて広岡の命令のもとにやっているかと誰もが思っていた。だが、十数年後に蓋を開けてみると、森の裁量ひとつですべて決まっていたことが判明。当時は、監督の広岡の命令だと思い、広岡憎しの気運はどんどん高まっていった。

広岡に八重樫のことを尋ねると、バッティングが良かったと開口一番に言う。

「仙台から来たキャッチャーの八重樫を育てたのは中西太。バッティングが良いのにだんだんだん打てなくなって、コーチに復帰した中西太に『おい、太、バッティング教えてやってくれ』と言ったら一生懸命教えてくれた。青木宣親や岩村明憲は、中西太の理論。開いて打ったほうがクロスするより打ちやすいだろうという考え。簡単なんだよ。見やすい格好で球を見て、打つときは普通に打てよと言っただけ」

八重樫はメガネをかけるようになったことで、視界が狭まってしまった。どうしてもフレームにボールが重なったり、またフレームから外れてしまって見えにくくなってしまう。これを機に打撃フォームを変えようと、中西と二人三脚で打撃改造に取り組んだ。その結果、左足を大きく開いてピッチャーと正対する構えに辿り着いた。極端なオープンスタンスにしたことで、視界だけではなく、選手としての道も開けるようになった。

七九年の凋落についても、八重樫の見解をどうしても聞きたかった。

「そりゃ、優勝は嬉しかったですよ。でも、すでにチーム内に『広岡さん、もういいわ』みたいな空気が蔓延していました……」

優勝したことで満足してしまったのか、厳しい練習や多すぎる罰則にさすがに嫌気がさしたのか……。

「日本シリーズで勝ったあとに、すぐ優勝祝賀パーティーをやりました。でも日本シリーズ終わって一週間後には、国立競技場を借りて秋季練習だから。観客席の二階で階段を使ってのランニングと、競技場内ではウエイトトレーニングを約一カ月間みっちりやらされました。日本一になったのにサイン会やトークイベントは一切ない。秋季練習が終わってからイベントをやったって、世間の人たちの熱なんてとっくに冷めている。普通は優勝したあとに、サイン会やトークイベントの予定が目白押しで、選手たちにしてみたら副収入の絶好のチャンス。ベテランの人たちは怒ってましたよ。広岡さんはきっと、プロであろうと一回でも甘えさせたらダメだという思いがあったはず。でも投手陣にしてみれば、ペナント、日本シリーズを戦ったあとに満足な休みもなく、すぐに秋季練習をやるのはかなりきつかったと思いますよ。翌年から投手陣だけはシーズンが終わったらリハビリを兼ねた休養を一週間設けましたから。もし、日本シリーズ優勝後にサイン会やトークイベントをガンガンやっていたら、翌年の結果も違ったかも知れません」

つまり、優勝後のオフの楽しみを奪われたことが起因となって、そこからモチベーションが低下してしまっていたのではないかと八重樫は語る。松岡と同意見だ。鞭を打ち続けられて目一杯走り続けたヤクルトの選手も、優勝したらアメも欲しくなる。優勝したチームのバラ色オフの様子を毎年横目で見ながら、選手たちのオフの副収入の額もそれなりに聞き入っている。プロフェッショナルである以上、副収入を楽しみにすることは悪いことじゃない。むしろモチベーションの一つになったっていい。その〝楽しみ〟を奪われたのだ。「やってられねえ」とそっぽを向く選手たち。次なる目標を、二年連続日本一と言われてもなあ……やるせない気分になっていった。もともと根底にあった不満分子は、すぐすくと萌芽していく。

七九年、ディフェンディングチャンピオンとして初めて開幕を迎えるヤクルトは、前年度優勝争いを演じた大洋。先発はエース松岡、大洋はエース平松政次。七〇年代を代表する両エースの投げ合いは誰もが僅差の接戦になると思われた。しかし、蓋を開けると、大洋の四番田代富雄の三打席連続ホームランなどで九対〇の完封負け。完敗だ。そこから引き分けを挟んで開幕8連敗。王者の見る影もなく無残な姿を晒した。

屈辱の8連敗中のなか、四月二四日県営富山球場での大洋二回戦の先発マスクは、大矢に代わって八重樫が被った。

「前日に、広岡さんから『明日行くぞ。一時間前に監督室に来い』と言われたんです。監督室に行くと、そこで素振りしろと命じられました」

監督室で素振りをする八重樫に、広岡は鋭い視線を送る。

「ハチ、反動をつけちゃダメだ」

淡々とした物言い。広岡の打撃理論は、自分で決めたトップの位置を変えずに、そのまま最短距離で振り下ろすというもの。構えたところから少しでも動いたり、遊びを作ると「ダメだ」と容赦なくNGを連発する。八重樫は投球に合わせて身体をひねったり、タイミングを取りながらトップを作っていくタイプだっただけに、広岡の言う理論が合わなかった。とりあえず言われたとおりに何度も素振りを繰り返していると、沈黙していた広岡が口を開く。

「おい、セカンド送球はどういう気持ちで投げている？」

「絶対に刺そうと思ってベースに対してまっすぐ投げてます」

「まっすぐ投げるのはいいんだけど、お前はキャッチしてからボールを持つときに腕が必要以上に曲がっている。ボールを持った腕のままセカンドに放れ」

広岡は、声のトーンを変えずに言う。バッティングも同じだと言いたかったらしいが、八重樫はそれどころじゃない。結局監督室での素振りは、八重樫にとって苦痛でしかなかった。広岡の言いたいことはわかるが、タイミングの取り方は千差万別。それに、一時間やそこらで反動つけずにスムーズなスイングなどできるはずもなかった。

試合が始まった。八重樫は2本のホームランを含む4安打の猛打賞。素振りの効果があったのかどうかはわからないが、ここから八重樫のスタメン出場が増えていく。ちなみに監督室で言われたとおりのスローイングを試してみたが、できなかった。キャッチしてボールを握ったままの形でスローイングと言われても……。しかし何度も練習するうちにスナップを利かせて投げるコツを覚え、以前よりも盗塁を刺せるようになった。スローイングのアドバイスはしっかり聞いといて良かったと八重樫は思った。

開幕8連敗の不名誉なセ・リーグ記録を作り、スタートダッシュに失敗するも、外国人助っ人の活躍もあってなんとか立て直し、五月二七日に五割復帰を果たす。しかし六月になって四連敗。そして二度目の8連敗を喫し、最下位に沈み、そこから一度も浮上することはなかった。

「プロでだんだん年数を重ねていくと、チームが低迷するときに必ず負の言葉が出るんですよ。ちょっとエラーすると『またやった』『逆転されるぞ、ほら見ろ』って容赦ない言葉が出てくる。一人が言うと他の人まで伝播する。裏方のバッピ（バッティングピッチャー）までが『駄目だ、今日負けるぞ』と言い出す。負のほうにみんな集まるんですよ。指導者にも一人二人出てきます。そうなるとチームとして機能しないですよ」

戦う集団として、後ろ向きの言葉が指導者から出ることほどお粗末なものはない。たった一度の優勝くらいでは、長年蔓延っていた負け犬根性を完全に払拭できるわけがない。

「七九年はベテラン連中と若手で二つの層に分かれていた気がします。チーム自体の雰囲気は明るかったんですが、一度連敗すると負の要素が出てくる。特に、ベテラン連中は森さんに対してかなり不満を抱えているようでした。優勝した年は、ベテランが『ここまできたら最後まで諦めずに優勝しよう』ってチームを一つにしてくれていたんですが……次の年もその気持ちが維持できていれば、巨人みたいに強くなれるんでしょうけど……」

チームリーダー若松、エース松岡、キャッチャー大矢といった不動の主力陣は、ともに三一歳。中堅からベテランにさしかかる頃だ。広岡は巨人に匹敵するほどの常勝軍団を作ろうとした。基本練習の反復を徹底し、チーム戦術を浸透させることで、ただアウトになるのではなく、状況に応じていかにランナーを進めるべきかという堅実な野球の意識を植え付けた。勝つために何をすべきかを個々が瞬時に考えさせる集団を作る最中に、夢破れてしまった。

「広岡さんが掲げる〝基本を徹底したらチームは強くなる〟という信念は、一緒にプレーして大いに勉強になりました。ただ、頑固というか固定観念があまりに強いので、それを嫌う選手との衝突は避けられない部分はあった。いろいろと説明をしてくれれば、なんとかなったのになぁという思いはありますね。

今でも三原さんの野球は通用すると思います。でも、広岡さんからすると、三原さんはあまり練習をしないように映ってたんじゃないですかね。川上さんでもそうだけど、やっぱりトップに立つ人間は自分の考えと違うことをやっている人のことを完全には認められないものですよ」

八重樫から見ると、三原は滅多に言葉をかけずともずっと行動を監察し、重要なポイントでポンと効果的に優しく声をかけていたように映った。一方、野村は声をかけずに向こうから聞いてきたことに対して丁寧に答える。そして、広岡は一切声をかけず、説明もなしに自ら手本となって示す。三者三様であり、やり方は誰も間違っていない。ただ、八重樫はこの令和の時代でも「三原のやり方が通用する」と断言した。二〇二三年のWBC優勝監督の栗山英樹が三原修に心酔しているのもわかる気がする。

「広岡さんの厳しさは最初面食らうけど、やがて広岡さんの言ってることがちょこちょこと頭に入ってくるようになると、やっぱり厳しい練習をやらないと伸びていかないんだって肌で感じるようになってくる。どういう立場になっても、一生懸命やらなきゃいけないんだというのを広岡さんからずっと教えられていた気がする。とにかく、監督の広岡さんがいないと、チームの練習が始まってってもみんなチンタラ走ってるんですよ。でも広岡さんがポコッと現れると、みんなベテラン連中もキビキビ動き出す。なんていうのかな、広岡帝国の皇帝が顔を見せた途端、民衆の背筋がピョーンと伸びるような感じですかね」

広岡がコーチになった七四年は、まだチームが三原マジックにかかっていた頃。巧妙なマジックだけに、そう簡単にはタネが見つからない。七六年六月、広岡が正式に監督になったときもまだ三原マジックが亡霊となってチームに憑いていた。別に意地になって三原の亡霊を取り払おうとしたわけではない。広岡はこのご気楽なチームを変えるためには、必要以上の厳しさを植え付けなければと考えた。だから広岡は厳しい目を常に光らせた。

「広岡さんの考えって、真っ白な気持ちで向上心のある人にハマる。なんでこういうことを言うんだろうって理解しようとするからね。広岡さんの記事を見ると大体クセのある選手が出てきて、かつては反発したけど引退してから理解したってよく言ってるよね」

歯に衣着せぬ提言で耳目を集める広岡の最近の記事に、八重樫も目を通している。そんな八重樫が、ニンマリして呟く。

「広岡さんから教わったことを今になって理解したっていう奴ほど、本当に理解してるかどうかわかんないけどね」

Lions

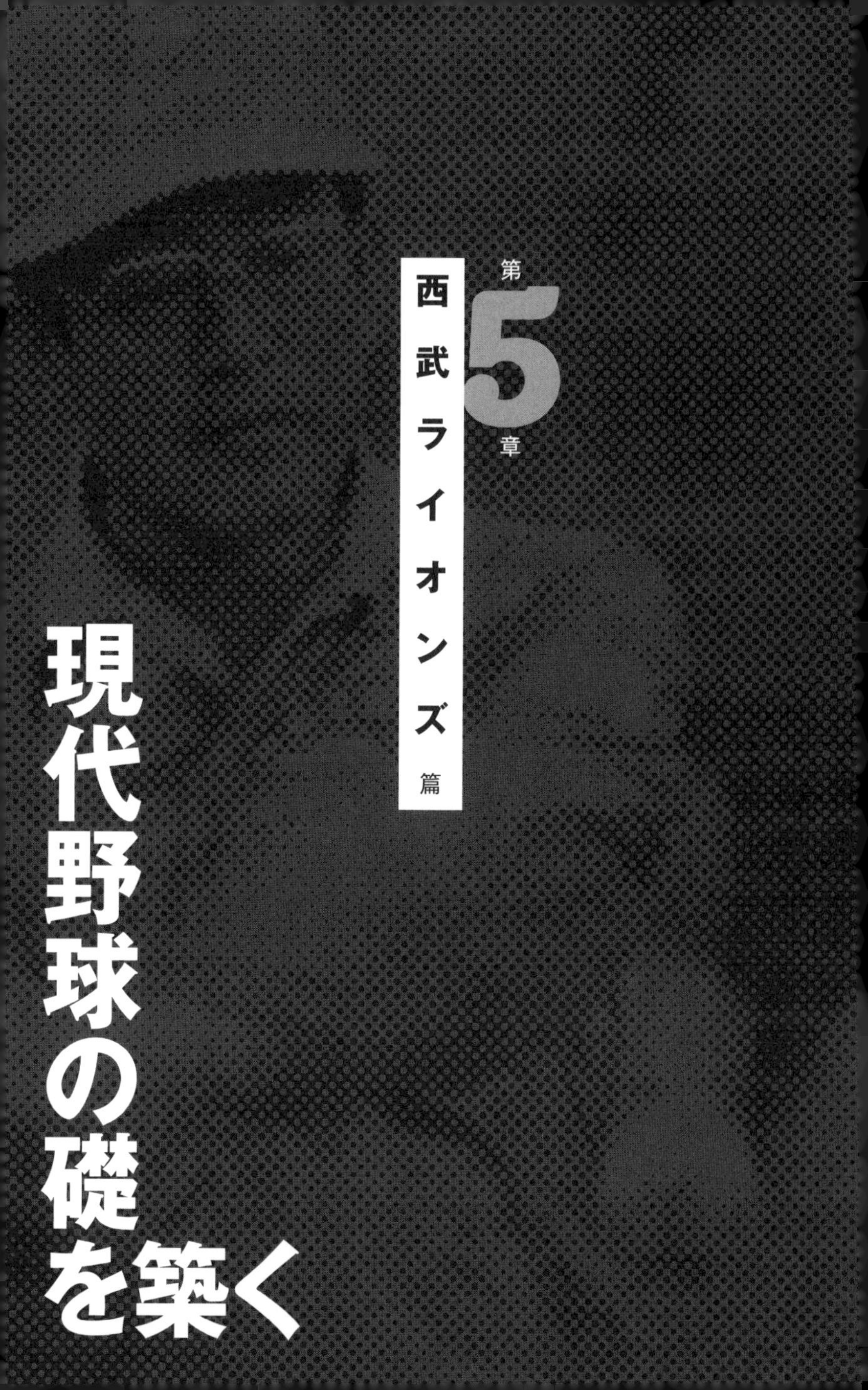

第5章

西武ライオンズ篇

現代野球の礎を築く

七九年シーズン途中でヤクルトを退団した広岡は、再び評論家活動に戻った。

しかし広島のコーチを辞めたときとは訳が違う。あのヤクルトを初の日本一に輝かせた監督という勲章により、球界内外から「次はどこの監督になるのか?」と去就が注目された。史上最弱チームを初の日本一に導いたという実績が、広岡達朗の格を存分に上げたのだ。

振り返ると、現役時代は川上哲治との確執のせいで不本意に巨人を去った。その後すぐに大毎オリオンズの永田雅一オーナーが手を差し伸べ、コーチ就任の話がくる。〝永田ラッパ〟と呼ばれるほどワンマンかつ放漫経営で知られる名物オーナーで、私財を投じてまで金を出すが口も出す。そんな永田から広岡は好かれた。有り難い話だったが、世界を見たいという決意が固かった広岡は渡米を優先した。半年間の充実した世界一周を終えて帰国したが、仕事らしい仕事はない。大抵の人は、ここで腐る。

プライドが高い人間に限って「なぜこの俺が?」と煩悶する。謙虚になれずに人に八つ当たりをし、運を逃していく。「なぜこの俺が?」の「この」という部分がどうやら重要のようだ。そんな〝俺〟を幾度もなく見てきた。ここで踏ん張れるか踏ん張れないかで、一流か凡庸かに分かれる。むしろ、一流になる人間は踏ん張りどころを踏ん張りどころとも思っていない節がある。金がどうだとか仕事がどうだとかを杓子定規で考えない。もっと俯瞰で趨勢を見ている。

後腐れが残る形でヤクルトを去ったにせよ、日本一の称号は未来永劫残る。

「理想の野球を展開するには、チーム作りに五年間必要だ」

これが広岡の持論だ。そして、選手たちに率先垂範できる年齢として、ユニフォームに袖を通すのは五〇歳が限界点だと決めていた。ヤクルトの監督を辞めたのが四七歳。次が野球人生の集大成になるつもりで、広岡は慎重に時を待った。

八一年のシーズン終盤、近鉄から監督就任の要請が来た。

「当時近鉄の監督だった西本（幸雄）さんが推薦してくれた。西本さんは凄い。本当に一生懸命やった人で、ティーバッティングでも自らがボールを投げる。素晴らしい人なんだが、ひとつ欠点をあげるとすれば、他人の言うことを聞かない。全部自分でやろうとする。それが日本一になれなかった原因。他人の意見を採用するかしないかは自分で決めるにしても、まず他人の話に耳を傾けるべき。それでもやっぱり西本さんは凄かった」

シニカルに聞こえるかもしれないが、これは広岡流の最大級のベタ誉めである。

西本幸雄は、川上哲治と双璧と言えるほどの球界の重鎮であり、関西球界のドンでもあった。監督生活は二〇年間に及び、大毎、阪急、近鉄の三球団で八回もリーグ優勝を成し遂げたものの、一度も日本一になっていない。それゆえ〝悲運の名将〟とも呼ばれた。熱血漢で指導力には長けており、選手には容赦なく手も出す。だが、一度グラウンドを離れると非常に面倒見が良く、教え子で西本の悪口を言う者がいなかったほど選手たちに慕われていた名将だった。

広岡は西本の育成能力の高さに心底舌を巻いており、プロ野球史上最高の監督とまで評価している。言うなれば、自分と同じように弱小球団を率いて、発展途上の選手たちを育てながら何度も優勝させた手腕への敬意でもある。

広岡は、近鉄監督への就任要請に即答しなかった。そうこうしているうちに阪神からも話が舞い込み、近鉄からの就任要請を丁重に断った。

「八一年の秋口、阪神球団社長の小津（正次郎）さんから連絡があった。早速会うと『まずは三年契約でどうですか』と就任を要請されたんだけど、あの頃の阪神は五年契約じゃないと選手が言うことを聞かないだろうと思った。三年契約だと選手たちが『どうせ三年経ったら辞めるし、どっかでヘマすれば途中で辞めてしまうだろう』とはなから監督をバカにしてしまう。小津さんは『俺を信用したまえ』と言ったけど、『まだ信用できません。小津さん、三年契約だと選手たちの操縦法が難しい。五年契約ではどうですか？　三年で必ずものにしますから』と返した。結局、小津さんが首を縦に振らなかったから断った。監督をやるなら初めから五年契約でやらないと、本当の意味の改革ができない。正直、阪神に行ってもいいかなとは思っていた」

〝たられば〟を多用すれば、いかにも面白い演出ができると信じているクリエイターほど物悲しいものはない。そう自戒を込めながらも広岡が阪神の監督を引き受けていたら……。伝統の一戦と呼ばれる対巨人戦で、阪神を率いる広岡が恩讐の巨人相手に立ち向かう図式はさぞ盛り上がり、歴史が大きく変わったかもしれない。

日本プロ野球界で実質的なGMとして機能し成功を収めた先例は、やはり八〇年代の西武で〝管理部長〟として辣腕を振るった根本陸夫だろう。GMとは、チーム編成の権限を持つ者であり、ドラフト戦略やトレード、FAや外国人補強等、いかにしてチームを強くするかを担うポジションである。試合の采配や球団経営には携わらない。

八一年秋から西武の〝管理部長〟という要職に就いた根本は、近鉄、阪神の監督就任を断った広岡を監督に招聘するためすぐさま声をかけた。根本は、広島監督時代に広岡をコーチとして呼び寄せた男だ。根本には指導者としての資質はなかったが、人脈作りにめっぽう長けていた。人脈に必要なのは情報とスピードだ。一歩出遅れたために、すんでのところでチャンスを取り逃がすことなど人生には山ほどある。百戦錬磨の根本は、情報収集とスピード感こそ肝だと心得ており、広岡が近鉄と阪神の監督就任を断ったという話が球界内を駆け巡る前にキャッチし、すぐに広岡へと接触を図ったのだ。

「阪神の監督を断ってすぐに、根本（陸夫）さんから西武の監督にならないかと誘いを受けた。最初は長嶋に断られ、次の上田（利治）はやるって言っていたはずなのに土壇場で断られたという。オーナーの堤さんが『広岡がいるじゃないか』と言ったから、しょうがなしに俺のところへ話が来ただけ」

広岡はまず、親会社である西武グループ関連の書物を全部読み漁った。名声欲しさや契約条件では絶対に釣られない広岡は、西武ライオンズが新興球団ゆえに親会社の理念や経営状態がどうなのかをしっかりリサーチした。そして、西武の監督を引き受けた。

八〇～九〇年代の西武黄金時代を作り上げたのは、ひとえに現場で選手を成長させた広岡の手腕と、成長しうる逸材を集めてきた根本の尽力によるものだ。この二人三脚がすべてであり、どちらが欠けても黄金期は訪れなかっただろう。

「根本さんは一見、人から頼まれたら嫌と言えない良い男に見える。任侠めいた雰囲気を持っていて、男っぷりも良い。西武では金を使うだけ使ってダイエーに行った。ダイエーでも使うだけ使って亡くなったが、それによって王が浮かばれた。根本さんはそういう男。西武の管理部長時代に投手陣に対して間違った理論を教え、フォームをバラバラにした。ピッチャーを見ていて、あれ、おかしいなと思うと大概バックネット裏に根本さんがいる。選手は、管理部長の根本さんの言うことを聞けば査定にプラスされると思っていたんじゃないか。杉本がダイエーの二軍ピッチングコーチ時代に思い知らされたと言うからね。根本さんに誰に教わったんですかと聞くと、恩師である藤田省三（初代近鉄監督、元法政監督、元日大三高監督）だと答える。神宮で藤田さんに会ったときに聞くと『いやいや、広岡くん、そんなこと教えとらんよ』と言われたよ」

根本が西武監督時代の教え子であり、根本がダイエーホークス球団専務の務めていたときに二軍ピッチングコーチだった杉本正が述懐する。

「根本さんは自分が思ったことをすぐ選手に言ってしまうんです。現役のときに根本さんの指導を受けたなかで、左利きなんで右肩を下げろとか、頭の位置がどうだとかっていうことを言われて、蹴り足を残した形で練習することが多かったんですよね。根本さんがブルペンに来たら全員わざとその形で投げるわけです。じゃないと手取り足取り直させられるので。いなくなったら自分の投げ方に戻るんですけどね（笑）。根本さんの言葉を借りると、右ピッチャーであれば三塁側に体が流れるのは駄目で一塁側に倒れるような投げ方のほうがいいと。体重が左足に乗るっていうことですよね。そういう言い方をよくされていました。メジャーの投手のフォーム写真をよく見せられました。間違ったことは言ってないんですけども、練習の仕方がちょっと違っていたというのはあったかもしれません。根本さんは『俺は省略して言っているんだ。それを補うのがコーチの役目だ』と仰ってました」

球界に蔓延る面倒な案件を治めるのも根本が得意とする仕事で、表には出ない反社会勢力絡みの案件も平気で片付ける。誰も逆らえないアンタッチャブルな存在だった根本に唯一対抗できたのが広岡だった。

満を持しての三年ぶりの球界復帰。初めての春季キャンプ前に、こんなことがあった。

強面の根本が小難しい顔をしながら広岡に言う。

「うちはこういうのに長けている。両サイドからキャッチャーのサインを映し出すからプラスにせえ」

客席にビデオ班を置いて、スタンドから相手のサインを盗むやり口だ。広岡は呆れた。

「根本さん、キャンプはインチキするためにあるんじゃないですよ」

「わかってる。とにかくキャンプで想定してやらせろ！」

「そんなことしなくても勝てばいいんでしょ。やらなくても勝ちますから」

断固拒否し、サイン盗みといった卑劣な行為をしなくても絶対に勝ってやると誓った。

広岡は常々感じていた。

広島の松田恒次オーナーは「伊達や酔狂で球団を持ったんじゃないから、しっかり野球を教えてくれ」と、広岡の目を見ながら熱く語った。

ヤクルトの松園尚巳オーナーは「縁あってうちに来た選手を一人前に育てて勝ってくれ」と、広岡の手を力強く握って語った。どんなにチームが弱くても、彼ら二人には球団に対して底知れぬ愛があった。

一方、西武の堤義明オーナーは「頑張って優勝させてください」とありきたりな言葉を発するのみで、広岡に突き刺さるものは何もなかった。この差は何なんだ……？　西武の堤オーナーにとって、球団を持つことは単なるビジネスの一つだった。しかし、そのビジネスに対してはとんでもないセンスを持っていた。海の近くにプールを併設した大磯ロングビーチの成功を皮切りに、電車で行ける狭山スキー場、苗場国際スキー場内に苗場プリンスホテルを併設し一大リゾート地にするなど、次々とリゾート開発をし、父・康次郎が残した西武王国をより強大なものに育て上げている。球団運営も、そんなビジネスの駒のひとつだと思っている節が見受けられた。

広岡は堤と懇意になりたかった。もっと言ってしまえば抱え込みたかった。

広岡の見立てはこうだった。

「早稲田の後輩でもあるし、野球にのめりこめば絶対に面白くなる男だと思った」。しかし予想とは裏腹に堤と広岡の間に大きな障害が立ちはだかる。管理部長の根本陸夫と、球団代表の坂井保之だ。

「堤さんは、根本さんと坂井の言いなりになって湯水のように金を使わされた。とにかくあの二人が堤さんをがっちりガードしていて、俺に全然会わせてくれない。会えたとしても絶対に二人きりで会わせず、ほとんど喋らせずに『オーナー、時間です』だから」

オーナーの堤を根本と坂井がガチガチに囲んでいることを知ったのは、監督になってからしばらく経ってからだった。

八一年オフ、四九歳の広岡は満を持して西武の監督に就任。最初に取り組んだのは選手たちの食事の改善だった。疲労回復を促進するアルカリ性の食材を多く摂り入れることを厳命した。当時、あまりに先鋭的だった食事改善について広岡はこう語る。

「年によって必要な食べ物も違うし、考え方も違う。大人になるための素材を大地の神様が作っているという考えで二〇代までは動物性タンパク質を摂って身体を作り、三〇になったらそれらをできるだけ減らしていく。四〇代以降は動物性タンパク質を摂らず、野菜や果物を食べて長生きする。これが『自然の法則』なのだ。ヤクルト時代もそうだったけど、こうした自然の法則にできるだけ逆らわないよう指導しただけ」

今では中学生でも、徹底したカロリー計算のもとバランス良く食事を摂る〝食育〟を行うことが基本となっている。だが、当時は無法状態だった。一晩でどれだけ飲んで食ったかが武勇伝のように語られた。水島新司の伝説の漫画『あぶさん』のように、二日酔いでホームランを打つ選手が破天荒として人気を得た時代だ。テレビの世界でも、情報バラエティー番組『久米宏のTVスクランブル』（八二〜八五年）に天才漫才師の横山やすしが酒を飲んで出演していたくらいだ。観ている分には面白かったが、さすがにクレームの嵐となった。そりゃそうだろう。今なら絶対にできない。

打って投げて、試合が終わったらバカみたいに肉を食ってアホみたいにビールをかっくらう。これが当時のプロ野球選手の食生活で、良くも悪くも〝豪快〟という言葉で許された時代。コンディションの維持はアマや弱者がやることだという風潮がいまだ根強かったプロ野球界では、広岡の考えは異端だった。当然、ヤクルト時代と同様に選手からは総スカンを食らった。特にベテラン陣からの反発は凄まじかった。

田淵幸一、山崎裕之、東尾修、大田卓司、片平晋作、黒田正宏といった西武のベテランたちは「食いたいものも食えないのかよ！」と嘆き、激昂した。しかし、広岡は頑として規制を緩めることをしなかった。だからと言って素直に従う輩たちではない。

「これじゃあ高校野球じゃねえかよ！」

選手たちが管を巻きながら内緒で飲み食いをする。

当時の広岡は、インタビューで雄弁に語っている。

「肉を食うな、酒を一滴も飲むなとは言ってません。全般的に野球選手は肉を食べ過ぎている。酒も適量なら健康に良いが、バカみたいに飲む選手が多い。だから体力の消耗が激しいキャンプ中は酒を禁じ、肉を控えめにした食事を摂らせているだけ。別に四六時中監視しているわけじゃないから、どこかで飲むでしょう。しかし、チームとして禁じておけば少しは歯止めになるだろうと思ってやっています」

マスコミはここぞとばかり面白おかしく報道した。肉を制限する理由として「日本人は腸が長いから腸に残って腐敗する」などと広岡が言ってもいないことを勝手に書き立て、日本ハムから激怒されたこともあった。さすがに広岡も呆れ果てた。実際、西武の食事改善が球界内外で話題となったことで、他の一一球団が玄米食の推奨の意図や成果を聞きに視察に来たことを一切報じようとしなかった。広岡が、面白ければ何でもありという報道のあり方に甚だ疑問を持ったのもこの頃だ。

「選手が『監督だけ酒を飲みやがる』と言ったことがあったけど、アメリカに行ったときに不思議に思ったことがあった。指導者は練習後に冷えたビールを飲むけど、選手用の冷蔵庫には清涼飲料水しか入ってない。どういうことだと聞いたら、アメリカ人に笑われた。アメリカでは教えることを教えたら指導者はビールでもなんでも飲んでいい。しかし、選手は常にベストコンディションを保たなければいけないので、アルコールは与えられないと。理に適っていると思った」

広岡は得意満面で言う。確かにその通りだ。アメリカは常に合理的でシステマティックに動いている。しかし、ここは日本だ。皆で目標に向かって一致団結して行動をともにすることを美徳とする精神がある。指導者だろうと選手だろうと同じ規律のもとで戦おうという軍国主義的な考えが八〇年代はまだ根強く残っており、自分たちだけ我慢を強いられ、指導者だけ好き勝手なことをするのは許さないという認識が蔓延っていた。広岡のようなアメリカナイズされた考えた方は受け入れられず、かなりのバッシングを浴びた。

しかし、ベテランの田淵や山崎が厳しいトレーニングと徹底した食事管理によって体質改善を果たして見事復調。二年連続で日本一に輝くと、広岡の考えは途端に持ち上げられるようになる。

「例えば病気にかかったときは、現在の食事、睡眠を含めた生活習慣が間違っていることを病気が教えてくれているということ。野球も同じで、結果が出ないときはどこかやり方が違うよと成績が教えてくれているだけ。そういう考え方をすれば強くなる」

広岡は、すべて真理に基づいて行動している。食事管理にしても、こうした考えから「やるべきことをやっているだけ」に過ぎなかった。それを周りが面白がって騒ぎ、結果が出れば手のひらを返す。つくづく日本人の国民性には呆れたものだ。

就任一年目から二年連続の日本一に輝いた広岡率いる西武ライオンズだったが、八四年シーズンからは田淵、山崎、大田といったベテラン勢に頼ることなく、若手主体のチームへと舵を切った。ここから、広岡が本当にやりたかった野球の集大成となる新生ライオンズが始動する。

若手主体に切り替えるプランに反して、日本ハムとのトレードで獲得した大ベテランの江夏豊が加入した。阪神では自慢の剛速球で三振奪取王として大活躍し、広島、日本ハムでは七九から八三年まで五年連続でセーブ王に輝き、当時の球界最高年俸選手だった大レジェンド。西武には八三年に江夏とともにセーブ王を獲得した森繁和が抑えとして君臨していたため、江夏・森のダブルストッパー構想が持ち上がった。

このとき江夏は三六歳だったが、トレーニング次第で田淵や大田が復活したように、まだまだ力を維持できると広岡は踏んでいた。しかし、長年の勤続疲労によるものか、江夏の調子がなかなか上がらない。そして七月中旬には二軍へ降格し、そのまま田淵、山崎とともに引退した。

八四年こそ三位に沈んだが、翌八五年に新生ライオンズは見事リーグ優勝を果たし、日本シリーズで阪神と対決。阪神が二一年ぶりの優勝で猛虎フィーバーに沸いた年だ。

阪神で三番を打っていた田尾安志は、あの日本シリーズをこう振り返る。

「シーズンの途中から広岡さんは辞める空気を出しているように感じた。日本シリーズもどこか勝つ気がないというか、第五戦から西武ベンチは変な雰囲気だった」

田尾だけでなく、他の選手も同様のことを言っている。結果的に、この八五年の日本シリーズは広岡にとって最後のシリーズであり、唯一日本一を逃したシリーズとなった。本人にも真相を問うた。

「横槍は入ったけれども勝負は別。勝つ気がないなどもってのほか。ペナントは負けゲームがあるかもしれないが、短期決戦の日本シリーズにおいては、ちょっとの隙を見せれば命取りになる」

絶対に認めなかった。勝負師として生きてきた者にとって、大事な日本シリーズでわざと負けるなんて有りえない。サイン盗みをやっていた三原、野村、上田をインチキとこき下ろしたことにも矛盾が生じる。広岡は、不正、反則行為といった悪行は絶対に許さないはずだ。

広岡にとっての誇りは、優勝を何回したとか誰々を育てたということより、野球に対して一点の曇りもなく真摯に向き合い続けたことだ。純真な心で取り組んでいたからこそ、打算と妥協が身上の組織と摩擦が生じるのも当然なことだった。広岡は堰を切ったように続けて語る。

「根本さんは『東スポなんかに報道されてもまったく気にしなくてもいい』って最初は言っていたのに、東スポにいろいろと報道されると『この記事はどういうことだ。お前がいろいろなことを言って書かせているんじゃねえのか⁉』と言い出す。俺は『根本さん、新聞に書いてあることなんか信じるなって選手や俺に言っていたのに、急に何を言い出すんですか』と返した。そこからああでもないこうでもないと文句が始まった。あまりにうるさいので売り言葉に買い言葉で『じゃあ、もう辞めますよ』と言うと『そっか、辞めてくれるか』と言われた。坂井がすぐ出てきて、辞める理由は健康上の理由ってことにしておいてくれと。堤さんには、（俺は）早稲田の先輩なんだからちっとはわかれ、日大（根本の出身大学）のほうを信用するのかって言ってあげたかった」

日本プロ野球界はオーナーが絶対的権限を持つ。ゆえに現場の指揮官にとってはオーナーをうまく懐柔してしまえば、理想のチーム作りに着手できる。西武グループ総帥の堤義明としっかり向き合って野球の面白さをとことん伝えたかった。また広岡にはその自信があった。

頭のいい広岡だけに、根本坂井コンビが自分を疎ましく思っているのがわかっていた。また、強豪チームとしてのベースを広岡が作りあげた以上、次は操縦しやすい監督を置きたいというフロントの狙いも見え見えだった。おそらく、根本は広岡のことをある意味脅威に感じていたのだろう。このままだと広岡が操縦不可能になる。一刻も早く排除したかった。一時の感情のもつれでなく、前々から考えていたことだったに違いない。広岡にとってはこれから盤石な基盤を固めながら巨人にとって代わる球界の盟主になっていく矢先だったのに、すべて露と消えてしまった。

当時『フォーブス』の長者番付にも載った堤義明が本気を出して改革していれば、プロ野球界の勢力図をひっくり返すこともできたであろう。だが、結局は読売の渡辺恒雄、ひいては中日新聞の白井文吾（元オーナー）の新聞メディアが球界を牛耳っていた当時の図式を変えることができなかった。

西武王国を作りあげる途中でまたもや広岡は任期半ばで辞任するが、在任期間四年のうち三回リーグ優勝、二度の日本一と、紛れもなく西武を全国区の強豪チームに押し上げた。その後、監督は森祇晶が引き継ぎ、八六年から九五年の一〇年間でリーグ優勝八回、六度の日本一という西武の黄金期を迎える。その基盤となったのは、広岡が八四年に若手主体に切り替えて目をかけた選手たちだったのは言うまでもない。

八五年一一月八日、広岡達朗は一年の任期を残し、西武ライオンズの監督を辞任した。

石毛宏典の証言

「バンザーイ！　バンザーイ！　バンザーイ！」

バスの中でむさくるしい大男たちが万歳三唱を唱えている。

石毛宏典は、そんな光景を見て複雑な気持ちになった。先輩たちの気持ちがわからないでもない。今まで自由奔放にやっていたのが、急に広岡がやってきていろいろと締め付けられ、さぞ窮屈で鬱憤も溜まっていただろう。しかし、いつもなら一緒になってドンチャン騒ぎする俺でもさすがにこれはできない、先輩たちが嬉しそうに万歳する姿を、ただ黙ってじっと見つめていた。

一九八五年、阪神との日本シリーズを終えた西武ライオンズの選手たちは、日本一を奪還できなかったとはいえ、ペナントレースからの長い激戦での疲労を癒すべく群馬県水上温泉での休養に向かっていた。マイクロバスに乗り込んでしばらくしてのことだった。

ラジオを聞いていた選手のひとりが、突然大声を出した。

「おい、監督、辞めるってよ！」

座席でリラックスしている選手たちは、「はあ⁉ つまんねえ冗談言うなよ」と最初は無視していた。すると、他にラジオを聞いていた者も「監督辞めるぞ」と同じことを言い出した。バスがサービスエリアに入ると、トレーニングコーチが公衆電話で確認しに行った。

トイレ休憩を終えた選手たちが次々とバスに乗り込んでくる。そして一番最後にトレーニングコーチが乗り込んできて、神妙な顔つきのまま一拍置いて口を開いた。

「広岡監督が辞任された」

大男に埋め尽くされたバスの中には、「ん?」「え?」と幾つもの〝はてなマーク〟が点灯した。ほんの一瞬だけ静まり返ったのち、「マジかよ!」「嘘っ!」「クビじゃなくて辞めたの?」「次の監督は?」「やっぱなぁ」「解雇? 辞任? まあいっか」と選手たちは蜂の巣を突いたように騒ぎ出した。そしてどこからともなくバンザイコールがかかり、ベテラン連中と若干名の若手が一緒にバンザイし始めた。

八五年一一月八日、西武ライオンズ広岡達朗監督辞任。

この日を最後に、広岡は二度とユニフォームを着ることはなかった。

石毛にとって、広岡の第一印象は最悪だった。広岡が監督に就任した直後の合同自主トレでのことだ。

「お前が石毛か。去年新人王を獲ったらしいけど、下手くそやな」

なんだ⁉　喧嘩を売られているのかと思った。

「あなたこそ、玄米を推奨してますけど、痛風らしいじゃないですか⁉」。そんなことを面と向かって言いたかったが、もちろん我慢する。とにかく噂通りの嫌なやつだと思った。

売られた喧嘩は買うしかない。石毛は、広岡と口を利くのを止めた。

そうとは知らない広岡は、控えのショートである行沢久雄や広橋公寿を捕まえて熱心に指導している。守備コーチの近藤昭仁も加わり、なにやら活気付いた雰囲気になっているのが遠目からでもわかる。平然を装おうにも、どうにも気になって横目でチラチラと見てしまう。

「違う、そうじゃない」「そうだ、もう一度！」。広岡の檄が飛ぶ。

その練習を端から見ていると、選手たちがみるみる上達しているように思えてしまう。石毛はひとり取り残されている気分に陥った。監督に睨まれることに抵抗はないが、他の選手が上達することにもどかしさを感じる。石毛は不本意ながら自ら広岡に歩み寄ることにした。

「監督、僕にも教えてください」

帽子を取って非礼を詫びた形をとる。

「ようやく気づいたか、入れ」

広岡は、待ち構えていたかのように言う。

少しでも広岡と関わった者なら誰でも知っているが、広岡流の守備特訓の第一段階として、ごく基礎的な練習からやらせるのが定番だ。広島、ヤクルト時代と同じように、最初はゆっくり転がしたボールを捕らせることから始める。ゆっくりボールを転がしたと同時に大声が飛ぶ。

「石毛、こう（最初から構えて捕るのではなく、上から摑むように）捕れ！」

なんでそんな捕り方をさせるのかわからなかった。とりあえず言われたとおりに上から摑むように捕ろうとしたら、ボールが抜けていった。捕れなかったのだ。

「ほら見てみろ、こんなボールなのに捕れねえだろ。下手くそ」

石毛の表情は一変した。小っ恥ずかしかった。

上から摑むように捕るためには、相当腰を下ろさなければならない。次からは、腰をがっちり落として慎重に捕った。しばらく続けてから広岡は石毛を呼び寄せた。

「お前だって長く野球やりてえだろう。将来指導者になりてえだろう。今のお前は我流なんじゃ。三〇ぐらいまでは今のやり方でもできるかもしれんけど、三〇過ぎたら、その身のこなしではまともに野球ができなくなるし上手くならん、指導者もできない」

石毛は広岡を真摯な目で見つめ、監督の言わんとしていることを汲み取ろうとした。広岡の目には怖いほどの強い力が宿っていた。

広岡が、なぜ口酸っぱいほどに基礎と言うのか、石毛は考えてみる。まずは原点に立ち返るために学生時代を振り返ってみた。そういえば、中学高校大学社会人と指導をきちんと受けた記憶があまりない。なぜならば、持って生まれた才能で、指導を受けずとも他のチームメイトより上手くできてしまっていたからだ。それは石毛だけに限らず、七〇年代までのプロ野球選手は、各々が持っている才能、センス、感性だけで投げたり打ったりしていた。それこそ遊びの延長で野球をやっているのが普通だったからだ。

若いうちは体力があるから自己流でも四、五年はできるけれども、所詮自己流では長続きしないというのが広岡監督の考えだ。頭でわかっていても体で覚えないと、人間は進化していかない。石毛は何とか理解しようと、広岡の教えを全身全霊で吸収しようとした。

八四年一月二日、しんしんと雪が降り積もった群馬県鬼怒川のほとりでのこと。

「ささささ寒いぃぃぃぃぃ〜」

真っ白の道着姿の石毛は、はあはあと白い息を吐きながら小走りで川沿いを駆け上がっていた。

「ななな、なんでこんなことやらなくちゃいけねえんだよぉ」

外気温一度。千切れるような寒さだ。石毛はあまりの寒さに手も足も唇も悴《かじか》み、上手く話せない。

「よし、ここだ！」

合氣道の達人、藤平光一の声がかかる。二百人の門下生が一斉に道着を脱ぎ、海パン一丁の裸体で真冬の鬼怒川へ躊躇なくザバッザバッと入り出す。

「えええええぇこれやるの？」。石毛の心がどんどん縮み上がっていく。

皆がどしどし水しぶきを上げながら鬼怒川へ入っていくのを横目に、石毛も恐る恐る膝下まで川に入った。

「よし、入れ！」。達人の声が乾いた空気を切り裂くように響く。

ジャブン、ジャブン、周囲からは身体を川へ沈める音がする。

石毛も深呼吸をし、覚悟を決めて沈んだ。

冷たいなんてもんじゃない。キンキンすぎる。もうバキバキだ。

「いつまでやるんだよ、これ……」

川の水温は二度。数字的には外気温よりほんの少し高いが、一度も二度も寒さは一緒。むしろあまりの冷たさに体が動かせない。最初の三〇秒くらいは冷たさが痛みに変わって身体を襲ってきたが、しばらくすると慣れなのか、冷たさが和らいできた。とはいえ、ジンジンと身体中の皮膚を何かが突き刺してくる。石毛は慣れてきたというより感覚が麻痺してきたのだと感じ、早く終われと祈るような思いで水に浸かっていた。

「上がれ！」。達人の声がかかり、皆がバシャーンと勢いよく飛び上がった。手が凍ったように動かない。置いてあるバスタオルを取るのも一苦労。なんとかバスタオルを取るも、あまりの冷たさで小石がいくつも貼り付いている始末。手が悴んで動かせないため海パンも脱げない。

石毛は、近くにいた師範にガタガタ震えながら言う。

「す、すいません、海パンが脱げません」

禊の修行の一コマだ。昨年の良いこと悪いことをすべて流して、新たな気持ちで新年に向かうために真冬の鬼怒川に入る。

こうして禊の修行をやったのは、八三年シーズンも終わり、秋季練習に入る数日前、広岡からの突然の連絡がきっかけだった。

「秋季練習は来なくていいから、とりあえず道着を買ってこい」

断る余地もなく言われた通り道着を買い、新宿にある心身統一合氣道会主催の「氣の研究会」に行かされた。そこで、力みのない身体の作り方、心の鎮め方、氣の使い方を教わった。身体の力みを取るには、己の心の状態を把握し心を鎮めることが必要だという。

「一月二日、鬼怒川に行ってこい。藤平先生が待ってるから」

広岡は、この頃石毛のプライベートがごちゃごちゃしていたことを人づてに聞いていた。心が乱れれば、自ずと生活、仕事も乱れがちになる。ほんの些細な出来事だけで人間はガタガタになる。脆く、儚い生き物こそ人間の姿だ。だから突風を受けても倒れないように、揺るがない軸を持ってなくてはならない。石毛の心技体の〝心〟を鍛え直すためにも正月恒例の禊《みそぎ》に行かせるべきだと考えたのだった。

石毛は翌年も正月の鬼怒川の修行に参加した。

二回目の正月禊修行から一〇カ月後の一九八五年、阪神タイガースとの日本シリーズ。一八年ぶりのリーグ優勝で全国に阪神フィーバーを巻き起こした阪神が敵地西武球場で一、二戦をものにした。勝ち星が二つ先行して堂々甲子園球場に帰ってきたこともあって、どんよりした空模様を吹き飛ばすほど甲子園を埋め尽くす観客のボルテージは上がりまくりだ。

西武先発は工藤公康、阪神先発は中田良弘で始まった第三戦。二回表に石毛の2ランが飛び出すなど西武が4点先取したかと思えば、三回裏にバースの3ラン。六回表が終わって五対三で西武二点リードのまま、六回裏に入った。

先頭打者の掛布雅之が左中間に打った大きな当たりは、ラッキーゾーンのフェンスに当たる2ベース。ここでピッチャーを工藤の後を受け四回からマウンドに立っていた松沼雅之、永射保から東尾修にスイッチし、次打者の岡田彰布をレフトフライに打ち取って1アウトランナー二塁。そして、六番の佐野仙好が1ストライクからの二球目インコース寄りのストレートを強振し、レフト線寄りに高々とフライが上がった。ショートの石毛が背走して追い、レフトの金森栄治も猛突進して追いかけている。ボールから目線を切らずに追いかけていた石毛が、左側からスライディングキャッチを試みた金森をジャンプ一番でかわしてバックハンドで好捕。金森の足と交錯し、そのまま回転レシーブのように転がって起き上がりざまにセカンドに返球する。その後、石毛は背中からもんどり打ってうずくまった。

タイムがかけられ、観客も石毛に何かアクシデントがあったと気づいた。レフトスタンドの西武ファンは心配そうに総立ちで石毛を見ている。秋山、辻、岡村、金森、三塁側ブルペンにいたピッチャー、キャッチャーらが、チームトレーナーと倒れている石毛の周りを囲んでいる。テーピングとサポーターで応急処置をして、なんとか立ち上がった。一度軽く屈伸して走ろうとしたとき、膝がガクンと抜けてよろけた。それでも守備位置に戻り、試合再開となった。後続がセカンドフライに倒れてチェンジ。石毛は身体中にアドレナリンが沸騰していたのか、痛みを気にせずにこのまま試合に出続けた。試合後、すぐさま病院に行き、右膝外側側副靭帯損傷の診断を受ける。翌日、甲子園球場のロッカー室で、コーチの近藤昭仁、トレーナーと一緒に右膝の状態を診ていた。トレーナーが触診していると、右膝の外側側副靭帯部分がプラプラと横に揺れている。この状況を目の当たりにした石毛はすぐ口走った。

「昭さん、これ駄目でしょう」

「だな。いいよ、監督に言ってくるわ」

コーチの近藤昭仁が小走りでベンチに戻り、広岡監督の耳元で囁く。

「石毛、駄目ですわ」

「何？　そんなに酷いのか？」

広岡は即座に反応し、急いで選手ロッカー室までやって来た。

ドアを開け、右足を伸ばしてトレーナーに処置されている石毛のもとに近づくなり、

「おい、出られるのか、出られんのか。どっちなんだお前」と詰問した。

焦っているのか、捲し立てるように言う。「あれ、昭さんから連絡いってないのかな」。

石毛が返答に窮していると、

「どうすんだ？　出られるのか」

再び広岡が一喝する。思わず石毛は条件反射のように答えた。

「出られます」

「テーピングでガチガチに巻いとけ。ボルタレン（痛み止め）も飲んでおけ。心配するな。後どんだけやっても2試合か3試合だ。その後は休みたいだけ休ませてやる」

それだけ言うと、広岡はさっさとベンチに戻っていった。広岡にしてみたら、致命傷となる怪我であればトレーナーや選手本人の様子でわかる。だが、このときはそうではなかった。身体を労りケアすることはもちろん必須であるが、勝負をかけたギリギリのところでは多少の無理をしてでもやらなければならない場面がある。それを石毛に問いただし、本人が「出る」と言った。不屈の精神を見せてくれたことで、広岡は内心感激していた。

石毛の膝は壊れかけているが、自ら試合出場を志願。言わされたようなものだが自分で「出る」と言った以上は、やるしかない。このまま第三戦を含めて第六戦まで出場し、第六戦にはシリーズ三本目のホームランを打つなどシリーズ敢闘賞に選ばれた。幸い、靭帯断裂ではなかったためシーズンオフにきちんと治療し、膝関節周りの筋力を鍛えたことで翌シーズンには間に合った。

石毛は、この日本シリーズ第三戦で負傷しながらも最後まで強行出場したことは、広岡のもとで四年間野球したなかでも最も印象的な出来事のひとつだと語る。普通なら怪我のため交代し、翌日の試合も欠場となったかもしれない。でも広岡の迫力に負けたというか「出れるなら出ろ！」といった具合に背中を思い切り叩かれたことに奮い立ってプレーできたことに、ある種の感激もある。いわば精神力次第で不可能も可能になることもあるのだと教えられた石毛であった。

「広岡さん自身が根気よくいろいろと基礎中の基礎を指導してくれたおかげで、八度のベストナイン、一〇度のゴールデングラブ賞を受賞して四〇歳まで現役を続けられました。あの頃基礎を学んでいなかったら、広岡さんの言うように三〇過ぎで引退していたかもしれません。間違いなく広岡さんのおかげです。結局、広岡さんが弱いヤクルトを、弱い西武を勝たせたじゃないですか。だから僕のなかで名将、知将と呼べるのは広岡達朗しかいないんです。野村さんはヤクルトは勝たせたけど、阪神、楽天では勝てなかった。森さんも西武で勝ったけど、ベイスターズでは勝てなかったですから。

プロ野球チームという技術屋集団において、技術屋をまとめるリーダー（監督）には『技術はこうすれば高くなるんだよ』という指導理論が備わっていることがまず必須。さらに、どんな相手でも納得させるだけの絶対的な理論を持つことが、リーダーの資質として最も重要な部分だと思うんですよ。

それまで『プロの二軍選手は未熟だから練習しなきゃいけない』『プロの一軍選手は完成された選手だからマネジメント的なものだけでいい』と言われてきましたけど、広岡さんは一軍だってヘタなやつがいっぱいいると高らかに言っていました。そりゃそうですよ、誰も四割も打ったことないプロ野球界。まだまだ未熟者ばかりです。どうすればスキルアップできるか。広岡さんはヤクルトでも西武でも、選手個人をしっかりスキルアップさせ、二割五分の人間を二割七分、二割七分の人間を三割近く打てるようにしてチーム力を上げていったんですから」

今でこそ、1アウト二塁だったら右方向に打ってツーアウトランナー三塁にする有効凡打や自己犠牲という単語が当たり前に評価される。しかし、八〇年代に入るまでのプロ野球には有効凡打、自己犠牲という概念など浸透していなかった。そんな時代に、真理に基づき、チーム組織で戦うための選手を強化・コントロールしていく野球を実践したのは、広岡達朗が初めてではなかろうか。

「今の野球界を見ても、アマチュアからプロまでの野球観の向上っていうのかな、日本の野球観をレベルアップさせたのは、僕は広岡達朗と思ってますけどね」

石毛はそう断言する。加えて、こんなエピソードを語ってくれた。

「監督は、形態模写が上手いんですよ。理論を説明するだけじゃなくて、自ら手本を示すんです。僕の守備を広岡さんが真似したのを見たとき『俺ってこんなカッコ悪いん?』って思いました。他のやつが『似てます似てます。そっくりです』と言うから、こんな不細工なら直さなきゃと焦りましたよ。

あくまで個人的な考えですが、プロ野球界って、実は動作が不細工でも結果を出している選手が意外と多いんです。まず筆頭に松井秀喜が出てきますね。金本、松中、小久保、新井貴浩、みんな不細工です。なんかギクシャクしてるし、流れるようなスムーズさがない。高橋由伸や立浪、ダルビッシュ、大谷のような華麗さがない。動作が不細工でも結果を残している人間は、練習するのが苦ではなく、僕ら以上に練習をしてきたタイプです。それで三二、三歳くらいまではいけるんですけど、そこを過ぎるとゴムが切れたように身体が言うことをきかなくなるんです。だから晩年は、故障と付き合いながらのプレーになります。早いうちから広岡さんの言うような基礎、流れるようなスムーズな動作、身体の使い方を身につけておけば、彼らはもっと成績を残せたんじゃないかな。

彼らは故障している時間を無駄にせず、自己啓発本を読んだり他ジャンルの人と会ったりと、勉強して知識を得ています。ヒーローインタビューのコメントにも如実に顕れていますよ。そうして初めて序列が〝心技体〟に変わってくるのかなと思うんですよね。それまでは〝体技心〟、〝技体心〟でいいんですよ。技術で勝負する世界なんですから。技術があれば人間的にどうであれ、飯は食えるわけなんです。だけど、そういった技術ある人間が、怪我による挫折や病気と戦うことで、いろんなものを感じて周りが見えるようになっていく。ここに気づいてどう考え、どう振る舞っていくかで、その後の人生が大きく変わっていきます。ただ単に野球をやるんじゃなく、いろんな背負うものを感じて使命感や責任感を持って戦っていくことが、アスリートの本来の姿になっていけばいいなと思いますけどね」

同じショートという意味でも、広岡は後継者として石毛を見ていた。今でもそう見ている。石毛もそれを十二分にわかっている。

工藤公康の証言

一九八四年六月下旬、雨の音が湿っぽくも耳に馴染む梅雨の真っ只中、ペナントレースも三分の一を消化した頃だ。

監督室の椅子にもたれかかっている広岡は、抑揚のない低い声で突き放すように言った。

「工藤、今季からアメリカで修行してこい」

「え!? アメリカですか?」

思いもよらぬことだっただけに、どんぐり眼の工藤公康はさらに目を丸くさせた。

「以上だ。後はマネージャーに聞け」

これ以上何も聞くなという雰囲気を醸し出し、広岡は書類に目を通すため顔を伏せてしまった。

仕方なく工藤は「はい」と小さい声で返事しながら監督室のドアを開けた。

「アメリカで修行って言ってたけど、アメリカ留学ってことだよなぁ」

〝アメリカ〟という単語に戸惑いを見せる工藤だったが、留学への不安というより今シーズンはもう必要ないという烙印を押されたショックのほうが隠しきれない。西武球場内の薄暗いスロープに、スパイクの歯が立てるカチャカチャという金属音が耳障りに響くのだった。

工藤公康。名古屋電気高校（現愛工大名電）のエースとして、ストレートと縦に落ちるカーブを駆使し、八一年夏の甲子園二回戦の長崎西戦で16奪三振のノーヒットノーラン。一躍脚光を浴び、ベスト4まで進出した。この活躍によって超大型左腕としてドラフトの目玉となるはずだった。しかし、工藤は甲子園大会後、早々と高校卒業の進路として社会人野球チームの熊谷組入りを決めた。いわゆるプロ入り拒否の意思である。

広岡はドラフト前夜に、根本管理部長と最終打ち合わせをしていた。

「根本さん、今年のナンバーワンピッチャーはズバリ誰ですか？」

「名電の工藤だろうな。でも彼は熊谷組に決まっている」

「一応、交渉の権利だけ取ってくれませんか」

広岡の言いたいことをすぐさま理解し、根本も即答する。

「わかった。他の球団も指名して来ないだろうから、最後の枠で指名しよう」

こうして西武ライオンズはドラフト六位で工藤公康を指名した。

この工藤への指名は、巷では根本の囲い込みだ、西武包囲網だと揶揄された。もし、出来レースだとしたら、本人のプライドを考えて下位での指名ではなかっただろう。指名後の入団交渉も熊谷組と西武側でいろいろ調整が大変だったと聞く。出来レースであれば、こんなことはないはずだ。実際に、早くから社会人熊谷組に行くと表明していた工藤はプロに行く気などさらさらなかった。だがドラフトから数日が経った夜に、根本が工藤家に訪れた。晩飯を食べ酒を酌み交わしながら、父・光義と意気投合して話し込んでいる。

「おい、起きろ！」

父・光義の声がする。「なんだ?」。時計を見ると夜中の三時だ。

「おい、公康、お前プロに行け！」

無理矢理叩き起こされた工藤が寝ぼけ眼で見ると、上機嫌で酔っ払っている父・光義は真っ赤な顔して「いいな、西武へ行け」と叫んでいる。

「うん、わかった」

工藤は眠くて仕方がなかったため、生返事をして再び床についた。

結局、工藤は熊谷組ではなく西武ライオンズを選んだ。


「いいカーブ放るな」

自主トレ中のピッチングを見て、広岡は一目で工藤は使えると感じた。

工藤のカーブは、〝うまく目の錯覚を起こしながら投げる変化球〟と自ら言うだけあって、一瞬浮き上がるような軌道を描く。バッターとピッチャーとのちょうど中間あたりで一気に急降下するため、パッと視界から消えるような感覚に陥る。工藤自身もどれくらい曲がっているかはわからない。その日の打者の反応を見て大体の球筋を予測する。

広岡は、自主トレ期間、春季キャンプと工藤をじっと観察し性格を分析していた。

「こいつは、二軍に置いていたらだめだ。小利口だから周りに合わせてしまう。一軍で俺のもとで育てよう」

スタッフ会議の場でそう公言した。広岡がピッチャーを技術的に分析する際にまず見るのはフォームだ。変則でも自分に合った投げ方をしていればいいが、肩肘に負担がかかる投げ方ならば二軍からスタートだ。次にスタミナ、そしてメンタルだ。ストレートや変化球はプロに入るレベルなのだから一定水準は満たしている。そのうえでピッチャーは健康で長持ちできることがまず先決。工藤は、実に理に適った投げ方をしていた。高卒ルーキーながら即一軍で通用するカーブを持っていた工藤を、左打者のワンポイントとして起用することを決めた。マウンド度胸もあり、一級品の球を持つこの男を〝坊や〟と呼び、広岡は可愛がった。怖いもの知らずというか、マウンド度胸があるというか、ちょっとやそっとじゃ物怖じしないタイプ。それこそが工藤公康の真骨頂だった。

ルーキーイヤーのキャンプで投内連携の練習が始まった。一塁にランナーがついてバッターが立ち、ピッチャーが投げる。投内連携の練習のためバッターは当然打たないままでいる。

工藤は、あくまでも投内連携の練習だと思って2球連続で気のない球を投げた。すると

「おい、出ろ!」と野手全員から怒号が飛んできた。

「すいません!」。帽子を取って頭を下げ、一塁側の隅っこで砂埃に塗れてずっと立たされた。外されて先輩方の練習を俯瞰して見ていると、明らかに自分と違うのがわかった。

かれこれ一時間三〇分が過ぎ、ようやく投内連携の練習が終わると、コーチがつかつかと近づいてきた。

「お前、今日全体練習終わったら、ちょっと練習するからな」

全体練習後にコーチと一緒に投内連携の練習を居残りでやった。

このとき工藤は、一つひとつのプレーに真剣さを求めないと意味がないと初めてわかった。そのための「出ろ」だったのだ。客観視できたからわかったのだ。練習でできないことを試合でできるはずがない。普段の練習から試合を想定してやらなければ、なんの意味もない。ブルペンでストライクが入らなくて、実践のマウンドでストライクが入るわけがない。高校までは飛び抜けた才能があったため、ただ練習をこなしているだけでも試合で通用したが、プロではそうはいかない。才能のある奴ばかりが集まるプロで、いかに自分が生き残るのか。己の武器をどの時点で見つけられるか。思考だけでは絶対に辿り着かず、肉体をとことんいじめ抜かなければ到達できないことがある。能力を伸ばす意識よりもまず目的意識をはっきりさせ、自分は何をすべきかを明確化しないと、勝手に足元をすくわれる。それがプロのアスリートの宿命でもある。

シーズン中、藤井寺球場で近鉄の四番栗橋茂に対して頭部へデッドボールを与えたことがあった。球場はスタンドの近鉄ファンの野次で大騒ぎ。工藤が「すいません」と帽子を取って詫びる間に、ベンチの広岡が大声で「工藤もういい、こっちこい、降りろ」とピッチャー交代の合図をした。昔はすぐに乱闘になるため、こうして場が荒れ始めると早めの継投策で投手を逃すしかなかった。それでも工藤は、初めて見る騒然とした光景を珍しそうに「へえ～」といった顔で見回していた。

大阪球場での南海戦では、四番門田博光に対して胸元へ投げて身体を仰け反らせた。すると、門田が鬼の形相でずっと工藤を睨み威嚇する。「こええ～」と思いながらも、次もインサイド低めに投げると、今度は門田がさらに鋭い目つきでバットをかざして「外を投げろ」と指示する。「ええ～」と思いながらも工藤は平然と無視してサイン通りの球を投げた。まさに昭和の野球だ。

ルーキーイヤーは、27試合に登板し、1勝1敗、防御率3・41。ワンポイントの登板が主ではあるが、高卒新人としては上々だ。

当時の新人は、掃除はもちろんお茶汲み係といった雑用も普通にやらされていた。悪しき体育会のしきたりだ。

エース東尾修と球場で会うと「お、コーヒーな」と工藤に対してぶっきらぼうに言い放つ。ロッカーの一番奥にいる東尾にコーヒーを持っていくと、そこにいる先輩方が、俺も、おれも、オレも、ワシも、と次々とコーヒーを頼み出す。東尾は甘めのホットとわかっているから砂糖とクリープをきちんと溶かして持っていけばいい。最初、他の選手の好みがわからないため砂糖とクリープを少しだけ入れて持っていくと、「俺はブラック」「おれは砂糖抜きだ」「オレはミルクだけ」と容赦ないオーダーが飛んできた。うるせえなと思いながら「わかりました」と返事するしかない。

なかでも夏場が大変だった。アイスコーヒーがないため、自分で作らなければならない。まず大きめの紙コップと氷を大量に用意しておく。氷をたくさん入れた紙コップにコーヒーを注ぎ、シロップもないため砂糖を溶かしてから淹れる。みんなの好み通りのアイスコーヒーを作っていると、ホットコーヒーを作るよりも倍以上の時間がかかる。

「おっせえっんだよ。いつまでかかってんだ。もう練習に行かなきゃいけねぇだろうがよ」。文句を言われても「すいません」と答えるしかない。

寮生活では、二人部屋。七五年ドラフト五位で日大から入ってきた、ちょうど一〇歳違いのピッチャー木村広と同部屋だった。中堅クラスの木村はマイペースで、ご飯を食べたらすぐ寝るタイプだったため、工藤が雑用をこなして遅くに部屋へ帰ってくると、部屋の中はすでに真っ暗。ドアの鍵を静かに差し込み、音を立てずにドアノブを回して扉を開け、忍び足で布団に入って寝る。少しでもゴソゴソッと音を立てると「うっせえな」の声が聞こえる。「すいませ〜ん」と小声で返答。先輩方には、「はい」「すいません」「わかりました」の単語を繰り返すしかない時代でもあった。

広岡西武といえばベテランが多い印象がある。田淵、山崎、東尾、江夏、高橋直樹、片平といった個性豊かなベテラン陣がチームの中心となって活躍していたが、工藤がベテラン陣と会話を交わすことはほとんどなかった。試合前、野手は本球場でバッティング練習をやり、ピッチャーは第三球場で練習しているため野手とはほとんど接点がないからだ。

工藤は一年目から一軍にいたが、ベンチに座っていることはなかった。ブルペンに座って待機するのが常だった。どこの球場であろうと「試合の三〇分前には座っとけ」と先輩から言われ、室内だろうが外だろうが、先発ピッチャーが来る前からブルペンでずっと座って待機。先輩投手と話をすると他の先輩に呼ばれて怒られるため、会話はほとんどなかった。

二年目、新人王候補の筆頭とされ、春先のキャンプでも期待の若手として大いに期待されたが、シーズンに入ると中継ぎ専門となり、23試合登板で2勝〇敗、防御率3・24。

いよいよ三年目、若手のホープとして監督の広岡が工藤に一番期待をかけていた。しかし、思うような結果が出ない焦りからか、工藤はカーブの精度も悪くなり、何より自信を喪失しかけていた。ここで荒療治をしないと、坊やは坊やのまま終わる。そう感じた広岡は、僅か9試合のみ登板させた後、七月半ばにカリフォルニアリーグ1Aのサンノゼ・ビーズに野球留学させた。引率には二軍バッテリーコーチの和田博実がついた。和田といえば、西鉄ライオンズ黄金期に稲尾和久とバッテリーを組んでいたキャッチャーだ。

「ええか、工藤、アメリカ行ったらよう見とけよ」

若い盛りの工藤は、やんちゃなことをしては和田によく怒られた。口うるさい叱咤は、工藤が大きく育つようにと願う和田の親心のようなものだった。

カリフォルニアリーグは、八月いっぱいまで。「アメリカだろうとメキシコだろうと同じ野球をやるんだ」。すべてを強烈に照らす西海岸の真夏の太陽のもと、工藤は萎縮することなく息巻いていたが、そう簡単にはことは運ばなかった。

長時間のバス移動は当たり前、微々たるミールマネー（食事代）のため食事は質素。草野球場に毛が生えた程度のスタジアム。日本での自分はつくづく恵まれているんだと実感した。日本では寮に入れば冷暖房完備だし、アルバイトをして生活費を稼ぐ必要はない。寮の食堂に行けば飯はたらふく食べられる。かつては、高卒だったら大体五年間は面倒を見てくれるという不文律があったため、その期間は、完全に野球に没頭できる環境を与えてくれる。しかし、ここはアメリカだ。一週間や一〇日で結果が出なかったら、どんどんクビを切られていく。

カリフォルニアリーグとは、メジャー、3A、2A、1Aのなかの一番下に属するリーグ。かつては1Aを二つや三つ持っていた球団もあった。

工藤は、リリースされた選手各々に挨拶がてら今後のことを聞いてみると、全員が同じことを言うのに驚いた。

「なんで辞めなきゃいけないんだ。俺はたまたま今回、結果が出なかったけど、決して能力がないわけじゃない。俺はやればできる人間なんだ。今回はたまたまそうなっただけで、また練習して、必ずメジャーに上がってアメリカンドリームを手に入れるんだ。俺はそれだけのことをできる人間なんだ」

自分のことを、何の疑いもなく強く信じている。

「こういう思いでベースボールをやっているのか……」

彼らの強い覚悟と意志に、工藤は衝撃を受けた。工藤にとって、それまで飯を食う手段が野球であって、野球をしてどうこうしたいという明確な目的がなかった。

中学校では最初ハンドボール部に入っていたが、野球部の先生から誘われたから野球部に入り、高校も推薦が来たから行ったまでだ。進路が熊谷組に決まっていたのも周りの勧めがあったまで。自分の意思がまったくなかったわけではないけれど、親と争ってまで自分の意見を押し通すことはなかった。

「こんな漫然と野球をやってる自分ってどうよ……」

自問自答した。1Aの選手たちが日に日にリリースされる姿を見て、生きることは試練だとつくづく感じた。

工藤の小利口の特性は、先を見通せる力がある分、どこか冷めた目で物事を見てしまう。表向きの物怖じしない性格はひとつの側面であって、現実を俯瞰することで見切ってしまう自分もいた。

物怖じしない姿を見せていた工藤だが、実のところ、プロに入った当初はあまりのレベルの差を感じ興冷めしていた。自分のすぐ上に誰々がいて、その下が誰々で……俯瞰して物事を見る性格ゆえ、自分が今どの位置にいるかも工藤にはわかった。一軍でバリバリ投げるためにはローテーションピッチャー以外の全員を抜いていかなくてはならない。そんなのは土台無理な話だし、何年か経ったらトレードで出されて一、二年で終わるんだろうなと、どこかで自分を見切っていた。一年目から一軍で投げさせてもらったといっても、左のワンポイントでデータがないルーキーだったからであり、本当の意味で通用しているとは思っていなかった。

1Aで頑張るマイナー選手たちのひたむきなプレーとメンタルに心を揺り動かされた工藤は、ここでようやく本気になって自身を見つめ直した。

「俺はどうしたいんだ？　何をやりたいんだ？」

俯瞰して考えるのではなく、自らの心に訴えかけた。

その答えさえ出れば、あとはその目的のためにどうすればいいのか逆算していけばいい。そして何よりも、己を信じること。その地域地区の天才たちが集まっているのがプロの世界。能力が高いやつの集団であることくらい最初からわかっている。高卒ルーキーとして一軍で少し投げさせてもらっただけで、まだ何もしていないのに諦めている自分が小っ恥ずかしくなった。

このときから必要以上に周りを見なくなり、己を信じてトレーニングに没頭した。今までは「これぐらいやっとけばいいか」とどこか余力を残していたが、「まだまだ」と自分を追い込むようになった。スポンジが水を吸収するように技術が伸び、プロ入り時と比べて三年目のシーズン終了後には最高球速が10キロ以上アップした。

カリフォルニアリーグが終了し、いったん帰国して一〇月からアリゾナの教育リーグにも参加した。引率者は同じくコーチの和田だ。「工藤の顔つきが変わった。カリフォルニアで何か掴んだな」。和田は工藤を一目見てすぐに感じた。〝坊や〟と呼ばれてヘラヘラしていた男が一皮剝けようとしている。一カ月半の教育リーグも終わり、心身ともに逞しくなって帰ってきた工藤は、秋季キャンプが終わっても、オフ返上で引き続きトレーニングを続けた。

　一二月二七日、年内最後のトレーニングとして第三球場で二つ下の渡辺久信と一緒に投げ込みをやった。

「バシッ！」「ナイスボール」。ブルペンキャッチャーが心地よいキャッチ音を鳴らし、タイミングよく声をかけてくれる。ボールへの指のかかりもよく、腕もよく振れている。ボールが走っているのが自分でもわかる。

「やっとプロらしい球を投げるようになったな」

　後方から声が聞こえ、振り返るとトレンチコートを羽織った広岡の姿があった。

「監督！」。工藤はびっくりして声を出す。

「続けろ」

「はい」。工藤は反射的に答えた。

　工藤と渡辺はアイコンタクトをし、互いに熱のこもったピッチングを披露した。工藤は、褒められたあとに正直ガッツポーズしたい気持ちだった。

　この年の暮れの第三球場で、工藤と渡辺の若きエース候補たちが切磋琢磨して投げている姿を見て、広岡は若干口元が緩んだ。

「こいつらが来年、投手陣の柱になれば間違いなく優勝できる」

第三球場の外野の芝は茶色く枯れ上がっているけれど、春になれば青々とした芝に生え変わる。ベテランの力に頼って優勝を手にしたが、本当の意味で西武ライオンズが誕生するのは、来年からだ。

乾いた空気を切り裂くように二つのミット音が交互にテンポよく鳴り響くのであった。

現役生活二九年間、第一線で投げ続けていれば一度や二度打たれても必ず返り討ちしてきた自負が工藤にはある。そんな鉄腕工藤公康にとって、どうにもこうにも歯が立たないバッターがいた。

八五年、西武は二年ぶりにリーグ優勝を果たした。八二、八三年と二年連続で日本一を果たした頃とはチームがガラッと変わった。田淵、江夏、山崎といったベテランが引退し、前年終盤から頭角を現した秋山幸二、辻発彦、渡辺久信、金森栄治と次代を担うスター候補が台頭。本当の意味で新生西武となった年だ。

日本シリーズの相手は、一八年ぶりに優勝した阪神タイガース。猛虎襲来のごとく、ホームラン34本を放った一番の核弾頭・真弓明信に、バックスクリーン三連発に代表されるバース・掛布・岡田の強力クリーンナップが並ぶ超大型打線で打ち勝ってセ・リーグを制覇した。日本中が阪神フィーバーに沸き、対する西武はその憎き相手という構図となった。

この年四年目のシーズンを迎えていた工藤は肩痛により出遅れたが、アメリカ野球留学のおかげで開花し始め、六月下旬からローテーションに入り、8勝3敗、防御率2・76

で最優秀防御率のタイトルを獲った。若竹が伸びるが如く、底知れぬポテンシャルがどんどんと開花していく年でもあった。

　この日本シリーズでは、阪神のクリーンナップ、特に左の掛布、バースに対してサウスポーの工藤が秘密兵器としての役割を大きく期待されていた。

　第一戦は西武球場。秋晴れとはほど遠く、薄い灰色で覆われた空模様がより寒々しさを感じさせる。西武松沼博久、阪神池田親興の先発で始まった日本シリーズ開幕試合は、七回まで〇対〇で一進一退の攻防が続く。試合が動いたのは八回表。トップバッター真弓がライト戦へのツーベース、二番弘田がバスターエンドランで、ノーアウトランナー一、三塁の大チャンス。続いて迎えるバッターが三番ランディ・バース。

　一塁側ベンチから真っ青のウインドブレーカーを着た広岡監督が出てきて、左で投げる仕草をした。ピッチャー交代だ。工藤公康がマウンドに登る。ピッチャー交代のアナウンスと、エレクトーン演奏のＢＧＭが秋空に響く。ここまで3打数ノーヒットのバースは、真新しい白の手袋をはめて打席に入った。そろそろ一本が出る頃だ。

　勝気な性格と度胸だけで投げていた工藤に、今シーズンは巧さが加わっていた。

　第一球、外角へスライダー気味の変化球でストライク。ファーストストライクを取れたことで、攻めの幅が広がる。

　第二球、胸元を攻め、身体を大きく開くようにして避けるバース。身体を起こすことで外へ踏み込めない意識を植え付ける。バースが足でバッターボックスを三度四度と均す。

工藤もプレートを外し、間合いを整える。二人の空間を制圧する戦いが始まっている。

第三球、外角に外れるカーブ、これで2ボール1ストライク。

第四球、インコース高めをバックネットにファウル。バースが足で土を均しながら「シッツ！」と小さく呟く。タイミングはバッチリだっただけに自然と口走った。

ここまでは予定通りだ。真剣な眼差しの工藤が両手でボールをこねる一瞬だけ表情が崩れたが、すぐさまスイッチを入れ直し、集中力の高い顔に戻った。セットポジションに入る前に左腕のアンダーシャツで口を拭い、サインを見る。一定の間をおき、サードランナーにチラッと視線を向けてセットポジションに入った。右脚を上げ、身体を捻りながら遠心力で弓のように腕をしならせる。第五球目を投げた。

「カキーン」

快音というより、ただ芯に当てただけの音。ブレーキがかかった真ん中寄りのカーブに、バースは合わせただけのように見えた。

「レフトフライだ」

バットに当たった瞬間、工藤は思った。このケースなら犠牲フライは仕方がないと思い、キャッチャーカバーに入ろうと小走りでマウンドを降りる。ボールの行方を見ているが、なかなかボールが落ちてこない。「あれっ、あれあれっ?」。レフトがフェンスに張り付いている。すでに落下点に入っているレフトがジャンプ。落ちてきたボールはレフトのグラブの少し上をかすめ、スタンドにポーンッと入った。バースの3ランだ。阪神ファンで埋め尽くされた西武球場のレフトスタンドは興奮の坩堝《るつぼ》と化した。バースのパワーに脱帽するしかなかった。結局試合は三対〇で、阪神が先勝。この一撃で三冠王バースは目覚めてしまった。

第二戦も二対一と接戦をものにした阪神は、2勝先行と最高の状態で甲子園球場に戻ってきた。

第三戦、西武は工藤を先発に持ってきた。初戦はバースに3ランを打たれてしまったが、後続の掛布はきちんと三振に打ち取っている。今度こそ工藤の真骨頂を見せつける番だ。満を持して先発を任された工藤は、黄色いメガホンを持った阪神ファンでびっちり埋め尽くされている景色を見て「さすが甲子園だ。すげえなぁ阪神ファン」と人事のように感服した。思ったよりリラックスできている。甲子園球場は四年前の夏の甲子園大会でノーヒットノーランをやった相性の良い球場だ。ただ四年前とは違うのが、完全アウエーの空気感。高校野球にはなかった野次がガンガン飛んでくる。

上空は青空の隙間もないほど湿っぽい雲に覆われ、野手にとって最もフライが捕りにくい状態だ。予報では雨が降ったり止んだりで、本格的に降るのは夜からだという。

球場の雰囲気に呑まれないようにと、強気の姿勢で工藤はマウンドに上がった。このシーズン初回の立ち上がりに不安があった工藤だったが、真弓を三振、弘田をセカンドゴロ、バースをインコース攻めのフォアボールで歩かせたものの、掛布をセカンドフライとまずまずの立ち上がり。二回表に西武が一挙4点を取って、心理的にも楽になった。二回も先頭打者の岡田をストレートのフォアボールで出したが、その後三者凡退に抑え無得点。

四対〇のまま三回裏に入った工藤。照明が灯され、カクテル光線がグラウンドに落とされる。前の回から雨がポツポツと降り、スタンドでは傘を広げたり、白いカッパを着た観客の姿が目立ち始めた。

なんだか落ち着かない天候が工藤にも伝播したのか、顔が強張っている気がしないでもない。野球では、片方に点数が入ると、もう一方も点数が入ると言われる。試合は生き物であり、点が入ることで試合が動き出すからだ。

先頭打者をストレートのフォアボール。さすがの工藤も「やべえな」と顔をしかめる。次打者はトップバッターの真弓。西武ベンチがタイムをかけ、黒田正宏バッテリーコーチがマウンドに向かった。

「もっともっと抑えていけ」

ジャスチャー交じりに言う。内野手も皆が集まり、ここはテンポを変えるためのタイムだと誰もがわかっている。まだこの時期の工藤は、マウンドで投げてみなければわからないところがあった。特にこのシーズンはフォアボールが多く、投球回数137回で死四球77。およそ2イニングに1個の割合でフォアボールを出している。工藤の現役生活二三年間で一番死四球が多いシーズンでもある。

プレイがかかり、セットポジションに入る工藤。素早く一塁に牽制を投げるが「あっ！」。工藤もスタンドも大きな声を発す。もう遅かった。牽制が左に逸れて悪送球となった。ランナーは悠々と二塁に進塁。工藤としては、セカンドランナーに惑わされずに打者に集中していくしかない。

初球ストライクを取った後、2ボール。ベンチの後方に座っている広岡に、前に座っていた黒江ヘッドコーチが上半身を後ろに向けて話しかける。

「監督、あいつでもこの雰囲気に呑まれてるんですかね」

「いつもの悪いパターンなだけやろ」

広岡は笑うしかない。

スタンドには、神戸真弓会の横断幕が揺れる。

3ボール1ストライクからの四球目。外角のストレートに押され、ファーストファウルフライで1アウト。続く二番の弘田は、阪神唯一の日本シリーズ経験者。ファウルで粘って3ボール2ストライクから詰まりながらも三遊間に打ち内野安打。これでワンアウト一、二塁。

迎えるバッターはバース。初戦で3ランを打たれた記憶が、一瞬脳裏に浮かんだ。

開き直って初球外角ストレートでストライク。

二球目、外角低めに外れてボール。初めから外す球だ。

バースは球審に「ウエイト！」と告げ、打席を大きく外した。球審とキャッチャー伊東を見ながらリズム良く足場を均らし、最後はマウンドの工藤を睨みつけるように見る。この場面で歩かせることはない。

三球目、胸元へのインコースでバースが大きく仰け反り、その勢いでバッターボックスを外れる。この大きな動きを見れば、外にヤマを張っているのがバレバレだ。

四球目、真ん中寄りのストレートをバースがフルスイングするもファウル。まだまだ球威が勝っている。

五球目、外角のストレートをカットした形のファウル。これで2ボール2ストライク。

「よし、大丈夫だ！」。舌で唇を舐め、阪神一塁側ベンチをチラッと見て、すぐさまバースを凝視する。工藤の表情の硬さが取れた。

六球目、「ゴゴゴォォォッ」。渾身の力で投げたベルト付近のインコースのストレート。

「グシャッ！」という打撃音がマウンド上まで聞こえた。

「よし、詰まった。ライトフライだ」

工藤は勝ったと思った。

打球はライトへ高々と上がった。

「ライトフライだ、ライトフライ、ライトえええええっっっ？」

なかなか落ちてこない打球とは裏腹に、ライトスタンドからの歓声がどんどん大きくなっていく。

「うおおおおおおお‼」。甲子園球場全体が大音響のスピーカーに変わった。ライトスタンド前列に入る3ランホームラン。

バース、三試合連続ホームランだ。

悠々とダイヤモンドを回るバースを尻目に、工藤は「なんで?」という顔で両手を腰に当てライトスタンドを眺める。

バースが三塁を回ったところで、高らかなファンファーレが鳴る。バースコールが鳴り止まない。

工藤は、その後掛布岡田と抑え、この回限りで降板となった。バースに打たれはしたものの、西武は序盤の一挙4点が効き、その後も追加点を重ねて六対四で西武が勝った。次の試合も投手陣が奮闘し、四対二で勝利し、これで二勝二敗のタイとなった。

「本当に応援歌通りに打たれたな……」

若獅子工藤は、完璧に鼻っ柱を折られた形となった。

当時、西武の選手たちは、レフトスタンドとアルプススタンドの区切りの部分にバスを停めて甲子園に入場していた。西武が甲子園で2連勝したものだから、バスに乗るまでが大変だった。

バス会社の人たちが傘をさしているのを見て、工藤は不思議に思った。とりあえず、バスに乗ろうと球場を出た瞬間、上から何かが降ってきた。

「なにこれ?」。雨じゃない。ジュースやビールだ。ボッタボッタに降りかかってくる。皆が駆け足で傘に入ってバスに乗り込む。

「お前らただで生きて帰れると思うなよな!」

「野球できん身体にしてやるさかい、覚えてろや!」

「明日は、球場に来れんようにしたるさかいに！」

「工藤、おまえはようやったな。明日も投げろや！」

液体と一緒に阪神ファンの罵声が降りかかる。

「無茶苦茶言うな」。日生球場や大阪球場の野次も経験しているが、甲子園はレベルが違う。難を逃れた工藤だったが、バスの中でもまだ生きた心地はしなかった。

何事も手厳しい広岡ではあるが、打たれたピッチャーを怒るようなことは一度もなかった。マウンドに来ると、「もういいぞ、代わるぞ」と淡々と言うだけ。広岡は、先発ピッチャーが毎回完璧に抑えることなど不可能なことくらい十二分にわかっており、打たれた結果を重視しない。それよりも、マウンドに上がるまでの準備段階と、打たれるまでの内容を問題視する。勝負に行って打たれるのなら仕方がない。ただ、逃げて逃げて打たれるのは我慢できない。ましてやギリギリを攻めてのフォアボールではなく、コントロールがおぼつかずフォアボールを出そうもんなら「ストライクも入らんもんがピッチャーなんて止めちまえ」と否応なしに怒鳴られる。

工藤はその後、福岡ダイエーホークス、読売巨人軍、横浜ＤｅＮＡベイスターズ、そして西武ライオンズと渡り歩いた。独自の調整法で四七歳まで現役を続け、数々のタイトルを獲得し、通算２２４勝を上げた。

単純に四〇歳まで現役を続けられるのと、そうでない選手の違いは何なのか。

工藤は、三年目にカリフォルニアリーグに派遣された経験が大きな転機になったと断言する。

「野球人生を振り返っても、広岡さんから本当に大切なものを授けていただいたなと心から感謝しています。三十路を過ぎたくらいかな。若いうちから広岡さんが課す練習をやっていたおかげで、現役が続けられているとよく実感したものです。例えば、カバーリング、バックアップ、セカンドスローをとってみても、広岡さんに教わってから引退まで困ることがなかった。〝このヤロー〟という反骨精神はありましたよ。でも、基礎練習の積み重ねが身体に染みついていることによって助けられていることに、歳を重ねると気づいていくんです」

工藤に限らず広岡に教えられた者は、皆同じことを言う。

「練習量も多かったと思いますが、僕は何より重要なことは練習の質だと思うんですよね。練習のための練習ではなく、試合のための練習をするという意味では、広岡さんによる練習の質はかなり濃密だったと思います。量が多くなるのはなぜかといえば、身体で覚え込むには、反復の繰り返ししかないんです。例えば、ボールが飛んでランナーの位置によって自分がどこに行くべきかは〝反射〟なんです。考えてから動いたんでは遅い。広岡さんが直接そう僕らに言っていたわけではないんですが、それに気づかせるように導いたんだと思います。人に言われるよりまず気づきですから。広岡さんは練習での要求が高く、そういう面では厳しいところもありました。でも、試合の中で怠慢プレーは問題外ですが、一生懸命やったうえでのプレーで駄目だったとしても怒るようなことはしなかったです」

練習で取り組んだことを試合でやって、一度や二度のミス程度では決して怒らない。むしろ「それでいいんだ」と選手に声をかけてフォローする。結果はあとから付いてくるもので、広岡は常に姿勢を評価する。

「広岡さんだって、自分の考えがすべて通用する世界じゃないことくらい百も承知ですよ。だからこそ、困ったときにやっぱり体力がなきゃいけないし、技術がなきゃいけない。それを磨くことによって精神力も強くなり、野球選手を長く続けられるんです。二千本安打、二百勝を達成するにしても、体力がなければ続けられないし、三〇から三五まで現役を続けるにしても同じ。広岡さんは先を見据えて、しっかり選手の未来を作っていった人だと思います。言い方や要求することが厳しすぎるかもしれないですけど、結果的に選手のプラスになるためであって、広岡さんのプラスになることはほとんどないと思うんですよ。だって広岡さん、みんなからあんまりいいように思われていないじゃないですか」

確かに広岡シンパがいる反面、敵も多い。しかし、こと野球に関してはほぼ全員が広岡を認めている。広岡の野球理論は、川上野球の進化であり、もっと言えばドジャース戦法をさらに近代化した野球でもあった。現代でも十分に通じる野球だからこそ、広岡の野球理論は今でも認められているに違いない。

「身体で覚えることがいかに大切か。身体で覚えたことは絶対忘れません。でも、いくら鍛えても身体は絶対に衰えていく。だから高いレベルまで自分の体力を押し上げていくことで技術が活きて長くプレーできる。そうすることで幸せになっていける……僕はそう思うんですよ。若い人たちにはやっぱりなかなかそうした先のことが見えないんですよね。やっぱりきついのもつらいのも苦しいのもやりたくはないですから」

歳を重ねるごとに、広岡野球の真髄がわかり、野球の奥深さをより知るようになる。しかし、ピッチャーという過酷なポジションではどれだけ己の心身を鍛えても、一球のミスで泣く場面もある。そのあたりについても聞いてみると、すごい答えが返ってきた。

「勝ち負けに関して言えば一球で決まってしまう場合もありますが、どれだけ研鑽を積んだかによって考え方も変わり、『チームが勝たなきゃいけないんだ』って強く思えれば〝打たれなくなる〟んですよ。不思議なことに」

たまには打たれることもある、ではない。ここぞというときに打たれてしまうのは、まだまだ何かが足りない証拠。経験を積み、チームのためを思えば、打たれなくなる。工藤は、熱を込めて話した。

「変わるんですよ。チームでやっていると。意識が変わってくるんです。先発ピッチャーの登板って一週間に一回じゃないですか。それ以外はなかなかベンチにいることがない。でも自分が投げて勝っていくと、やっぱりベンチの雰囲気が変わるんです。ベンチに戻ってきたとき、選手の様子だったり、点を取った時でも取られた時でも、『よし次はこうするぞ!』って声が出る。今日調子が悪いからでは済まされないという気になってくるんです。勝っているチームってそんなに大きくドーンと落ちないし、逆に悪いチームはなかなか上がっていけず、勝ったり負けたりの繰り返し。勝っていくチームはやっぱりベンチに勝てる雰囲気が充満していて、よし俺たちは今年いけるぞ、何とかみんなで勝っていくんだって勝手に勢いが出るんですよ。ベンチを見ればすぐわかるんです」

あらためて強い意識が重要なんだと思い知らされた。勝ち方を知っている男の景色は、壮大であり、雄大でもある。

これが工藤公康という男であり、広岡達朗の意思を継ぐ男としての生き方でもある。

辻発彦の証言

〝スーパーネガティブ〟。

辻発彦は自らをこう分析する。

失敗したらどうしようと先のことを考えるあまりに不安になる。だから、指導者になってからは選手のミスを責めないように心がけた。問題は、そのミスに至るまでの過程だ。それと、選手に対して手取り足取り教えない。守備を教えるときは一から十まで教えるのではなく、例えば「グラブ出すの、ちょっと遅いよ」とだけ言う。そうすることで、グラブを出すタイミングが遅いのは手の動きによるものなのか、もっと別の部分なのか、選手みずからが考えて原因を追究していくことが、プロとして重要なファクターだと考えているからだ。さらに辻は現在も、いつでもすぐ動けるようにと体型維持に努めている。指導者として今もこう心がけているのは、ルーキー時に理想の指導者像を目の当たりにしたからだ。

緑の芝が綺麗に刈られたグラウンドに、怒号が響く。

「そうじゃない、何度言ったらわかるんだ‼」

ノックバットを持った広岡が、大きめの四角いフレームメガネの奥から射るような目線を選手に投げかけ怒鳴る。

一九八四年、アメリカ・メサでの春季キャンプ。広岡は連日、速射砲のごとくノックの嵐を浴びせていた。標的は、ルーキーの辻発彦だ。

「即戦力だと聞いていたが、この程度かぁ」。基礎がまったくなっていない辻に対し、広岡はみずから手本を示すことにした。

「いいか、見てろ、こうやるんだ」

グラブを持った広岡が腰をずっしりと落として構えた。見るからに安定感があり、寸分の隙もない。ノッカーから放たれた打球に対して直線的に入り、無駄なく流れるようなリズムでグラブを出す。捕った瞬間に華麗なステップを踏んで一塁にスローイング。

「やべ、かっこいい〜」。全身汗まみれの辻は、思わず声が漏れそうになった。そのフィールディングがあまりにも美しかったからだ。五〇歳過ぎてんのに、なんだよこの動きは！ ぐうの音も出ない。辻はただ黙って感心するしかなかった。

辻は、八四年ドラフト二位で西武へ入団。佐賀出身の辻は小学校の頃、父の運転するトラックで福岡の平和台球場に連れていってもらい、鉄腕・稲尾和久、怪童・中西太を目の当たりにしたことで西鉄ライオンズのファンとなった。佐賀東高校卒業後、日本通運に入社。グラウンドが浦和にあったことから所沢の西武球場にもよく行き、西武ライオンズになってからも親しみを感じていた。

プロでやるんだったら緩いところに行っても駄目だ。辻はそう考えていた。社会人時代に面識のある石毛が、広岡に相当厳しく鍛えられていることを報道で知り、自分も厳しい広岡監督のもとでやりたい、そのぐらいのほうが俺には合っているとぼんやり考えていた。入団後、そんな話を先輩にすると「お前は珍しいヤツだな」と感心されたという。

失礼を承知で言うが、辻は、顔立ちのせいなのかどうも地味に見られやすい。おまけに背もあまり高くないと思われがちだが、実際は182センチもある。それなのに、なぜか小柄だと思われている。西武黄金時代の内野陣が、一塁清原和博186センチ、サード秋山幸二186センチ、ショート石毛宏典180センチ。清原と秋山は見るからに大男で、キャプテン石毛はキャラのおかげで目立ち、辻が内野陣で一番小さいように見られていた。

辻は、口を開くと陽気というか見ず知らずの人にでも親しみを持って接することできる。話好きで冗談も言う。ただ「話し始めれば」という条件が付く。見た目は確かに華やかではないかもしれないが、広岡のもとで野球をやりたいと言うだけあって、ちょっとやそっとじゃ曲げない根性が備わった男だ。

ドラフト二位で社会人出身の二四歳。辻は、当然のように即戦力として期待されていた。しかし、広岡みずからノックをした結果、まだ早いと判断。グラウンドの端へ辻を連れて行き、これまで幾多の教え子たちにやってきたように、置いてあるボールを素手で捕らせる練習からやらせた。

動かないボールを捕るのは小学生だってできる。要は、ボールに対しての距離感と足の運びも含めた捕球のタイミングを身体に染み込ませる練習だ。止まったボールを良い形で捕れなければ、動いているボールを上手く捕球できるはずがない。

辻は考えた。なぜこんなことをやらせるんだろう？　単純に捕球技術がなってなかったからか。そうじゃなかったら、こんな練習なんてしない。どう見ても基礎中の基礎の練習だということだけはわかる。いくら社会人のトップレベルでプレーしていても、プロのレベルはまったく別次元として考えなければならないのだとあらためて思った。

「よし、次は転がすから」

広岡はボールを取り、ゆっくりと転がし始めた。

「急がなくていいからしっかり形を作れ」。ゲキが飛ぶ。

ゆっくり転がるボールに対して、タイミングよく自分の型で捕る反復練習だ。見た目が地味な練習だけに、やっている選手は面白味を感じない。しかし、捕球の際に安定した形を身体で覚えることこそ、速い打球にも対応できる一番の近道。やみくもにノックの嵐を浴びせられてなんとか捕ったとしても、基本の型ができていなければ結果は安定しない。辻は、やっていくうちにこの練習の意図がわかってきた気がした。

広岡は、やはり細かいことまで教えない。

「ただここに来たボールをすっと捕って、すっと投げればいい」と手本を見せてくれる。辻はそれを見て「確かにこれが基本だよな」と思った。

捕りました、さあ投げますよ、じゃダメ。すっと捕って、すっと投げるためには、どうすればいいかを自分で考える。まずは上半身を動かさずに捕る構えを決める。構えさえ決まれば、あとは足を使って捕るだけ。捕球時にちゃんと自分からボールを迎えに行けば、自然とグラブは下から上に上がってくる。しかし、最後までボールを見ようとすると頭は下がってグラブは上から下に行くし、捕るときにはもう投げる方向を見なきゃいけない……考え出すとキリがない。こうやってみずから熟考することが、プレーの質を上げていく。

どれだけ自己鍛錬してプレーの質が向上しようとも、広岡は絶対に褒めてくれない。ただ唯一、辻、鈴木康友、行沢久隆の三人でバックトスの練習をしているときに広岡が「人間、何かひとつ取り柄があるもんだな」とボソッと発したことがあった。辻は今も、この言葉が広岡からの最高の褒め言葉だと捉えている。

辻の良さは、人当たりだけじゃなく、貪欲に何かを吸収しようとする姿勢にあった。自分は下手くそだと思って春季キャンプに参加し、人から盗めるものはすべて盗もうと、目を皿のようにして他の選手の動きを見ていた。辻には、驕りがない。それでいて努力家。だから広岡は、こいつはモノになると思って目をかけた。

プロ二年目の八五年、近鉄との開幕戦のセカンドスタメンは、巨人から移籍の鈴木康友。第二戦、第三戦は行沢がスタメン。第四戦でやっと辻がスタメンに名を連ねた。

後楽園球場での対日本ハム戦、先発は本格派の田中幸雄だ。

「ここはチャンスだ。何としても結果を残さなければ」。セカンド三番手だった辻は、どんなことをしてでもこのチャンスをもぎ取る覚悟でいた。気合いを入れ直してベンチからグラウンドに飛び出した。

この試合で食らいつくように2本の内野安打を放ち、次の日もスタメンに名を連ねた。ライバル二人に負けないアピールポイントは足。自慢の足を生かしたプレーを念頭に置きつつ、毎日1本ヒット打つつもりで試合に臨み、がむしゃらにプレーした。そうしてコツコツと結果を残していく。しかし、まだプロの球にアジャストできないのか思ったように打撃成績が向上していかない。

覚醒のきっかけは突然訪れる。

七月一〇日、大阪球場での南海戦の試合前のこと。

難波の繁華街ど真ん中にある大阪球場は〝すり鉢球場〟とも呼ばれ、両翼87メートル中堅115・8メートルとかなり狭い。おまけに内野スタンドの傾斜が三七度もあるため、打球音が銃撃音にも匹敵する程の反響があり、心理的にも投手は投げづらく打者有利の球場でもあった。

辻が試合前の打撃練習を終え、バッティングケージを出たところで広岡に呼び止められた。

「バットを短く持って打て」

「はあ」。あまりに唐突すぎて返事に困った。

「お前はインコースに強いから、バットを短く持って、ベースにくっ付いて全部引っ張れ」

この日の試合で、辻は広岡の言う通りバットを短く持って打席のホームベース寄りに立った。すると、南海のエース山内孝徳から2本の2ベースを放った。監督の言う通りにしたら、打てた。2本の2ベースを打った感触がまだ残っている手を見ながら、心のモヤモヤが取り払われた気分になった。

広岡は辻をずっと見ていて、思うことがあった。とにかくヒットを打ちたい一心で打席に立っているのはわかる。しかし思うように結果が出ない辻を見て、レギュラー争いをしていたときの闘気が失せていると感じた。スポンジのように吸収する時期に、何かのきっかけさえ与えれば大きく化ける。そう感じた広岡は、インコースに強いバッティングをより生かすアイディアを授けたのだ。

すぐに結果を出した辻は、この日を境にバッティングにも自信が持てるようになり、打率も上がってきた。ホームベース寄りに立ったことが功を奏したのか、ランナーがいるときにはライト方向にもおっつけて打てるようになった。こうして先発で起用される機会がどんどん増えて、次の年からレギュラーとして全試合出場。初めてゴールデングラブ賞とベストナインを受賞する。

八五年に広岡が辞任するまでの二年間だけの繋がりだったが、この時期の教えが辻を一流に育て上げた。

人間、長い人生の間、苦渋の決断をするときが一度や二度必ずあるものだ。

辻にとっての決断は、一九九五年のオフではなかろうか。

九三年に三割一分九厘で首位打者を獲ったものの、翌年はシーズン後半に腰を痛めたせいで打率は三割を切った。そして九五年も腰痛のため試合数が激減し、ルーキーイヤー以来最低の成績。このシーズンには辻にとって屈辱的なシーンがあった。

四月二二日の西武対日本ハム戦、西武先発は郭泰源、日ハム先発はエース西崎幸広。西崎は近鉄の阿波野秀幸とともにトレンディーエースとして一世を風靡し、端正な顔立ちでプロ野球の女性ファン層の拡大に大きく貢献したピッチャーだ。辻は、西崎と相性が良かった。一対〇で迎えた四回の第二打席に入ろうとバッターボックスへ向かったとき、スタンドが何やらざわつき始めた。

「ん？　どうした？」。辻が辺りを見回した。監督の東尾修がベンチから出てきて代打を告げたのだ。この交代に、辻は不服というより頭がこんがらがった。

「まだ試合は序盤だし、西崎との相性が良い俺を交代？」。解せなかった。

三七歳のベテランである自分を信じてもらえなかったことに、憤りを感じた。バットを持って下がり、ベンチ裏の素振りができるミラールームに行くと、置いてあった椅子をガシャーンと思い切り蹴り上げた。怒りに任せてモノに当たったのは初めてで、辻のなかで堰き止めていた思いが決壊したのだった。シーズン終了後、二軍コーチのオファーをされると同時に引退を勧告された。

ベテラン選手の引退の仕方は、大きく分けて二つある。

まずシーズン前かシーズン中のどこかで球団関係者に事前に引退する意向を話して、引退興行をやってもらうパターン。もうひとつは、本人は現役を続けるつもりでも、チームの編成上の都合により引退を迫られるパターンだ。この場合、選手が引退勧告を拒否し現役続行したければ、自由契約となることが多い。

「俺はまだできる」

辻は西武を自由契約となり、他球団との交渉にあたった。

けじめとして前監督だった森祇晶に挨拶の電話をした。

「監督、晴れて自由契約になりました」

「そうなのか。お前、次はどこか決まっているのか？」

「いえ、まだ決まっておりません」

「ちょっと待ってろ」

森は、当時ヤクルトの監督だった野村克也に電話した。すると、ヤクルトがすぐに辻獲得の意思を表明した。

その後、ロッテのGMに就任したばかりの広岡も辻の獲得に動き、辻に電話を入れる。

「うちに来ないか、一億円用意する」

「ありがとうございます。ですが監督、すいません。すでにヤクルトさんから話をいただいて、お世話になることを決めました」

「野村のとこか……しょうがない。しっかりセ・リーグの野球を見てこい。頑張ってこい」

ありがたいと思った。プロ入り直後の二年間しか世話になっていない広岡からも誘いが来たことに感激した。ただ辻は何の迷いもなくヤクルト入団を決意した。辻のなかでは、最初に声をかけてくれたほうに行くと決めていた。ヤクルトの条件提示は年俸五千万、ロッテは一億。条件だけ見ればロッテのほうが圧倒的に上だ。だからといって辻は翻意しなかった。それが自分の流儀であり、けじめであると信じていたからだ。

ヤクルトに移籍が決まった辻は、楽しみで仕方がなかった。ヤクルトは九二、九三年と日本シリーズで二年連続の激闘を繰り広げたチーム。若くて勢いのあるチームだということはわかっているけど、練習やクラブハウス内での雰囲気はどんな感じなんだろう。

「なんだ、こいつら……」

辻は、唖然とした。

「こんなチームに西武は負けたんか……」

怒りで頭に血が上りかけた。

古田敦也、池山隆寛、飯田哲也、土橋勝征、伊藤智仁と脂が乗っているメンバーばかりなのは知っていたが、とんでもねえガキだなと思った。クラブハウス内ではサッカーゲームをやっていたり、音楽をガンガンかけていたりと、今風の若者たちがクラブでワイワイ騒いでいる光景とリンクした。西武では絶対にありえない光景だった。

それがグラウンドに降りた瞬間、それまで好き勝手にしているように見えた選手たちが何かのスイッチを入れたかのように皆同じ方向へと向き出したのだ。パチンと目の色が変わり、それぞれが目的意識を持って練習に励んでいるのがわかる。多才な個性を持つ選手たちがチームとしてひとつになる強さは、西武のときとも違う。メリハリ、緊張と緩和、飴と鞭、躍動感が漲っている。

それらをまとめるのが、名将の誉れ高い野村克也だった。

辻は、野村のミーティングの緻密さにも驚かされた。毎日ミーティングが行われ、野村は戦術、プレーについてホワイトボードにびっしりと書いて説明する。それを選手たちは板書するのだ。一日でノート4ページ分にもなるという。野球人の前に社会人としての心構えなどを訓示し、人生観から始まって哲学や思想的な話まで続いていく。野球だけでなく人生すべてに通じる内容を、辻もなるほどと思いながら必死に板書していた。

「野村さんのID野球が何かと問われれば、結局は確率の野球だと言わざるを得ないです。

でも、すべてが確率に当てはまるかというと、そうではない。例えば僕なんかは、真っ直ぐを待ちつつ変化球に対応するという〝対応力〟で打っていたタイプ。ただ、対応力で打つやり方はセンスが必要なケースがあります。だからデータを重視して狙い球を絞って打つやり方のほうが、比較的容易にできるとも言える。野村さんが好むバッターはこうした球種を待って打つタイプ。一番データ野球に適しているため、同タイプのバッターを作り上げたかったんだと思います。ただ勝負事はデータだけがすべてじゃない。真っ直ぐを待って甘い変化球が来たら打つ対応力が備わっていないと、高いステージで戦うことができない。全部ID野球で攻略できたら容易いものですが、そうもいかない。そこが野球の奥深いところでもあります。

逆に、広岡さんは、自身のプレーを見せながら指導する。選手からしたら最も説得力のあるやり方です。広岡野球から学んだことは、局面局面で選手自ら考え、実行する自主性を大事にすることです。現役時代、グリーンライトという自分の判断で盗塁していいサインが出されていました。わざと走ると見せかけて走らなかったりと、状況を見ながら相手にプレッシャーをかけていましたね。別に誰から教わったわけでもなく、周りの選手を見てこういうプレッシャーのかけ方があるんだと学び、自発的にやっていただけです。当時の西武には、常に相手にプレッシャーをかけて試合を有利に展開するプレーを心掛けている選手が多かったように思います。だから常勝軍団が形成されていったのだと。

広岡さんの指揮官としての言葉の強さも印象に残っています。『俺の言う通りにやれば勝てる』と監督に証明されたら選手は何も言えません。広岡さんは確率重視というより、絶えず多角的な戦術を場面場面でシミュレーションし、試合の流れをよく読んだうえでサインを出す。勝負における哲学や、心理を突く独自の理論をきちんと構築なさっていたと思います」

辻は現役時代、広岡、森、野村と三人の監督のもとで一六年間プレーをし、その後、コーチとして若松、落合、森、山下大輔監督のもとで辣腕を振るった。監督の持ち味は千差万別だが、特に中日での二軍監督時代に、コーチとして得難い経験をしたという。

二〇〇七年より中日で二軍監督を三年間務め、一〇年より一軍総合コーチに就任。落合政権のスタッフとして選手とともに戦い、チームを二年連続のリーグ優勝に導いた。落合政権の中日が、セ・リーグに新風を巻き起こしていた時期だ。

監督の落合を一言で表現すると、妥協しない。この部分においては、広岡と同じだ。

例えば、秋季練習で紅白戦をやって、負けたチームにはグラウンド五〇周の罰を与える。「えええー！」。選手は冗談交じりで悲鳴を上げる。ペナルティーを課すことで、選手のモチベーションアップを図る古典的な手法だ。

ほどほどに白熱した紅白戦が終わると、負けたチームはグラウンドを走り始める。やがて辺りは暗くなり、底冷えしてくると、だいたいは三〇周程度で切り上げるものだが、落合は決めた以上は最後までやらせた。変に温情を見せてしまうと、「これで勘弁してくれるだろう」と選手に甘えが出る。一度でも甘えを覚えた選手は、一層懸命やらなくなる。甘い汁は結果を残したときだけでいい。

そして全員が五〇周をやり遂げるまで必ずコーチを付き添わせる。これこそがコーチのあるべき姿だと落合は考えていた。

「コーチは、選手がグラウンドに残っている間、絶対にグラウンドで見ててやれ」

監督の落合が常に言っていた言葉だ。居残りしてマシンで打ったり、ネットスローする選手をしっかりと見てやる。安全上の問題もあるが、それが選手のモチベーションの活性化にも繋がる。

「そのためにお前らにこんな給料払ってるんだから」

落合はコーチ陣に対してことあるごとにこう言った。

現役時代、「オレ流」と評して孤高のイメージが強かった落合が、指導者になった途端、選手に寄り添うことを第一とし、コーチにも同様の考えを共有していた。選手に対しては門限を設けることもなく、変な罰則もなかった。順守したのは、首脳陣の意思をきちんと統一して示し、自分たちをこう見ているのか、こうすれば使ってもらえるんだと選手に伝えること。公私ともども大人の扱いをするが、高い次元を求めるから覚悟をしろよと釘をさすことだけは忘れなかった。

とにかく、広岡と落合の共通点は、絶対に妥協せず、勝つことへの飽くなき執着を持っている点だった。周りからどんなに嫌われようが、選手に寄り添い、一日でも長く現役を続けて活躍できるように育てること。選手に必要以上に気を遣って勝てるのなら、誰も苦労しない。勝つことこそが、チームのためであり選手のため。だからこそ信念の通った指導ができる。

「勝つためだったら選手に嫌われたっていいんです。現役時代も、俺なんか絶対に嫌われてましたもん。選手会長のときなんか、『お前ら、ちょっとさ、考えろよ』とよく小言を言ってましたよ。他の選手からは『うっせえな』と思われてたんでしょうね。先発でアガリのやつがロッカー室で腰にタオル巻いてゲームしたり、漫画を読んでたりするんですよ。さすがに言いましたよ。『お前らふざけんなよ。野手全員がグラウンドに出てからやれ。これから試合に行くのに、そんな姿見せるな』って。煙たかったと思いますよ。

石毛さんもバスの中で『お前ら、寝てんじゃねえ』とよく怒ってましたからね。関西遠征で藤井寺球場の試合が終わってバスで帰るとき、試合に出てるやつは体がカッカと火照っているのですぐ寝られないです。なのに、試合に出ていないやつが後ろの席で寝ている。飯食って試合見て帰るだけなのに、よう寝られるなって。

それに僕はアマチュア精神が好きなんです。社会人野球を七年間経験してますから、誰が活躍しても勝ちゃいいっていう世界です。いくら打ったってカネにならないし、結局は都市対抗で出られればそれでいいという感じです。プロはまた違うんでしょうけど、誰かがミスしても最後に勝てば少なくとも丸く収まる。失敗して落ち込んでいる選手がいても、勝てば助けることができるじゃないですか。広岡さんから勝つ野球を教えてもらったことは、その後の野球人生に大きな影響を与えてくれましたね。

二〇一七年に西武の監督になったんですけど、それまでずっと低迷していたこともあって、勝利への渇望、執着が選手とチームになかったんです。よく意識改革って言いますけど、そんな状況を変えるには勝つことが一番だと思うんですよね。『勝てるんだ！』という気持ちになったら選手は強い。でも、そこに到達するまでは、やっぱり選手一人ひとりが『何か一つでも変えなきゃいけない』と自覚できるかどうか。とにかく最後まで諦めずに戦うことだけをやろうと言って聞かせました。どんな点差が開いても最後まで諦めない。やっぱりファンがあってのチームですから。一番嫌なのは試合途中で帰られること。例えば七回で主軸の打席が終わったら『今日は負けたな』って帰られるお客の姿を見るのは一番つらい。最後までハラハラドキドキするような試合を見せるためには諦めずに戦うことから始めましたね」

森繁和の証言

「チンッ」。エレベーターが到着する音が鳴り、ドアが開いたそのときだ。

ガタイの良い、オールバックの厳つい漢が現れた。

その漢の鋭い眼光は、勝手に周りを制圧していく。闘う漢にとって立派な武器だ。

目を見た瞬間、とあるメロディーが頭の中で鳴り響く。眼前にいる漢は『仁義なき戦い』の菅原文太ではなく、〝マイトガイ〟の小林旭を彷彿とさせた。♫あの娘をペットにしたくって〜、頼れる兄貴はベンツだった。グレー調でシックなダブルのジャケットをカッコよく羽織り、黒のタイトなパンツに身を纏めたトラッドな装いが、なんとも板についている。

その漢が「失礼します」と小声で発しながら静かに応接室に入り、ゆっくりとソファに腰かける。威圧感を押し出すこともなく、リラックスした雰囲気を醸し出す。意識して演じているのか、それともごく自然な振る舞いなのか、このときはまだわからなかった——。

二〇〇四年から一一年まで中日ドラゴンズ・落合博満監督の名参謀として、リーグ優勝四回、日本一を一度、在任中の八年間すべてAクラスという圧倒的な成績を残した森繁和。現役時代は先発、リリーフと大車輪の活躍を見せ、西武黄金期を築いた投手陣の一人だ。だが実は、森はプロに入るまできちんとピッチングの指導を受けたことがなかった。アマチュア時代に投手出身の監督に巡り合わなかったこともあるが、高校時代に捕手から投手に転向し、我流のまま突き進んできた。「肩肘は使い減りしていないのでは」という問いを投げかけると、

「(使い減りは)全然ないと思ってた。大学の頃もずっと投げていたけど、そんなもんたかが知れてるし、〝あのとき〟まで一回も肘肩を壊したことがなかったし……」

森がいささか苦みのある笑みを浮かべて言う。

実際、高校時代は無理な投げ込みもなく、大学時代もリーグ戦で常に投手が三人用意されていたため連投もない。社会人にしたって都市対抗野球の予選のみ三連投するくらいで、あとは休養十分でマウンドに登っていたため、肩肘に何の不安もなかった。

西武に入ってからだ。馬車馬のように投げまくったのは。

一九七九年、クラウンライター・ライオンズから西武ライオンズとなって初めてのドラフトで一位指名を受けた森繁和。ルーキーイヤーから開幕第二戦に先発するなど、投手陣の駒が足りなかったこともあって先発、中継ぎ、リリーフ、おまけに二日連続での先発などフル回転で投げ続けた。その結果、43試合に登板し5勝16敗7セーブ、ルーキーイヤーから203イニングを投げている。そして次の年から10勝、14勝、10勝と三年連続で二桁勝利を挙げた。

八二年、広岡が西武の監督に就任すると、ヤクルト時代と同様にまず投手陣の整備に着手し始める。八〇年代に入る頃には、鉄腕エースが一人で投げる時代はとうに終わっていた。メジャー志向が強い広岡は、肩が消耗品である投手の負担を軽減するため、分業制を念頭に入れた投手陣の構成こそが優勝への一番の近道だと考えていた。それには早急にストッパーの確立が必須。快速球を投げ、連投にも耐えうる勝気な性格の森の名を、広岡は一番手として挙げた。

「広岡さんが監督になってからずっと『後ろ（ストッパー）に回れ』って言われていたけど、

拒否していた。やっぱりピッチャーからすれば、先発として綺麗なマウンドに上がって最初から最後まで投げたいという思いがあったからね。広岡さんはメジャー思考でもあるから、先発、セットアッパー、ストッパーをきちんと確立したかったんだと思う。分業制が少しずつ出来てきた頃とはいえ、それでもまだ抑えが2イニング3イニング投げるのが当たり前の時代。そんなのは嫌だし、休みのときは飲みたいし、外にも出たい。リリーフで毎日ベンチに入るのも嫌だった。広岡さんには『誰かがこの仕事をやらなきゃいかん。もう年寄りじゃ駄目なんだ。若いうちからお前がリリーフとして頑張って年俸を上げていかないと、ベンチに入っているリリーフ陣全体の底上げになっていかない。もう先発だけ勝って給料を上げていく時代じゃないんだ』って言われて。確かにそうだなと思ったけど、リリーフは頑なに断っていた」

そうした森の頑固な性格を知ったことで広岡は「強制的にストッパーをやらせてしまうと、森の投手生命が危うくなってしまう」と感じていた。八〇年代初期までは、先発崩れがストッパーをやるというイメージがまだまだ強かった。バリバリの先発志向が強い森は、首脳陣の期待を意気に感じて投げるタイプ。それまで先発で結果を出していたのに無理やり配置転換させては、森のプライドを傷つけるだけでなく、能力まで抑え込んでしまいかねない。納得させれば素直に力を発揮するだけに、違うアプローチを模索していた。

そして広岡は、西武監督初年度の船出となる開幕投手に、森繁和を指名した。

「開幕はお前がいけ。トンビ（東尾）じゃなくて、お前が行かないかんのだよ」

広岡が森を威勢よくマウンドへと送り出す。後楽園球場での日本ハム戦。大雨のなか、3点リードのまま六回まで投げ終わった。雨でマウンドはグシャグシャ、ユニフォームはずぶ濡れのグショグショで柴田保光に代わった。森はお役御免とばかりに鼻歌を唄いながら風呂に入っていると、グラウンドからワーワーと歓声が聞こえてきた。「あれ？」。訝しがっていると、3点リードが逆転されたという知らせが入ってきた。森の開幕戦勝ち投手の権利がなくなった。それが運の尽きだったのかもしれない。開幕戦に投げるピッチャーはローテーションの関係上しばらくの間、他球団の開幕投手であるエースと投げ合う確率が高い。森も開幕以降の登板5試合で、高橋一三、村田兆治、村田兆治、山田久志、高橋一三と各球団のエースばかりと当たり、まったく勝ち星が拾えなかった。

「シゲ、もうベンチに入っとけ」

なかなか勝てない森に、監督の広岡が告げる。森は返す言葉がない。先発失格の烙印を押された森は、その日からベンチでずっと待機していた。

「シゲ、行くぞー」と言われれば、中継ぎだろうと抑えだろうと黙ってマウンドに向かった。すると一週間でポンポンと4勝を挙げた。今まで先発で全然勝てなかったのに、リリーフに回った途端勝ち星がどんどん転がってきた。広岡がこれ見よがしの顔で言う。

「な、1イニングで勝利投手になれるだろ。7イニング投げても勝てねえもんは勝てねえんだ。もうずっと（ベンチに）入ってくれ」

そうしてプロ四年目となる八二年は51試合に登板し、10勝2敗10セーブの成績を残した。

最高勝率を狙えると周りから言われてフル回転で投げていたが、日本ハムの工藤幹夫が20勝4敗の八割三分三厘で同率。だが、規定投球回数不足ということでタイトルに届かなかった。翌年からはリリーフ専門となり、59試合に登板して5勝5敗34セーブ。セーブ王のタイトルを獲り、広岡監督就任から二年連続での日本一に大きく貢献した。

実は、この八三年シーズンの後半あたりから投げる度に肘が張るようになっていた。「これ単なる張りじゃねえな」とわかっていながらも、張りだろうとコリだろうと気にせずに我慢して投げていた。

八三年の巨人対西武の日本シリーズは、サヨナラ試合が3ゲームと史上最高の日本シリーズのひとつだと今も評されている。セーブ王に輝いた森はシリーズでも抑えに回っていたが、二回失敗し、苦い思い出しか残っていない。

「もうあの頃から肘にきていた。シーズンの後半からいっぱいいっぱいで、シリーズに入ってもシーズンの蓄積があるから肘への負担が相当だった。春先は調子がいいんだよ。連投が続いたりすると痛くなる。休めば元に戻るけども、これはもう職業病だから。投げないわけにもいかないからさ。マウンドに上がってもできるだけ少ない球数でいくしかない。投げた日はいいんだけど、投げた翌日があかんのよ。ブルペンでもコーチ陣が様子を窺っていて『森は今日はちょっと投げるのがキツそうです』といった連絡が広岡さんにも入っていたと思う」

このシリーズ含め、短期決戦時はロングリリーフができる先発ピッチャーをベンチに入れるのが常だった。森の肘の状態が芳しくないことから、広岡は東尾をロングにも回せるよう後ろに置いた。

「それまでリリーフが2イニング3イニングを平気で投げていたけど、八三年頃から1イニングに固定されつつあった。形式上、1イニング限定のリリーフとはいえ、最終的には広岡さんが決めることだから。初めのうちは、先発ピッチャーが早く壊れたときに『点差があるから3イニング行くぞ』と言われたりもしたけど、次の日ベンチに入っても『行くぞ』とは絶対言わなかった。八三年の後半は全部1イニング固定だったから」

森はキレのある直球に加え、フォークとスライダーをうまく組み合わせて打者を打ち取っていた。変化球のなかでもスライダーを多投するピッチャーは肘を痛めやすいという定説がある。肘を痛める者は、急に痛みが出るというより何年もの勤続疲労によって悪化していくケースが大半だ。森はデビューから三年間はフル回転で投げた。酷使といえばそれまでだが、がむしゃらに投げ続けた。痛みが出た時点で休んでいれば違った結果が出ただろうが、責任感が強いせいでそうもいかなかった。それが森繁和というピッチャーなのだから仕方がない。

広岡管理野球の専売特許と言えば、食事制限。必ず鉄板ネタのように語られるエピソードだ。玄米、豆乳を推奨し、アルコール禁止。キャンプはもちろん遠征先のホテル、旅館でもあらかじめ料理長に説明をして玄米を出させる徹底ぶり。アルコールは、休前日以外は絶対に禁止だ。

「酒を飲んじゃいけないって言われて黙っているようなベテラン連中じゃないからさ。広岡さんからしたら多分飲んでいるだろうなとわかっていたはず。俺が宿舎の食堂のおばちゃんに『お茶って言ったら、このデカいほうの急須にビールを入れて持ってきてね。あとグラスはダメだからね』と説明していたんだから。ベテラン連中と監督コーチは離れたところにいるから『おいシゲ』と呼ばれて先輩たちに〝お茶〟をついでいたよ。だけど『くぅぅ』『ぷわぁー』なんてビールを飲むような声を出したらバレるから、『ダメダメ』と。あくまでもお茶を飲むフリしてくださいってね。あと、お櫃《ひつ》を持ってくるときは、白米を底のほうに入れて、上に玄米をまぶして運ぶんだよ。鍋が多かったんで、お茶碗に白い米をよそってからすぐに具を上に乗せて、見えないように隠したりもした。でも、あの頃散々食べさせられたおかげで、今では玄米が好きだからね。雑穀米とか、家でも嫁さんと一緒に食べてるよ」

そう話す森の顔はまるで悪戯小僧のようだった。聞いているこっちも愉快になってくる。

広岡の食事改善の徹底ぶりはとにかく凄かった。春季キャンプの宿舎「桂松閣」の料理人に、当時すでに機械で擦りおろすのが一般化されている大根のすりおろしを全部手作業でやってくれとお願いしていた。理由は「機械で擦りおろすと強烈な摩擦で栄養分のビタミンCが失われるから」とのこと。調理人たちは困惑するが、人員を大量に増員して何とか手で擦りおろして提供したという。この話はたちまち広がり、料理界の大物だった土井勝が「機械で（擦りおろしを）やっても栄養的には大して違いはない。でも、料理というのは〝心〟。こんな誰もがやらないようなことまで実践できるというのは、広岡さんは大したお方ですね」と絶賛した。森が続けて語る。

「酒の飲み方に気をつけろと言われたけど、その台詞をそっくりそのまま広岡さんに返したい。俺が住んでいた小手指のマンションの隣が、コーチ陣が泊まるマンションだったのよ。夜、たまに電話かかってくるんだよ。

『おい、広岡だけどさ。すまんがワイン開けるやつないかぁ？』

『ワインオープナーですね。ありますけど』

『悪い、持ってきてくれるか。何かつまみがあったら嬉しいな』

しょうがないから千葉の実家から送られてきたピーナツやちょっとした乾き物を持ってインターホンを鳴らすと、広岡さんが出てくる。広岡さん、森さん、黒江さん、近藤さんの四人が４ＬＤＫの部屋に泊まっていた。そのマンションの下に田淵さんも住んでたかな。

『持ってきました。つまらないもんですけど、千葉のピーナツと乾き物です』

『おお、ありがとう、じゃまた何かあったら電話するから』

もうそれから嫁さん、いつどこで監督たちと会うかわからないから、昼間家を出るに出れなくて。絶対に会わない試合中に急いで出かけてたよ」

シーズン中、首脳陣同士が四六時中野球談義ができるようにと広岡、森、黒江、近藤の四人が同じマンションに同居していた。もちろん、建設的な野球談義を欠かさずしていたはずだが、酒盛りが始まる夜もあったようだ。それぞれ酒豪で鳴らした者ばかりのため、朝になれば酒ビンがゴロゴロと転がっている始末。森は「なんだかなー」という気分にならざるを得なかった。

勝負事において絶対に妥協を許さなかった広岡達朗に対し、森が不可解な疑問を覚えたのが八五年の阪神との日本シリーズだ。

「わざと負けたんじゃねえのか」。そんな物騒な声が選手間で聞かれるほど、この年の日本シリーズに関しては、当時の西武ナインからすると思うことがあるという。現に広岡は任期があと一年ありながらも、この日本シリーズを最後に西武の監督を辞任している。

人の噂も七五日というが、およそ四〇年経った今でも当事者たちのなかでは疑念が燻り続けている。

「阪神との日本シリーズでは、もうとんでもない先発ローテーションが組まれていたからね。一、二戦とホームで連敗して、甲子園に来てから連勝したんだよね。2勝2敗で迎えた第五戦に、この年3勝しかしてない小野（和幸）が先発。ベンチの中は〝むむ〟だよね。勝つ気なかったんじゃないかな、広岡さん。その前からちょっとおかしかったよ。この年ペナントで優勝したときも、広岡さんは球場にいなかった。藤井寺球場で黒江さんが監督代行をやっていて、広岡さんは長野の治療院『長生館』に行っていたんだよ。ついでに松茸狩りをしていたとか。あの頃、ショルダーフォンが登場したてで、広岡さんはそれを使ってマネージャーと連絡を取って『次は誰々でいけ』と采配していた。それで優勝を決める胴上げ投手は東尾さんで行こうと決めていたのに『東尾は投げさせんでいい』と電話で言ってきたって話だから。結局、東尾さんが投げて優勝を決めたんだけど」

広岡はシーズン終盤に体調不良ということで現場を離れていた。優勝が決まる試合にも広岡が現れなかったことで、選手たちは不穏な空気を察知していた。

「第五戦、小野以外にも他に投げられるピッチャーはいたからね。俺は駄目だったけど、物は試しと思ってピッチングコーチの宮田（征典）さんに『1試合でも投げさせてください』って言ったら『おう、シゲ！　もう飛ぶつもりで1イニング投げろ』って言ってくれた。『わかりました。ふにゃふにゃボールですが行ってきます』ってマウンドに向かったよ。いきなり四番掛布、五番岡田、六番佐野だったからよく覚えてる。なんだ、もうちょっと気を遣って七番あたりからの下位打線のときに行かせてよと思ったけどね。必死になって投げないと格好悪いから、なんとか1イニング抑えたけど、もう肘がダメ。これが最後だよ」

西武ベンチ内が唖然とした、第五戦先発・小野和幸という采配。案の定、小野は阪神打線に簡単に捕まり、初回一死一、二塁から四番掛布に3ラン。なおも長崎にフォアボールを与えたところで降板。わずか27球での交代だった。継続した石井毅がなんとか踏ん張って試合を作り、四対二と2点リードされた六回に森が登板。肘はパンク寸前だったが、みずから志願登板したため肘が飛ぶつもりで必死に投げた。一球投げるごとに激痛が襲った。

この第五戦の先発については今も喧々諤々な意見が飛び交うが、この一件に関して渡辺久信（現・西武ライオンズGM）も証言してくれた。

「実は、第五戦の先発は自分だと告げられていました。そのために調整をしていましたが、前日の深夜に急にひっくり返ったらしいです。理由はわかりません」

この証言を広岡や黒江にもぶつけてみたが「そうだったかな、覚えとらんな」と言うのみ。ただ、渡辺が今になって嘘を付く理由がない。何かがあって急遽、先発変更になったことだけは間違いない。

広岡がこの日本シリーズ、どこか集中しきれていないことは、投手起用を見ても明らかだった。当の広岡にも、この日本シリーズでの采配について尋ねた。

「あれは『勝つな』という意味に取ったね。オーナーの堤（義明）さんよりも根本さんが選手の管理を牛耳っていて、東尾と郭泰源をチームから離脱させた。東尾は前年度働いて、この年も前半働いたんだけど、痛くもないのに『肩が痛い』って根本さんが言わせて離脱させたとしか思えない。俺が知ってる医者に診せようとすると『いや、球団で責任持ってやっとるから』と根本さんは即答する。本人はかかりつけの医者がいるということで『診てもらえ』と俺は言ったんだよ。郭泰源は八五年シーズン前半から『具合が悪い』と言ってきた。休めと言ったら『休むほどひどくないから』と言ったけど、念のためにあちこちの医者に診てもらった。私の信頼する医者から『休ませたほうがいい』という診断結果が出れば休ませようと思っていたんだが、根本さんから『郭は台湾に帰した。よく知っている医者に診せている』と言われた。エースの東尾と郭泰源がいないチームで勝てというのは無理よ」

闘う指揮官のモチベーションが上がりきらなかったということなのか。確実に言えるのは、広岡のなかで球団への不信感がシコリとなっていたことだ。

それにもまして森の発言の「これが最後だよ」という言葉も気になった。額面通り受け取れば、「日本シリーズで投げたのが最後だった」と捉えられる。でも、そうじゃない。薄茶色のレンズ奥の瞳がやけに寂しそうに見えた。

「日本シリーズ前に、ピッチングコーチの宮田さんに『すいませんが、俺の肘もう駄目です』と言ったんだ。すると『お前のレントゲンを見てわかっていた……』と言うんだよね。慶應病院や日大の附属病院に行ってレントゲンを撮ると、必ず『手術しなくちゃダメだ』と告げられるんだけど、手術してくれと言うと毎回断られる。当時は、日本のスポーツ医学なんて全然ダメで、肘肩にメスを入れるなんてご法度。そこで根本さんが『アメリカで手術を受けてこい』と言ってくれたんだ」

チームメイトの広橋公寿が「森さんの肘はいつも〝く〟の字に曲がっていて痛々しかった」と言うように、森の肘は限界に達していた。普段の私生活でもことあるごとに肘がロックしてしまうため、野球以外では右手を極力使わないようにしていた。左手では箸も器用に持てず歯磨きも上手くできず、Yシャツのボタンも留められない。左手だけで何かをするのはかなり億劫だった。

あるとき、自家用車で後楽園球場に行き、運転席のドアを右手でポンと閉めた瞬間に激痛が走ったことがあった。肘がロックしてしまったのだ。

広岡はその様子を聞き、「すぐに諏訪へいけ！」と森に告げた。長野の諏訪にある治療院「長生館」が、西武お抱えの治療院でもあった。そこで一時間マッサージを受けると、不思議なことに痛みが引いて治る。「痛くなくなったぁ！」。森は肘をさすりながら安堵の表情を浮かべる。そんなことの繰り返しだった。

根本の進言により、スポーツ医学の権威フランク・ジョーブ博士の手術を翌年二月に受けられることになった。ジョーブ博士といえば、腱を自家移植するトミー・ジョン手術を考案した世界的名医であり、八三年に村田兆治がジョーブ博士の手術を受け、二年間のリハビリのあとに復活を遂げている。とはいえ、この頃の日本ではまだまだトミー・ジョン手術に対して懐疑的で、手術イコール復活という算段にはならなかった。

森は渡米する前に根本から言われたことを今でも覚えている。

「病院からリハビリのメニューをもらったら、大事に保管して綺麗なまま全部持って帰ってこい。ちゃんとこれだけはやってこい」

当時は何気なく聞いていたが、後になって重要な使命だったとわかった。

手術は成功し、入院はたったの一日。「え!? もう退院？」。有無を言わさずに病院を追い出されてホテルに滞在しながら、リハビリセンターに一カ月間通うことになった。リハビリと並行していろいろな検査をやり、数日後にようやく指が動くようになった。術後の経過も良く、一旦帰国して日本でリハビリを続けた後、四カ月後にまたアメリカで検査する流れとなった。

「やっと帰れるわ」。安堵の表情を浮かべる森は、根本の言いつけどおりに70枚強もあるリハビリメニュー用紙を大事に抱えて日本へと持ち帰った。

「おお、よくやった！」

根本は、森の術後の状態に目もくれず、リハビリメニューを日大板橋病院のチームドクターに渡した。貴重な資料が届いたことでドクターチームは急いで和訳。この資料によって、後に日本のスポーツ医学が急速に進化したという。

日本でのリハビリも順調にこなし、当初の予定通り八月に再検査のため再渡米。ジョーブ博士から経過は良好という診察を受ける。ちょうどその頃、カルフォルニアリーグの1Aサンノゼ・ビーズに西武の若手連中が野球留学していたため、森もそこでリハビリの延長として練習に合流することとなった。

再起に賭ける熱い思いといった暑苦しいものはなく、カルフォリニアの澄み渡るスカイブルーの空が森の心をずんぶんと軽やかにした。長年の勤続疲労を一時でも忘れさせてくれるようだ。アメリカの地で、ひと回り以上年の離れたデーブ大久保ら若手と一緒にプレーする新鮮さが、強張っていた気持ちを一気に和らげてくれた。幸いにも肘の調子が良く、この地で3試合に登板し各1イニングずつを投げることができた。「来年から少しは投げられるかな」と仄かに期待している自分がいた。

しかし、その後は二年間現役を続けたものの、結局肘の状態は完全復活とはならず、三四歳で引退した。その翌年から西武のコーチに就任。日本ハム、横浜、中日のコーチを経て、二〇一六年から三年間中日の監督もやった。現役引退してから二六年経つが、その間二〇シーズンも指導者として現場に立ち続けた。

「まあでも広岡さんには、シーズン中も昼間からよく練習させられた。リリーフになると、練習量が少なくなるのはわかっていた。連投で投げることを想定して調整するからね。今日も明日も登板がある。体重が増えたかなって自分の感覚でわかるじゃん。そんなときに呼び出されて『練習に行く前に少しこうやるのも一つの手だから』って、昼飯前に腹筋や背筋をやらされた。要は体重オーバーだから少し落としてから練習に参加しろってことだよね。選手のちょっとした体重の増加も、広岡さんは絶対に見逃さなかった。広岡さん、太った人好きじゃないじゃん。ちょっと体のキレが悪いなと思ったら、練習行く前に腹筋背筋、体操をやって体重を落とす。意外にそれがきついんだ。でも、そういうことをやらないと、コンディションを維持するのは難しい。指導者時代に選手にも言ったよ。『体重増えてないか？　食うなとは言わないけども、それ以上増えると、何かひとつあったときに狂うよ』と厳しく注意した。広岡さんも同じことを言いたかったんじゃないかな」

指導者たるもの、よく人を見ていないと何もわからないとはよく言ったものだ。前にはおくびにも出さなかったが、広岡の教えが、のちの指導者人生でも活きていると常々言える。なんやかんやでそういう年齢になったということだ。

大田卓司の証言

クラウンライターライオンズから西武ライオンズになり、洗練された球団へと変貌を遂げようとしている最中、一人だけ異物が混じっているかのようだった。西鉄ライオンズ最後の戦士ゆえか、全身から野武士のような佇まいを滲ませていた。

「え？　広岡さんが監督になるんだって？」

大田卓司は耳を疑い、厳つい顔が余計に強張った。ヤクルト時代の噂はなんとなく耳にしている。ヤクルトの選手からも「半端じゃねえぞ」「やばいってマジで！」といった仰々しい形容詞が多く、とにかく練習がきついという情報しか伝わってこない。まあ、それだけ伝われば十分。厳格な人だということはわかった。まずはお手並み拝見といこうか。そうやって慌てず構えていたら、のっけからやられた。大田の人生は、大体いつもこうだ。

八一年の秋季キャンプで、新たに監督に就任した広岡達朗が初日から合流した。それはいいけれど、まさか初日からこんなにやるとは……。大田はルーキー時代、西鉄での最初の合同自主トレ初日にぶっ倒れた記憶が蘇った。

西武第三球場にて秋季キャンプが始まり、広岡監督の号令のもとランニングが始まった。それも一時間走。広岡監督みずから走っているため文句も言えない。

「いきなりこれかよ」。心の中で愚痴を吐き続けながら広岡を見ると、痛む膝を気にしながらも必死に走っている。「もう五〇やろ、ようやるわ……」。短距離走はそうでもないが、長距離走ほど嫌いなものはない。むしろ練習のなかで一番嫌いな種目だ。

「陸上選手じゃねえのに、なんでこんなに走るんや！」。大田は、駄々っ子のようにああだこうだと思いながらも走り続けた。負けん気だけが大田を支えていた。

長距離走は選手の体力の差が如実に出てくる。時間が経てば先頭集団を起点に徐々に長い列となってくる。最後尾には大田と東尾修、そして田淵幸一のベテラントリオが陣取る。大田は、どうにでもなれとやけっぱちでいた。

「はあはあ、卓ちゃん、あと少しだから頑張ろうな」

プルンプルンと大きな身体を揺らしながら走る田淵から声をかけられる。

自分を鼓舞するつもりで言っているのだろうけど、それでもランニングでまさかあの田淵に応援されるとは。大田は何だか小っ恥ずかしかった。黄緑がかった芝生をスパイクで踏みしめながら延々と走る。澄み渡った秋の空にちぎれ雲が流れていた。

意外に思えるかもしれないが、大田の一八年間の現役生活で、正月休みなど一切なかった。毎年、正月返上で自主トレをやっていた。いつの頃からだろうか、「正月返上で山籠り」「元旦から自主トレ」といった見出しが新聞一面を派手に飾るようになったのは。昔は、みんな当たり前のように正月から始動していたものだ。「正月返上で自主トレしてました」なんて恥かしくて絶対に言えない。正月から当たり前にやることがプロの矜持だと教えられてきたからだ。広岡が監督になる以上、秋季キャンプであれだけの練習量を課したんだから、春季キャンプはもっときついはず。そう考えたらオフの期間、自主トレの量を例年以上に増やさなければと大田は考えた。山に籠ったり、どこかのホテルを貸し切って他の選手と合同でやるなんて性に合わない。いやむしろ大嫌いだ。家の周りでだって十分にできる。マシンを使ってウエイトトレーニングをやるという時代でもなかったため、腹筋、背筋、腕立て伏せといったどこでもできるオーソドックスなトレーニングで身体を鍛えた。自主トレの量を増やすことで、春季キャンプへの準備は万端だと思ってた大田だったが、むしろこれがアダとなる。

一月中旬、秋季キャンプと同じ西武第三球場で合同自主トレが始まった。

練習後、ほとんど毎日のようにミーティングがあった。広岡は戦術、戦略面の話に交えて食事についても触れた。

「血液はアルカリ性じゃないとダメなんだ!」

唐突すぎて皆わけわからなかった。身体にとって何が良いのか悪いのかを延々と説明するが、専門用語が多すぎて頭に入ってこない。言葉の端々から察するに、肉類や白米は身体に良くないと言っているらしい。

広岡が真に言いたかったのは、個人のプレーにせよ、チームプレーにせよ、体力、フィジカル、メンタルも含め、戦う集団として準備をしておくことが重要だということ。その第一段階が、食事面の摂生だったわけだ。

玄米を含めた食事改善も、広岡はむやみやたらと強要したわけではない。自ら栄誉学の権威の先生のもとに勉強しに行き、選手の奥様連中を集めて栄養学の先生を招いて講習を受けさせたりと、入念な準備を施した。気まぐれで言っていたわけではない。

講習を受けた大田の妻は家に帰ってくるなり、不思議そうな顔で言った。

「ねえねえ、お父さんは肉離れとかめちゃくちゃ怪我多いけど、どうやら肉を食べたら怪我するっていう話だったわよ。でも、お父さんって和食ばっかりよね」

「おっ、確かにそうだな」

大田は笑うしかなかった。要は肉食がダメというわけではなく、結局、バランスよく何でも食べることが一番だということのようだ。

二月一日、高知の春季キャンプ初日もそろそろ終わる頃。クールダウンとして外野のポール間を走ったときに、突然右足膝裏に痛みが走った。翌朝になっても痛みが引かない。毎朝宿舎から桂浜までの散歩を日課としていたが、痛くて歩けない。一八年間の現役生活であれだけ自主トレをやったのは初めてという自負があったが、その疲れが残ったままキャンプ初日を迎えたことで、左足膝裏腱炎となってしまった。そしてキャンプ三日目の朝、スポーツ紙の一面にデカデカと「落伍者大田　広岡激怒」という見出しが踊った。

妻から宿舎に電話がかかった。

「お父さん、今新聞見てるんだけど、全部一面よ」

なんだかあっけらかんとした声が受話器から聞こえる。

「なんて書いてあるんだ？」

「落伍者大田って書いてあって、広岡激怒だって」

普段新聞を見ない大田は口をあんぐりさせるしかなかった。

「おい、お前な、新聞の一面かもしれないけど、良いことじゃないから」

「そうなの？　でも一面でデカデカ載っているわよ、ハハハハ」

こちらの事情を何も知らないでいる妻の明るい声が受話器から聞こえてくる。大田はなんだか救われた思いだった。


もうひとつ、初日の練習後に予想外のことが起きていた。

キャンプ中の楽しみのひとつは、ご当地の食材を駆使してつくられた豪華な食事だ。しかし、選手一同は腹を空かせて大広間の食堂に入った途端、目が点になった。テーブルの上には、真っ黄色の玄米、貝類の炭火焼、あとはサラダ、そして飲み物は豆乳があるのみ。給食のような献立がテーブルに並んでいる。

「まさか、これだけじゃねえよな。こんなんで力出るわけねえしな！」

テーブルを見て即座にそうまくしたてたかったが、練習終了後に発生した痛みがどうも気になって威勢の良い大田が影を潜めた。選手たちは黄色い玄米を恐る恐る食べ始めていく。「ん？」とした表情をする選手たち。あまりの固さでうまく嚙めないことに少し苛立ち、すぐおかずに手をつける。質素な食事をものの一〇分弱で食べ終え、選手たちは口直しとばかりに急いで外出していった。

次の日の朝、トイレの前にジャージ姿の男たちが行列を作っている。遅れてきた大田もお尻を押さえている。初めて食べた玄米のせいだった。ただでさえ消化しづらい玄米をよく噛んで食べなかったため、下痢になったのだ。

当時、マスコミはこうした広岡の〝管理野球〟を面白おかしく取り上げた。特にキャンプ中、軍隊のごとく規律でがんじがらめにする方針に対して揶揄を交えながら囃し立てる。身体が資本の野球選手なのに、肉も白米もダメ、さらにアルコールもダメ。そして玄米、豆乳を推奨する献立をマスコミは格好のネタとして報道した。

外出した若い選手たちは食堂に飛び込んで白米を頼み、一気にかきこむ。そんな姿を見て、年老いた店員は戦時中の復員兵が白米を美味しそうに食べている光景をオーバーラップさせた。

キャンプ三日目。午前中の全体練習が終わって、昼飯にカレーが出たときだ。

「嘘、あったー！」。若い選手たちから歓喜の声が上がる。

「おい、どうした？　何があった？」

「あったんですよ。肉があったんです」

若手はスプーンの上に乗せた肉を高らかに掲げて、周りに見せびらかしている。

「おおおお～！」

軽いどよめきが起こった。大田は、この惨状を見てさすがにまずいと感じた。こんなんじゃ、きつい練習を課されてもモチベーションなんて上がらない。

午後からの練習に入る前に、チーム最年長の田淵と東尾に相談した。

「田淵さん、ちょっといいですか。選手の代表として監督と話をしてきてよ。もたないですよ。こんな食事じゃ最後までもたないですって」

〝もたない〟を二度連呼した。切実な願いだった。さすがの田淵も同意見だった。「だよな。これじゃもたんわな」。練習後、すぐに監督のもとへ直談判しに行った。

「監督、あの食事なんとかならないでしょうか。二十歳前後の選手もいて、身体を作る時期にエネルギーの源になるタンパク質の肉が一切出ないのはどうなんですか」

広岡監督は一瞬顔色を変えたが、すぐに毅然とした態度に戻りゆっくり口を開く。

「いや、あれはな、こっちの料理人が勘違いしてるんだ。肉を一切出すなとは一言も言っておらん」

翌日からテーブルに肉がワーッと並んだ。牛肉、豚肉、鳥肉に刺身。豪華絢爛、誕生したばかりの景気の良い西武時代に戻った。「よっしゃー見てみい！」。田淵のもとには牛一頭分の肉の差し入れがあるなど、一気に活気付いた。

しかし、アルコールに関しては依然として絶対禁止。広岡はマスコミを通じて口酸っぱく言ったにもかかわらず、それぞれの後援会から田淵にワイン、東尾にはビール、そして大田には日本酒の差し入れが堂々と贈られてきた。せっかく頂いたものなんだから美味しく召すのが礼儀というものだ。

大田は同僚のサウスポー永射保にこう言った。

「（永射）保、ちょっと東尾のビールと交換してきてくれ」

酒を差し入れられて残すバカはいない。三十路を過ぎたいい大人が、ただ飯を食って
「はい終わり」というわけにはいかない。やっぱり酒だ。しかし、あとになって、酒を飲んでいたら怪我の治りが遅いというのを身をもって体験した。「監督の言ってる通りだな」とつくづく思ったものだ。

キャンプの第二クールあたりまではみな普通に大広間で夕食を摂っていた。すると、東尾が手招きで永射を呼ぶ。

「保、ちょっとちょっと。これ（大田）卓に持ってけ」

言われた通りに永射は、ヤカンと湯飲みを持っていく。

「兄貴、兄貴」

「おう、保、なんだ、食ってるか？」

「トンビ（東尾）さんと田淵さんから差し入れです」

「なんだ差し入れって？」

永射から湯呑みを持たされ、ヤカンから注がせると、ブクブクと泡が立ち始めた。おいおい、ビールだ。瞬時にわかった。大田は、湯呑みに口をつけると一気に飲み干した。

「ぷわーやっぱ美味えな」

美味そうに大田が飲んでいると、永射が小声で言う。

「兄貴、あんまり美味そうに飲むとやばいんで……」

「うるせえ、わかってるよ」

大田は、遠くのテーブルにいる田淵と東尾のほうを見ると、二人もニヤニヤしてこっちを見ている。湯呑みを軽く持ち上げると、向こうも目立たないように湯呑みを軽く上げて乾杯の合図をする。そんなこんなで知恵を絞って、選手たちはこっそりビールを飲んだりしていた。


大田は、摩訶不思議でならなかった。

広岡西武一年目の高知キャンプ初日、終了間際に左足膝裏腱炎でリタイアし、「落伍者」呼ばわりされたにもかかわらず、なぜ一軍に帯同させられたのかわからなかった。準備を怠った者に容赦ない広岡が、初日にリタイアした大田をすぐに二軍へ落とさないのには何か意味があるのだろうか。大田も首をかしげるしかなかった。

大田は極度の閉所恐怖症だった。特に、何人もの大男がひしめき合うむさ苦しいミーティングルームが大嫌いだった。当然、満員電車に乗ることもできない。

初日の夜のミーティングに参加したときは、二〇畳程度の部屋に三〇人ほどの選手たちがぎゅうぎゅうに詰め込まれてパイプ椅子に座らされた。夏でもないのに蒸せ返るような暑さと息苦しさで気持ち悪くなり、思わず中座した。トイレの中で「なんでファームに落とさんのかな」とビショビショになった身体をタオルで抜いていた。

ようやく左足が回復しランニングができるようになると、グラウンドの広岡は「大田ちょっとこい」と何を思ったのかブルペンに連れていき、大田にピッチングをさせた。それからは、宿舎からバスで球場に到着後、選手はメイン球場に向かうが、大田はそのままブルペンに直行させられるようになった。

大田はクラウン時代に肩を壊していたため、守備につくことができない。DH一本だ。広岡は、大田を外野で起用したいがために、森ヘッドコーチをキャッチャーにさせてまで毎日付きっきりでピッチング練習をやらせた。親の心子知らずとはこのことで「なんでやらされないかんのや」と大田は肩の痛みを耐えながらぶつくさ投げている。ただ、広岡の言う通りに投げると不思議と痛くない。「それ、いい投げ方だから」と広岡から声がかかる。悪い投げ方をすると「今のはあかん」とダメ出しを喰らう。極秘でやっていたため担当記者も知らなかった。ブルペンでの投げ込みの練習の甲斐があってか、痛みの出ない投げ方を習得してからは外野の守備にもつけるようになった。

広岡監督一年目の八二年シーズン前期が始まった。

開幕10試合を5勝5敗の五分で乗り切ってからは投打が嚙み合うようになり、四月を14勝8敗で終え首位に躍り出す。そのまま首位をキープしたまま迎えた六月上旬、前期の優勝がかかっているときに、どうも首脳陣と選手の関係がギクシャクし始め、チームがバラバラになりかけていた。大田は、これはまずいと察知し、田淵と東尾に声をかけた。

「このチームの雰囲気をなんとかせないかんと思う」

「そうだよな」。田淵も東尾もとうに感じていた。そして選手を集め、大田が言い出した。

「監督に言いたいことがあったら、この際だから遠慮なしに言ってみないか」

選手一同が静かに頷き、大田は選手会長の永射に言った。

「永射、選手みんなが集まっとるから監督に来てもらえないかって呼びにいって来い」

言われるがまま永射は代表して監督を呼びに行った。

ロッカールームのドアが開き、広岡が入ってきた。ひとりだ。

田淵がまず首脳陣に対して普段から感じている不満や要望をぶつけ、東尾、黒田、森繁和と続いた。そして、大田の番が来た。

「あまり森さんと二人でヒソヒソ話するのをやめてほしい。何かこちらの悪口を言われているみたいで嫌なんです。それと、ミスったときに叱られるのは当たり前だけど、いいプレーをするときもあるんだから、そのときは褒めてくださいよ」

他の連中もなんやかんや言っていたが、大田は興奮冷めやらずであまり覚えていない。結局、監督に思いの丈をぶつけたのは数人しかいなかった。監督が来る前までは各々がわあわあ言っていたのが、監督が来た途端シュンとなった。「あの冷酷メガネに俺がガツンと言ってやる」と息巻いていた奴ほど、監督が来ると何も言わずに黙りこくっていた。大田はその姿を見て「なんやこいつ」と感じ、こういうやつこそ世渡りがうまいんやろうなと思った。

広岡は、選手たちが矢継ぎ早に話すことをただ黙って聞いていた。一言も反論せずに、軽く「うんうん」と頷くように静かに聞いていた。やがて言いたいことがある選手はいなくなり、場はシーンと静まり返った。

「話すことはそれだけか。じゃあ行くぞ」

広岡は踵を返し、ガチャッとドアを開けて出て行った。

その後、広岡が特別変わるようなことはなかった。当たりが優しくなったわけでもなく、普段通りに直立不動の姿勢で鋭い目をグラウンド上の選手に投げかけるばかり。しかし、選手たちは落胆するどころか、むしろまとまった。思いの丈を全部言えたことで、選手たちは身体の中の澱《おり》がすべて出たかのようにすっきりしたのだ。

「よし、監督がどうのこうのじゃねえ。あとは俺たちがやるだけだ」

首脳陣のやり方にブーブー言っているばかりでは埒が開かない。むしろ見返してやろうじゃないか。優勝という目標に迷いなく突き進むことができたのだ。

もし、あのとき広岡が来なかったら、絶対にこうはなってないだろう。もし、広岡がみんなの意見に対し反論して叱りつけていたら、空中分解は必至だっただろう。広岡は、それを見越して一人で来て、何も言わずに黙って聞いていたのだろうか。わだかまりなんか解消していないし、首脳陣との溝が埋まるはずがない。ただ、選手たちの鬱憤を広岡自身に向かって吐き出させることで、チームは一丸となった。

「あいつは骨折しても出場した」

広岡に大田のことを聞くと、必ずこう切り出す。

大田の野球人生は、常に怪我との戦いだった。

八二年六月一五日、日生球場で首位争いしている近鉄との前期一二回戦。大田は四番に入っていた。一対二で1点リードの七回裏、2アウトランナー二塁でトップバッターの平野光泰。レフトを守っていた大田はゲームの流れから「一点とられたらこりゃ負けるな」と思っていた。その矢先、レフト線に打球がライナーで飛んできた。普段なら後ろに逸らさないように先周りしてボール処理するところを、一か八か思い切ってダイビングキャッチを試みた。

「アウト！」。うおおおおー。観客が湧いている。大田の一世一代の超ファインプレー。これでチェンジ。大田は気分良くすっと立ち上がって、ボールをショートの石毛に投げる。

「ナイスプレー」と石毛が声をかける。すると、石毛が続けて大声で言う。

「兄貴、ボールに血がついてるぞ」

大田は、右手を見ると、人差し指の爪がカパッと横割れしている。「あれ？　割れとるなぁ」。そう思うと急に痛みが出てきた。ベンチに戻りトレーナーに見せると「いかん」と一言だけ放ち、病院に行くことになった。レントゲンを撮ると亀裂骨折と判明。

「骨折かぁ。明日も試合だし、まあ黙ってりゃ大丈夫だろ」

大田は呑気に構えていたが、ことはそう単純ではない。トレーナーから監督に報告がいき、近鉄三連戦の一試合を残して急遽所沢に帰ることになった。西武本隊も近鉄三連戦の翌日、ホームでロッテ戦のため所沢に戻ってきた。広岡は「ちょっとでも早く良くなるように来てもらってるから」と巨人時代からお世話になっている接骨医の名医、吉田増蔵の弟子を球場に呼んでいた。早速、トレーナー室で診てもらうと、「こんなものをつけていたらダメです」と大阪の整形外科でつけてもらった添え木を外して、人差し指をぐるぐる回し始めた。

大田は、天と地がひっくり返るような痛さに気絶しそうになった。まったく良くならなかった。当たり前だ。骨折しているんだから接骨医が何をやったっても無理。痛みが増し、余計にひどくなった。でも大田は嬉しかった。自分のために監督がそこまでしてくれた気持ちがありがたかった。

ロッテ戦が終わると、移動日を挟んで大阪球場での南海二連戦。

大田は、ケガを押してフリーバッティングでスタンドにガンガン放り込んだ。自らアピールするのは苦手だけれど、優勝がかかっているだけにどうしても試合に出たかった。痛くて痛くて仕方がないんだけど、そんなことも言っていられない。優勝と痛みだったら、迷わず優勝を取る。主砲田淵の調子が悪かったため、五月一三日から大田が四番に座っていた。

「おっさん（田淵）の調子が良かったら俺も怪我なんかせずに済んだのに」。そんな憎まれ口を叩きながら、ケージ内で気合の籠ったバッティングを首脳陣に見せつけた。そんな大田の思いが広岡に通じたのか、南海二連戦とも四番指名打者でスタメン出場。大田は二戦ともホームランを打った。この大田の気迫の強行出場でチームがさらに一体となり、優勝まで一気に駆け抜けた。

さらに、最後の西鉄ライオンズ戦士であった大田の逸話は枚挙に暇がない。

有名なのは、日本シリーズ寝坊事件だ。

あの厳しい広岡管理野球のなかで、田淵も東尾も石毛も、そして江夏でさえ渋々規律に従ったというのに、大田は日本シリーズの真っ最中の移動日に寝坊。それも他の選手たちが東京から名古屋駅に着く頃に起きるというスケールの大きな寝坊だ。そのときの広岡とのやりとりこそが大田の人間性を物語る。

八二年、中日との日本シリーズで3勝2敗と大手をかけたライオンズ。六戦目のために敵地ナゴヤ球場へと向かう移動日の朝だ。

「あーあ、よく寝たな」

大田はセミダブルのベットの上で大あくびをしながらテレビのリモコンを取り、スイッチを入れた。

「あれっ？　なんで『笑っていいとも！』がやっとるんだ？」

ベット横の時計を見ると、一二時一〇分と表示されている。

「おかしいな、もうそんな時間か」

さすがにバツが悪く、妻からマネージャーに連絡してもらい、ほどなくしてマネージャーから電話がかかってきた。

「ごめん、今起きたわ」

「大田さん、今どこですか？」

「ん？ まだホテルにいるわ。まだベッドの上や」

「マジですか。こちらはもうぼちぼちしたらナゴヤ球場での練習に行く時間です……」

大田は返す言葉がなかった。しかし、慌てても仕方がない。どうしてこうなったか振り返ってみた。

初めての日本シリーズ、それも田淵との併用でDHだったりレフトの守備に就いたりと、心身ともに疲れ切っていた。あまりの疲労度に身体が興奮し、逆に眠れない。「これはダメだな」と感じた大田は受話器を取って内線をかけた。

「（永射）保、寝られんからちょっと安定剤飲みに行こうか」

永射を連れて、定宿の品川プリンスホテルからほど近い銀座の知人の店に行くことにした。夜の九時頃から飲み始め、門限の二三時を過ぎる頃、永射が言う。

「兄貴、もうそろそろ行きませんか？」

「もうちょっといるわ。どうせ寝れんから」

永射だけ先に帰らせ、大田はひとりで飲んでいた。

日本一に大手をかけた喜びよりも、日本シリーズを戦えている充足感に大田は浸っていた。シーズン130試合プラス日本シリーズ第五戦の激戦を戦い抜いたボロボロの身体に、アルコールがより深く沁み渡る。泣いても笑ってもあと二戦。疲弊しきっているのは皆同じだ。後は、どれだけ勝ちへの執念が上回るかで日本一の栄冠は決まる。最後のひと踏ん張りだと自分を鼓舞する意味で、静かにグラスを傾けた。そんな感じで酔いが回り、気づいたら一二時を過ぎていた。あと少しだけと思いながら、外は夜闇に包まれ静まり返っていった……。

銀座に出る前、念のため森繁和に翌朝起こしに来てくれと頼んであった。ただ後日聞くと、起こしたことは起こしたが寝ぼけまじりで「俺、後から行くからほっといてくれ」とつっけんどんに追い返されたという。マネージャーも起こしに来たが、同様だった。夢の中でも、誰も大田には逆らえない。

ベッド上で、広岡監督の激昂する姿が目に浮かぶ。いよいよ本物の落伍者の烙印を押されるかもしれない。そうこうしているうちに時間はどんどん過ぎていく。とにかく、最短で名古屋まで行く方法を考えた。船じゃねえし、飛行機は逆に時間がかかるし、やっぱ新幹線しかないわな。大田は、とりあえず東京駅へと向かった。

幸い、前日に黒田マネージャーから朝一〇時過ぎの新幹線チケットをもらっていた。タクシーの中で「昨日、マネージャーがチケットを渡してなければ、こんな遅刻はなかったよな」と大田は考えてしまった。当日にチケットを配っていたら、点呼代わりにもなってこんな大遅刻にはならなかったはずだ。

「いかんいかん、人のせいしてはいかん。俺が悪い、俺がすべて悪い」

三時間遅れで名古屋行きの新幹線のグリーン車に乗った。ここまで来ればなるようにしかならない。監督にはクソミソに言われるだろうし、罰金も取られるだろう……。そりゃ、普段から言うこと聞いてなかったもんなぁ。そんなことを考えていたら、途端に腹が減ってきた。売店で買った弁当二個をムシャムシャ食べていると、車掌が切符を見に来た。大田はブレザーの内ポケットに入れていた切符をひょいと出す。車掌がその切符をジッと見てからニコニコして言う。

「これからは気をつけてくださいね。頑張ってくださいね」

ん⁉ 何に気をつけろって？ まさか寝坊がバレているわけでもないし、気をつけて行けって意味か、丁寧な車掌だなと、大田はうんうんと頷いて弁当をパクついた。実は、グリーン車の切符は当日の指定時間しか乗ることができず、大田はそんなこと知らずに平然と切符を出したのだった。

やっとのことで名古屋のホテルに着いた。弁当を二個も食べたから腹一杯だ。いい気分でユニフォームに着替えてタクシーでナゴヤ球場に向かった。

全体練習が終わる三〇分前に球場の正面入り口に着くと、報道陣が三〇人ほど、カメラが一〇台待機していた。報道陣シャットアウトの非公開練習なんだろうと察しがついた。

大田がグラウンドに足を踏み入れると、まず東尾が「来た来た来た来た！」と嬉しそうな声を上げて拍手し、それに呼応して田淵が「卓！」と拍手。石毛や永射も「兄貴！」と拍手し出し、みんなが拍手喝采する。大田は、戦地から生還して歓迎を受けているようで気恥ずかしかった。まずは監督に謝罪しなければグラウンドを見渡すと、広岡は一塁側のブルペンでピッチャーを見ている。大田が小走りで近寄ると、広岡は手で「来るな」と制止し、「あっちいけ」とジェスチャーする。大田は「どうもすいません」と頭を軽く下げた。

「そりゃ監督からしたら時間厳守が当たり前で、こんなに大遅刻してんのに来たら来たでみんなに茶化されてるし……。こういうのを一番嫌う人だもんなぁ。くそ、トンビの野郎め」

大田はいたたまれなくなり、責任転嫁して自分の気持ちを鎮めることにした。一番最後の番になったフリーバッティングだけして練習を終えた。

大田は一五分程度練習しただけだったが、酒もまだ完全に抜けきっておらずしんどかったため、送迎バスに一番先に乗って寝ることにした。すると、運悪く広岡がすぐ乗り込んできて大田の席まで近寄ってきた。

「後でまたマネージャーが徴収にいくからな」

それだけ言って自分の席に戻っていった。「え⁉　それだけ」。怒られるのを覚悟していただけに拍子抜けした。てっきり小言を延々と言われ、最後には「夕食後部屋に来るように」と言われるものだと思った。やきもきしていたが、あまりの疲労にすぐ寝息を立て始めた。

結局、ホテルに戻ってもマネージャーから罰金徴収の話もなければ監督からの呼び出しもない。

「あれ、変だな。ま、いっか」。大田は気を取り直して明日のゲームに集中するために、何も考えないようにした。

ナゴヤ球場での日本シリーズ第六戦、西武先発は高橋直樹、中日先発は三沢淳。ともにサイドスロー同士の対決。三回表、西武の攻撃、1アウトランナー二塁の場面で三番のスティーブのタイムリーツーベースが出て先取点。しかし、一気呵成と四番田淵が力んでキャッチャーファウルフライ。ツーアウトランナー二塁で五番テリーが敬遠。次打者は大田。ここで燃えないわけがない。前の打席に三振しているだけに、余計に気合が入った。2ボール1ストライクからの四球目、真ん中外寄りのストレートをフルスイングし、レフトスタンドへ3ラン。ダイヤモンドを悠々と周り、広岡監督にハイタッチすると、すぐ横の広岡を尻目に「おーい、これで罰金なしやな」と叫んだ。しかしベンチのみんなは一斉に「ないない」。チームの雰囲気が一気に良くなり、優勝に向かって最後の加速を見せた瞬間だ。終盤に西武が点を重ねて九対四で勝ち、西武ライオンズが初の日本一に輝いた。

結局、大田のところにはマネージャーが罰金を徴収しに来なかった。広岡はそれを知らないかもしれない。でもそんなことはどうでもいい。やっぱり首脳陣と選手が一体になる瞬間ほど気持ちいいものはない。

大田にとって広岡はどういう存在だったのか。一言では簡単に言い表せないのが本音だろう。ただ、厳しさから多くのことを学んだのは確かだ。

例えばランニングの量にしたって、できるだけやらずに効果が出る方法があれば、そのほうがいいに決まっている。でも、それじゃ勝てない。勝つために必要だからやる。だから夏場にまた走り込みをする。広岡の言うことは至ってシンプルだ。とにかく、準備をちゃんとしろということを選手の頭と身体に叩き込ませた。

一番わかりやすい例が、八二年のプレーオフ。広岡は後期シーズンから日本ハム対策に余念がなかった。当時球界ナンバーワンストッパーに君臨していた江夏豊をどう攻略するか。ナインにビデオを擦り切れるほど見せた。田淵や石毛は「打てます」と威勢良くいうが、広岡は「江夏はどうやってもお前らでは打てない。でも打てなくても勝つ方法はある」と皆の前で言い切った。それがプッシュバントでの攻略だ。外国人から田淵、大田と、小兵・主砲関係なく全員にプッシュバントの練習を毎試合前に一時間させた。

「プレーオフの第一戦で、どんくさい片平さんが江夏さんからうまくプッシュバントしてね。もうびっくりした。一死満塁で俺がピンチヒッターとして出て打った。江夏さんは直前のプッシュバントに動揺が見え隠れしていたね。お膳立てされての満塁だから、ここで打たなきゃ男が廃る。だけど、プレーオフで二試合続けて決勝打を打ったけどスタメンじゃなかった。もう焼け酒よ。『俺、前期MVPだよ。なんでスタメンで使わねえんだ?』って。伊原春樹の嫁さんの実家が当時ひばりヶ丘駅の前だったから、伊原と一緒に行って二日続けて大ヒーローが焼け酒よ」。

大田は、勝っても負けても豪快に、自分を貫いた。

田淵幸一の証言

赤ん坊みたいなやつ。

盟友・江夏豊はこう表現した。

憎まれ口を叩いたのではなく、本気でそう感じたから言ったまでだ。

田淵幸一。こんなにも純粋無垢で汚れをしらない人間がプロ野球界にいるとは――。会えば誰もがそう思い、〝人柄の田淵〟と評されるほど人の良い男。いるだけで場がホワ~ッと明るくなり、人を虜にする。長嶋茂雄が眩しすぎる真夏の太陽だとしたら、この赤ん坊はポカポカと穏やかな小春日和のお日様。見ているだけで自然と人の頬を緩ませてしまう。

人間は平等というけれども、やはり生まれ持った格があり、まったく同じ服を着て横一列に並んでいても、誰が主役か一目でわかる。

高校時代、甲子園出場は叶わなかったが、東京六大学野球ではスターとして名を馳せた。子どもの頃から憧れの巨人軍入りを希望したが、ドラフト制度により阪神タイガースに指名された。高校時代たどり着けなかった甲子園が本拠地のチームだ。

人を惹きつけ格が違う人間に対して、妬み、嫉みを持つ人間も必ずいる――。

人生っていうやつは、突然横槍が入ることがままある。

田淵の野球人生においてのそれは、七八年オフの「深夜のトレード」通告事件だ。午前一時に小津正次郎球団社長から阪神ホテルに呼び出され、西武ライオンズへ二対四のトレードを宣告された。午前三時過ぎにホテルの1Fロビーに集まった報道陣への緊急会見をやり、当時三二歳の田淵は唇を震わせながら怒気をはらんだ声で答えた。次第に鼻が詰まったような微かに揺れる声に変わり、うつむきながら左手で顔を覆った。看板スター選手のトレードは、阪神ファンだけでなくプロ野球ファンに衝撃を与えた。

田淵をチビッコたちのヒーローに押し上げた漫画『がんばれ!!タブチくん!!』のなかで印象的な四コマストーリーがある。阪神の若虎、掛布雅之が激しいノックを受けていた。倒れ込む度に胸のペンダントを開いて気合を入れ直している掛布。それを見ていた同僚たちが「新婚だからって嫁さんの写真ばっか見やがって」とからかい、羽交い締めにしてペンダントを開く。そこにあったのは深夜のトレードで泣いているタブチの写真だったというオチ。シュールを通り越し、もはやドキュメンタリーであって欲しいとさえ思った。

「最下位のチームにトレードされるなんて、これで野球人生も終わりだな」

人生の流れが止まったと感じた田淵幸一。とはいえ、実はこの瞬間から運命の歯車は確実に動き出していた。

「阪神に入団した六九年には、新大阪駅に数十人の記者とカメラマンが集まっていたけど、一〇年後トレードで新大阪駅に行くと誰もいない。勝負の非情さを知った瞬間だね。悔しい思いをして東京へ向かった思い出がある。阪神の仕打ちに愛想を尽かして西武へ行ったけど、人間そう簡単に割り切れるものじゃない。関西の雄である阪神から埼玉所沢の西武。都落ちの感覚よ。まだ出来立ての新球団だったから選手も他球団からの寄せ集めばかりで、俺や野村（克也）さん、山崎（裕之）さん、そして西鉄時代からの生え抜きの土井（正博）さん、大田（卓司）、東尾（修）とベテラン連中がたくさんいた。顔ぶれを見て、また『あ〜あ』と思っていたところに根本さんがやってきて『パ・リーグでもう一回楽しいことをしよう』と言われた。その言葉でなんとか気持ちを上げていけた。根本さんが法政大の先輩だったことも大きかったかな。

自主トレをすることになって、品川プリンスホテルに集合した。ユニフォームに着替えてホテルの駐車場に集められ、まさかと思ったらそこでランニングしてキャッチボール。プロ野球選手が駐車場でキャッチボールだからね。球場ができてないってことで、高田馬場の『ＢＩＧ ＢＯＸ』に行って筋トレや水泳を一週間くらいやったかな。

一月下旬（二三日）には、芝の東京プリンスホテルで球団披露パーティーをやった。政治家から芸能人まで、すごい人たちが来ていた。俺たちは真っ赤なブレザーを着て、全体歩調で壇上に上がって『全体、止まれ！』の号令で止まった。この日のために、サンシャイン60の球団事務所の廊下で行進の練習までしたんだから。髪から靴、爪、ワイシャツまで身だしなみのチェックをされて、礼をするときの角度までご丁寧に教えられたよ。それで自主トレを終えて、二月から下田での春季キャンプに行ったんだけど、ここでも球場がなくて、グラウンドが四角形の陸上競技場で練習。スパイクの歯が土に入らないし、打ったら簡単に柵越えするんだから。ただ、宿泊先の下田プリンスホテルでの食事は豪華だった。バイキング形式で松阪牛やら伊勢海老やら何でもある。まともに野球をやれないうえに、あんな豪華な飯をたらふく食べてたらすぐ太るよ。

二月九日にようやくフロリダのブラデントンでのキャンプに入った。パイレーツとの合同練習だったけど、メジャーのキャンプインは遅いからグラウンドの芝がまだ刈られていなかった。最初は、少年野球がやるようなグラウンドで練習していた。練習は午前中で終わるし、雨がちょっと降ったりするとグラウンドキーパーが『使えない』と言って終日休みになる。監督は根本さんだけど、厳しい練習をしたという記憶がない。ブラデントンからハワイに行って一週間滞在してから日本に戻った。結局、五〇日くらいアメリカにいて満足な練習もできないから、ベテラン移籍組、生え抜き、若手が上手くまとまらないし、1試合も日本のチームとオープン戦をしてないからコンディション調整もできずにすぐに開幕戦。勝てるわけがない」

新生西武ライオンズの船出は、難破船のようにボロボロだった。七九年、いきなり開幕12連敗。うち2分があるため、開幕から14試合白星なし。ようやくルーキーの松沼兄やん(博久)が15試合目の南海戦を八回5安打2失点に抑え四対二で勝利。初年度は、前期最下位、後期五位、最終成績は最下位という惨憺たる結果に終わった。移籍一年目は104試合、二割六分二厘、27本塁打、69打点。阪神最終年度の成績より、すべて落とした。

翌八〇年こそ43本塁打を放ち、なんとか復活の狼煙を上げたが、西武三年目となる八一年には度重なる膝の故障で出場試合は86に留まり、プロ四年目から九年間続いていた年間100試合以上出場もストップ。満足に働けなかった。シーズン終了後すぐに監督の根本に呼ばれ、「田淵、お前今からちゃんと鍛えとけ」と言われた。通常、シーズン終了から一週間後には秋季キャンプが始まるため、根本は来季に掛ける意気込みを見せているのだと田淵は思った。しかし、意味合いはまったく違っていた。

一〇月、広岡達朗の監督就任が発表された。

シーズン終了後に根本が言ったことはそういうことだったのかと、即座に理解した。

広岡達朗……。

冷徹、冷酷、厳しい練習、管理……。田淵の脳理には、マイナスなフレーズしか思い浮かばず、身体が拒否反応を示している。いいことなんかあるわけない。東尾や大田と会っても「えらいのが来るのぉ」と互いに顔を歪ませるしかない。

「やべえなぁ、一番最悪な監督が来る。人生終わったなぁ」

田淵のなかで、二度目の〝人生終わった〟発言だった。

いつもは一般客で賑わっている西武球場に隣接している中華料理店「獅子」が、この日は貸し切りの札を出している。西武の支配下選手七〇名を集め、新監督就任挨拶を含めた初ミーティングが「獅子」で行われようとしていた。

大男たちが、少し背を丸めながら着席している。何が始まるのかと、みな神妙な面持ちだ。

「あっ！」。声にならずとも皆が思った。男が壇上に姿を見せた。

「私が監督に就任した広岡達朗です」

第一声によって、一瞬で店内の空気が変わった。

マルサ（国税局査察部）を思わせるような銀縁眼鏡から覗く、鋭い眼光。フレンドリーとはほど遠い雰囲気を全身に纏っている。そっちがそのつもりなら、こっちも受けて立とうじゃねえか、がらっぱちな江戸っ子気質じゃないけど、監督と選手との間に一気に防波堤ができた。

「私の指針を話します」から始まり、勝負とは、プロフェッショナルとは、勝つチームとは……監督として常勝軍団を作るための所信表明を長々と述べたあと、広岡は最後に言い放った。

「この球団の最高給取りが、守れない走れないではどうしようもない」

一番前列に座っていた東尾、大田、石毛の主力組が一斉に、同じく前列に座っている田淵の顔を横目で見た。「ああ俺のことか」。半分ぼーっと聞いていただけに、彼らの視線で目が覚めた。さらに続ける。

「八回九回で崩れるピッチャーがいる」。東尾の顔が震える。

「調子が良くてもすぐにリタイアする」。大田の顔が強張る。

「たいして守備がうまくないのに新人王とチヤホヤされる」。石毛が睨みつける。

それぞれ名前は挙げなかったが、誰を指しているのかは明白だ。騒然とした空気のなかで、広岡の訓示が終わった。

「なんだよ、あのやろー」「喧嘩売ってんのか！」「エロメガネのくせによー」

その後、球場のロッカールームに戻るやいなや、各々が溜まっていた鬱憤を爆発させた。

監督就任の挨拶を兼ねての初ミーティングなのに、分裂を招くためのミーティングとなった。

「田淵さん、あんなこと言われていいんですか」

誰かが怒りを込めて言い出した。その声で我に返った田淵は大声で叫ぶ。

「おい、そんなことだったら優勝してやろうや」

みんなが静まりかえる。

「優勝⁉」

思ってもみない言葉に呆気にとられている。

「そう、優勝して胴上げしようや。それで三回高く上げて四回目に落としてやろうや」

最下位の寄せ集めチームの面々が、〝優勝〟という耳慣れない響きに一瞬戸惑った。

「優勝胴上げで落とすか、悪くねえな」「そうや！　やったろう」「胴上げして落とせば前代未聞やな」

さっきまで怒りで充満していたロッカールームが、目的意識が明確となったことで沸騰する。田淵が音頭を取ることで、選手たちは息を吹き返したようにやる気に満ち溢れた。さすがは学生時代からの生粋のスーパースター、田淵の一言が皆の怒りをやる気に変えたのだった。

「わざと選手が燃える言葉を吐いたっていうかな。広岡さんは、やる気を起こさせるためにあえて最初に選手をケチョンケチョンにけなしたんだよ」

田淵がこう思えるようになったのは優勝してからだ。それまでは、監督と選手との戦争状態が続いていた。

高知県春野での春季キャンプでも、広岡が外野を歩いていると、

「おいおい、歩いているぞ。ぶつけたれ」

「そうだそうだ、ぶつけろぶつけろ!」

選手たちは間違えたふりをしてボールをぶつけようとする。グラウンド内で広岡が少しでも隙を見せれば、寝首を掻くがごとく選手たちは何か行動に移そうとする。それくらい怒りが充満していた。それがやがて闘争心に転化し、身体全体に躍動感が漲ってくる。怒りは、プラスにもマイナスにもなる感情だ。

広岡にしてみれば、初対面で腐した発言も、劇薬を投入したにすぎない。もちろん、選

手を発奮させる意図があってのことだが、選手たちの特性を鑑みた結果だった。

東尾修、大田卓二、立花義家といった旧西鉄ライオンズのメンバーは九州男児、もしくは長らく九州の地にいたこともあって、頑固な一面もあるが情に深い。そして田淵を中心とした球界を代表する昭和のスター選手のベテラン移籍組は、プライドが人一倍高い。チームの中心となるベテラン移籍組と九州男児たちの自尊心を叩けば絶対に反発心が芽生え、共通の敵に向かって突っ走る。広岡はそう考えた。

あの人の良い田淵だって、表面上平気な顔をしていても、侮辱されるような発言をされれば心穏やかにいられるわけではない。だからこそ、クソミソに言ってやれば、純粋無垢な田淵だって火がつくと読んだ。球界では、田淵の人柄は隅々まで知れ渡っている。阪神時代、相手チームに知り合いがいるだけで闘争心が消え失せ、打ったら悪いなぁと本気で思ってしまうほどのお人好し。そんな田淵の性格が、広岡にとっては好都合だった。

田淵をターゲットにした広岡の策略は見事にハマった。

当時のプロ野球界で、186センチの身長でキャッチャーをやったのは田淵ぐらいだろう。足が長くて腰高のため、スローイングを苦にしたのではと思われるが、若いときはスリムな体型で肩も強かったため、阪神一〇年間で盗塁阻止率四割超えが4シーズンもあった。

しかし、阪神時代はキャッチャーという重労働のポジションゆえに怪我が重なった。

西武に移籍した初年度は年に数試合だけマスクを被っていたが、広岡が監督になってからはファースト、DHでの出場が主となった。

広岡は、田淵という選手を買っていた。ヤクルトのときもそうだったが、広岡野球において、走れない、守れない選手は基本排除している。ただ西武というチームを考えたときに、チームの顔でもある田淵をもう一度復活させることで、必ずや優勝に繋がると思った。

広岡は、田淵のことを懐かしそうに話す。

「就任してすぐにファーストの守備練習をさせた。田淵は一生懸命やったけど、上手くはならんはな。でもそれでいい。今後良い指導者になるためには守備もやっておかんと。八二年、もうすぐ優勝というときに田淵はベンチの中で『神様、もう何もいりません。優勝させてください』と拝んでいたほど、まっすぐな男だったよ」

名将が描く理想の選手像の範疇を超えることこそ、スーパースターの証。

打数5881で通算474本塁打、本塁打率12・41は、400本塁打以上では王貞治に次いで二位。まさに天性のアーティストだ。

江夏豊に田淵のことを訊くと、いつも嬉しそうに話してくれる。

「ブチ（田淵）がベンチ裏のミラーの前で構えたままじっとしていたから『何しとんの？』って聞いたら、『構えが決まらんのや』と言うので『振らんでいいの？』と返すと『構えさえ決まればいい』。それ聞いたとき、こいつは本物のアホか天才のどっちかだなと。残念ながら天才だった」

天才が天才を認める。よくあることのように思えるが、この二人の関係性は特別。かつて江夏にとって田淵ほど的が大きくて投げやすかったキャッチャーはいないと断言するなど、エースが長年連れ添った恋女房を半世紀以上も連れ添っている間柄。なんて粋で純な関係だろうか。

田淵は、広岡野球で最も学んだことはコーチングだったと断言する。

「食事改善とかキャンプでの罰則、厳しい練習に辟易していたけど、八二年にリーグ優勝して日本一になったときは、この人に言うことを聞いていれば絶対勝てるんだと思った。九〇年に俺が福岡ダイエーホークスの監督になったときも、〝広岡イズム〟というものを多様に使いましたよ。コーチングとティーチングっていう言葉がありますが、ティーチングっていうのは〝話すこと〟。監督コーチはティーチングからスタートしなきゃ駄目なんですよ。技術の前にやることがあるんです。選手たちと対話し、選手それぞれの特性を理解したら今度はコーチングに入る。広岡流じゃないけど、マネしましたよ。広岡さんっていろんな勉強してるからね、食事にしても精神的なものにしても、いろいろ知ってるからね」

田淵にも確変モードがあった。西武に来て五年目の八三年だ。

前年度、念願の日本一になった。六大学野球同期の星野仙一や山本浩二、黄金バッテリーの江夏らが優勝の美酒を浴びているのを、いつも横目で羨ましがって見ていたが、とうとう経験できた。しかし、まだ完全じゃない。打倒巨人が残っている。

八〇年代前半に西武が台頭するまで、巨人が他球団と一線を画す超一流ブランドとしてピカピカに輝いていた時代だ。プロ野球といえば巨人、全国区といえば巨人、四月から一〇月まで、月に二〇日以上は試合がテレビで中継され、視聴率は20パーセント超え。巨人のレギュラー選手は、認知度で言えば一流芸能人並だった。観客動員数も常に満員の時代。プレミアブランドとしてマスコミがこぞって群がるのも無理はない。堤義明オーナーが日本一の祝勝会の壇上で語った「打倒巨人を目指して全国区になって欲しい」という言葉がモチベーションとなり、田淵の心を再び燃えさせた。

この年の四月から六月までの三カ月間だけが、田淵にとって一六年間のプロ生活のなかで唯一〝心技体〟が備わった期間だったという。〝自然に身体が動く〟、生まれて初めての感覚だ。

きっかけは些細なことからだった。オープン戦終盤、阪急のエース山田久志との対戦のときだ。山田を大の苦手としていた田淵はどうにか打ちたいと考え、二段モーションで投げる山田に対して、こっちも二回足を上げてみた。ダメ元でやってみたが、思った以上にバットがスムーズに出た。タイミングがドンピシャだ。

「これだ!」。天啓に打たれた気がした。今まで頑なに自分のバッティングの型を崩さぬようにと足を一回しか上げなかった。しかし、足を二回上げるだけで苦手とする山田の球を楽に捉えられるようになったのだ。

「単純じゃねえか」。田淵はタイミングの取り方がようやくわかった気がした。端から見たら単純なことじゃない。でも単純じゃないことを単純と思えるのが天才たる所以だ。

バッティングの真髄はタイミングの取り方に尽きる。どんなにバットスピードが速くとも、抜群のミート力があろうと、タイミングが狂えば人生と同じで良い当たりにはならない。田淵は学生時代から四番打者を張り続け、相手に合わせるというより自分のタイミングに呼び込んできた。そこに、柔軟に投手のタイミングに合わせられるようになれば鬼に金棒。

開幕が始まってからも田淵のバッティングは凄まじかった。四月は2本だったが、五月一二日の阪急戦第6号を皮切りに、4試合連続ホームラン、二四日からの阪急三連戦では三試合連続の4本のホームランを打ち、五月13本、六月12本と驚異的なペースでホームランを量産。このまま行けば、当時王貞治が持っていた55本のシーズン記録をも超すペースだ。もう『がんばれ!!タブチくん!!』とは言わせない。

七月は少しペースを落としたものの、一〇日には29号を放ち、再び量産体制に入ろうとした矢先のことだった。人間は無理矢理〝壁〟を越えようとすると、自ずと代償を支払わなくてはならない。田淵は〝壁〟を無理矢理越えようとしていたのだろうか。

七月一三日、日生球場での近鉄戦。五回表、2アウトランナーなしで四番田淵。ピッチャーは変則サイドスローの柳田豊。カウント2ボール1ストライクからの四球目のシュートがインコースへグググッと食い込んできた。田淵は踏み込んでいたため避けることができず「ガシャン」。左手から身体中に衝撃が響く。

「いってぇー!」。田淵が絶叫し、手首を押さえてうずくまる。折れたとすぐにわかった。

左手首尺骨骨折。全治四週間。

報道陣には「打ちにいっていたから避けられなかっただけ。避けるのが下手だから」とピッチャーの柳田に負担をかけるコメントを残さなかった。王の55号を抜くことは不可能になった。それでも史上初の両リーグ本塁打王は十分獲れると信じていた。

死球から五日目まで安静にし、六日目から添え木を当て軽いランニングをする。一カ月で復帰する予定だったが、一〇日を過ぎても一向に良くならない。即効性を鑑みてギプスで固めて治すことにした。これが失敗だった。通常は手を胸の位置にしてお茶碗を持つように掌を上にして固めるのだが、掌を胸に当てるように固めてしまった。固定ミスのおかげで、ギプスが取れても手首が回らない。結局、マッサージに通って丹念に揉みほぐさないと手首は回るようにならず、復帰まで三カ月弱かかった。本塁打王は門田の40本だったが、デッドボールで欠場してから二カ月間も田淵が一位の座をキープしていた。いかに歴史的なハイペースだったかがわかる。

一〇月四日の南海戦から復帰するも、手首に硬さがあるのか調子が戻らない。リストを上手く使った柔らかいバッティングが持ち味の田淵にとって、左手首の骨折は致命傷。復帰後7試合目の一二日近鉄戦でようやく一発を放ち、ホームラン30号となった。規定打席以下で30号を打ったのは、田淵が史上初めてだった。一〇月は14試合で打率二割三分四厘、1本塁打に終わり、まだまだ本調子にはほど遠かった。八〇日以上も試合から遠ざかっていたため、試合勘はもちろんだが怪我を怖がって集中力が欠けていた。トレーナーからは完治しているとの報告がある以上、広岡は田淵の状態を危惧した。このままでは日本シリーズで田淵を使えない。

広岡は、日本シリーズ開幕一週間前に田淵を呼び出した。

「そんな当てるだけの消極的なバッティングだと日本シリーズでは使わん。これから三日間、特打をやって思い切り振り切れるか試してみろ」

最後通告を突きつけた。新聞各紙にも「田淵、スタメンではなく代打起用」といった内容が書かれた。当然、田淵も目にしているはずだ。

田淵はやきもきしていた。巨人相手の日本シリーズには絶対に出たい。余計に焦燥感が募った。特打をやってダメならダメでいい、どうせ今のままでは出場できないし、今シーズンの残り試合は最大でも日本シリーズの7試合しか残ってない。余計なことを考えず、完全に吹っ切ってボールに向かっていった。この開き直りが功を奏したのか、きちんと手首が返り、思い切り振り切れるようになった。要は、怖がって自分で手首にかけていた鎖を、決死の覚悟で引きちぎっただけのこと。快音が響き、田淵も久しぶりの快感を覚えた。

「これで行ける」。自信が蘇った。

三カ月弱の離脱があったとはいえ、西武の前半戦での快進撃の中心は間違いなく田淵だった。王将抜きでスター軍団巨人に立ち向かうことはできない。

「ようやく間に合ったか」。広岡は安堵した。田淵は三日間どころか、日本シリーズ前日まで特打を続け、忘れていた感覚を呼び起こそうと必死に打ち込んだ。そして、第一戦前日の全体練習の最中に広岡が「おい、田淵」と呼び止めた。

「明日の第一戦、四番ファーストでいくぞ」

それだけ告げて、広岡はスタスタと歩いていった。

広岡は日本シリーズ対策として、江川卓と西本聖という両エースの攻略方法に頭を悩ませていた。この年の西武は五月七日に単独首位に立ってから、優勝を決めるまで一日たりとも首位を明け渡さなかった。二位阪急に17ゲーム差をつけてのぶっちぎりの優勝だったことで、日本シリーズ対策に十分に時間を割くことができた。

スタッフ会議で広岡はスコアラー陣に聞く。

「江川のデータで何かわかったことはあるか？」

「江川に関して言うことはありません。怪物と言われるだけあって素晴らしいです。二年前に20勝を挙げたころに比べると若干落ちていますが、それでも凄いです。調子が良ければまず打てません」

そうかぁと思いながら広岡は、助けを求めるような目でヘッドコーチの森祇晶の顔を見る。

「おい、何もやることないんだってよ」

森は満を持して言う。

「監督、いくら江川と言っても完全無欠じゃありません。今シーズンだって完璧に抑えた試合もあれば打たれた試合もあります。打者に打たれるシーンと打ち取るシーンの二通りのテープを作りましょう」

「それを選手に見せるってことか?」

広岡は森ヘッドの案に乗った。一番怖いのは短期決戦において、本格派の投手が自慢のストレートでシーズン以上の投球をされることだ。プロにとってストレートが打てないほど恥なことはない。変化球なら言い訳がつく。「予想もしない変化だった」「タイミングが合わなかった」と自分を擁護できる言葉を簡単に引き出せる。しかし、ストレートは釈明の余地がない。いわば自分の技量のなさが露呈するからだ。力でねじ伏せられた豪速球は選手たちの頭に色濃く残り、勝者と敗者の境目をきっちりと分ける。選手のプライドをズタズタに切り裂くから厄介なのだ。

ただ、難攻不落の江川といえども毎試合無失点ではない。点を取られて負けることだってある。ましてや八一年シーズンに20勝を挙げたときと違って、球威が落ちているというデータがある。ノックアウトシーンのビデオを擦り切れるくらい観させ、江川攻略の糸口を選手自身に考えさせる。一見、他力本願に見えなくもないが、きちんと狙いがあった。まずノックアウトシーンを何回も観させることで先入観を取っ払う効果がある。「江川なにするものぞ」。いわば洗脳だ。そしてベンチからの指示ではなく自分で考えることに意味がある。自ら研究して打ち負かした日には、大きな自信となるからだ。

当の江川卓が広岡野球について語ってくれた。

「球団設立当初、選手がなかなかまとまらないなかで広岡さんがチームをまとめられて、西武黄金期の基礎を作られました。かつて巨人に在籍していたころの経験をもとにチームを構築していたんだと思います。八三年の日本シリーズは巨人のほうが地力は上だったので、第五戦でサヨナラ勝ちを収めて3勝2敗と大手をかけた時点で勝てるなと思ったんですけどね……」

広岡は、むしろ西本聖の攻略のほうを重要視した。本格派ピッチャーの凄さと脆さは表裏一体だが、技巧派投手はまず好不調の波が少ない。自分の球に酔いしれず、あくまでも変化球を駆使してうまくかわしながら打ち取ることしか考えないからだ。特に西本は打者の芯を外させる投球に長けた超一線級の技巧派投手。八〇年代前半の球界を席巻した江川と西本は、ロマンの追い求め方がまったく違っていた。対戦相手の指揮官として西本の攻略のほうが厄介だと感じるのも致し方なかろう。

「西本のシュートに対しても、江川と同様に二通りビデオを作っておきましょう」

ヘッドの森の声に、広岡はうむと静かに頷く。

広岡は、常々思っていた。野球選手は考える力が足りなすぎる。サッカーでもラグビーでもバレーでも、各ポジションの選手が自分の役割を担うために、試合中絶えず頭をフル回転させる。野球はどうだ。バッテリーを除いて、試合中ずっと考えているやつがどれくらいいるだろうか。攻撃時はベンチで休め、一昔前は試合中でもベンチ裏でタバコを吸っている選手が大勢いた。試合中に休めてタバコが吸える団体競技など他に見当たらない。

あまりに特殊すぎる球技が野球なのだ。

夏場から、江川卓と西本聖の映像を主力メンバーたちに飽きるほど見せた。こうして選手たちも各々の人脈を駆使して情報を取り寄せ、怪物江川の幻想に対し現実をもって対抗した。

一〇月二九日、後楽園球場での巨人対西武の日本シリーズ第一戦。巨人は江川卓、西武は松沼博久の先発で始まった。研究に研究を重ねた江川に対し、西武打線は何の怖さもなかった。田淵の第二打席、高めのカーブを捉えてレフトスタンドに豪快なアーチを描いた。先制3ラン。思わずガッツポーズが出た。二回までに6点取った西武が六対三で勝利。

第二戦、先発巨人が西本聖、西武が高橋直樹。西本のシュートに西武打線が沈黙し、内野ゴロ21、外野フライがゼロの被安打4の四対〇の完封。

第三戦、先発西武が杉本正、巨人が槇原寛己で始まり、九回裏1点差で負けていた巨人が中畑清のサヨナラタイムリーで五対四、巨人の勝利。

第四戦、第一戦と同じく先発西武が松沼博久、巨人が江川卓。西武打線が大爆発し17安打の猛攻で七対四と西武の勝利。これで2勝2敗。

そして、田淵自身も自画自賛するホームランが飛び出たのが第五戦。四回表に西本聖から打ったホームランだ。およそ田淵らしくないホームランでもあった。田淵はこの打席、プライドを捨てて打席に立った。第二戦で西本に完封負けを食らっている。元凶は、あのシュートだ。西本のシュートはググッと重く食い込んでシンカーのように少し落ちる。このシリーズ、江川のストレートはそれほど走っておらず攻略できた。後は西本のシンカー気味の重いシュートをどう打つかでシリーズの行方が変わる。田淵はシュート一本に的を絞った。

やや低めのインコースギリギリに食い込むシュートをうまく腰の回転を使って打った。打球は、ライナー気味にレフトスタンドに飛ぶ。初めはファウルゾーンに飛んで行った打球がフェードしてフェアゾーン方向に戻ってくる。飛距離は十分。入るか、切れるかの固唾を飲んでいたところ「ガッッ」。レフトポールに当たった。田淵の値千金の先制ホームラン。西本はマウンド上で腰に手を置き、「あれを打つか⁉」と口を少し尖らせている。

「絶対に打ってやる」と、このとき田淵はグリップエンドに小指をかけて支えるいつものスタイルを捨てていた。バットを短くした。ただ短くしたのではない。グリップエンドの真上に同じ高さまでのテープをぐるぐるに巻いて、左小指をかけたのだ。通常のバッティングと同じ力が出るようにし、よりコンパクトなスイングを心掛けた。シュート一本に狙いを定めた田淵の執念だった。

このシーンについて、西本聖が感慨深く述べる。

「田淵さんがプライドを捨ててバット短く持って打席に立ったと聞いて、別にプライドを捨てなくてもいいのにと思いました。あのホームランで無失点記録も途切れましたから。ボール自体は悪くなかったです」

悠々とダイヤモンドを一周し、三塁コーチャーの近藤昭仁と数カ月前に折れた左手で思い切りハイタッチ。王者の貫禄を見せつけた。

西本は八一年から続いていた日本シリーズ無失点記録（29イニング）が途切れた。一方、試合は、二対二の同点で迎えた九回裏に巨人クルーズのサヨナラ3ランが出て巨人が勝利。

そして第六戦、西武は延長10回裏に金森栄治が巨人江川からサヨナラタイムリーを放ち、四対三で勝利。この勢いのまま最終戦も西武が三対二で勝ち、4勝3敗で悲願の打倒巨人を果たした。七戦のうち3ゲームがサヨナラという、史上最高と謳われた日本シリーズは西武の二年連続日本一で幕を閉じた。


年が明け、三年連続日本一を目指して西武は始動した。

去年は不運な怪我によりホームラン王、打点王を逃したが、今年は万全の体調で必ず二冠を獲る――。田淵は、内に熱い思いを秘めてキャンプに臨んだ。阪神入団二年目で藤井勇コーチに土台を作ってもらい、六年目山内一弘から内角打ちを教わり、そして八四年のアリゾナ・メサキャンプではプロ一六年目にしてようやく理想なバッティングが完成しつつあった。

三月一〇日、松山で行われた広島とのオープン戦で川口和久が投げたキレのあるカーブを上手くバットに乗せてレフトスタンドに運んだ。万全と謳いながらも、二年前から悩まされている花粉症の症状で鼻水が止まらず、喉が焼けるように痛く、目がチカチカするなかで調整はマイペースに行った。オープン戦が終わり、所沢に戻って五日間休養をとり、開幕戦もギリギリまでトレーナー室で横になっていた。そうして四月は、打率二割八分六厘、5本塁打、27打点（リーグトップ）と好調なスタートを切ったのだが……。

「ゴールデンウィーク明けには花粉症の症状は緩和したんだけど、今度は身体が思うように動かなくなった。スタンド中段まで行ったと思った打球が途中で失速して、レフトフェンスギリギリで捕られたときに『もうダメかな』と思った。ファームのマネージャーからは『秋山に抜かれちゃいますよ』って言われたり、秋山のファンからは『田淵さん、早く辞めて』と声援を受けたりで、このシーズンで引退という空気になっていた。俺自身の気力が萎えていたんだろうね。頭にボールがぶつかって死んだら、残された子どもたちはどうなるのだろうという気持ちになった時点で、終わりだと感じたから。でも二年連続で日本一になったし、そういう点では広岡さんには感謝している。あの日本一は俺の一つの答えでもあるから」

田淵が費やした野球人生は、広岡野球にて帰結した。

一度も優勝できなかった阪神から離れ、西武で生まれ変わった田淵幸一。

膨大な時間のなかで田淵にしか味わえない少し歪な果実だったが、さぞ格別だったことだろう。

江夏豊の証言

「江夏がいるから優勝できない」

阪神ではそんなレッテルを貼られて球団を追われた男が、広島、日本ハムで優勝し、いつしか「優勝請負人」と呼ばれるようになった。七九〜八三年には五年連続でセーブ王（プロ野球記録）を獲得。球界最高のピッチャーとして堂々君臨していた。

八四年、日本ハムのストッパーだった江夏豊は常勝王国を築き上げている最中の西武ライオンズにトレードで移籍する。監督の広岡は、江夏豊に対し特別な思いを持っていた。

「八一年の後期は、プレーオフで江夏をどう攻略するかだけを考えていた。選手たちは『江夏を打ちます』と威勢良く言っていたが、『今から練習してもお前らには打てない』と言った。当時は間違いなく、江夏が球界最高のピッチャーだった。トレードに関しては、根本（陸夫）さんが『おい、ヒロ、江夏をもらいに行くからな』と言うので『もらいに行くならどうぞお願いします』と返した。そしたら、柴田（保光）と木村（広）の二人との一対二のトレード。『根本さん、どういうつもり？ 他が獲らないからウチでどうにかしようということだと思っていたのに、なんで期待の若手を二人も出すんですか？』と抗議したね。あの時点で江夏はもうダメだった。どこのチームも獲らなかった」

五年連続でセーブ王を獲得していた江夏だったが、八四シーズン開幕時点で三六歳。広岡は限界に近いと、ある意味江夏を見切っていた。それでもトレーニング次第で田淵や大田が復活したように、江夏も力を維持できるのではと淡い期待を寄せていた。

問題は、投手の陣容だ。西武には、既にストッパーとして確固たる地位を築いていた森繁和がいる。そんななかでの江夏獲得は大きな波紋を呼ぶ。当時は1イニングずつのセットアッパー、ストッパーといった完全分業制ではないため、江夏、森の『ダブルストッパー』構想が沸き起こった。

「強烈だったもんなぁ、あのとき」

森繁和のこのフレーズがすべてを表していた。さらに話しを続ける。

「八三年日本シリーズで巨人を破って日本一になり、優勝旅行でハワイ行ったときに新聞一面で『江夏豊 西武』と出た。江夏さんが来るのなら、また先発に回れるわと思ったよ。だからハワイ旅行中にみんなの前で『また来年から先発だから、ちょっとランニングでもしてこようっと』と言ったりしてね。そんなことを考えていたら、『二人で行く』って」

ダブルストッパーと書くと仰々しく感じるが、つまりセットアッパーとクローザーのセットを意味する。当時は先発が行けるとこまで投げて、絶対的リリーフで試合を締めるというのが勝利の方程式だった。

森は、江夏が入ってくること自体は渡りに船だと思った。江夏加入なら先発に戻ってきちんと調整しながら投げていけると、森なりの着想があった。首脳陣が掲げる〝ダブルストッパー〟という概念はさすがに森の着想になかっただけに困惑した。

「右と左のストッパーが必要なんだって言われても、俺もやりにくいわって思ったね。ベンチに江夏さんと二人で座ってて、どっちが行くかわからないし、向こうも面白くないようなことを言っていたみたいだから。実際、江夏さんと『シゲ、次の回からお前だな』と言っていても、ベンチから『江夏行くぞ』と言われて『え!? 俺かい?』なんてことが度々あったから。そういうことも踏まえて、『先発に回りたいな』とみんなに言ってたんだけどね……」

森も江夏も首脳陣の期待を意気に感じて投げるタイプ。二人仲良しに代わりばんこで投げるなんて芸当は絶対に出来ない。むしろ強烈な矜持があるからこそ、ストッパーが出来たとも言える。

森は、前年に34セーブを挙げて初の最優秀救援賞を獲得。江夏も34セーブで同時受賞を果たし、五年連続セーブ王という日本記録を樹立したばかり。ただ、球界内では江夏はピークを過ぎていると言う声も根強かった。だからこそ日本ハムは江夏を放出したのだが、獲得に乗り出す球団がなかなか現れない。そんな折に巨人が江夏を獲得しようと動いたのを見て、宿敵巨人に獲らせてたまるかと西武が急いで獲得に動いた。宿敵に獲られるくらいなら自分たちで獲ってしまおうという魂胆だ。

「試合中に江夏さんがブルペンで『おい、シゲなぁ、こういうときはこうだよ』ってピッチングの話をよくしてくれたよ。あの人はお酒を飲まなくてコーヒーを飲んでケーキを食べる人だから、俺がどっかで飲んでいても鉢合わせすることもなかった。あの頃、西武は麻雀が禁じられていたんだけど、俺たちは隠れて麻雀をやっていた。だけど、麻雀好きの江夏さんが西武で麻雀をやっているのを一回も見たことない。遠征でホテルに行っても、チームメイトとほとんど付き合いはなかったんじゃないかな。誰かと一緒にいることはなかったと思う。あの八四年は必ず誰かがどこかで揉めていた年だったからね」

何かを思い出したようにニヒルに笑みを一瞬浮かべた。

「メサでキャンプのとき、俺と工藤が江夏さんの世話係だったの。朝、コーヒーとケーキ類を持って部屋をノックして起こしに行くのよ。一人部屋なんだけど、ある日、どれだけノックしても起きなかった。マネージャーに電話をさせても出ない。しまいにはマネージャーが『なんとか電話かけて起こすから、お前は着替えて練習にいけ』って。何回か朝の練習に間に合わないときがあったかな。

ウォーミングアップでポール間を走るときも、あの人だけ一周目から半周ぐらい遅れていたりしてたから。広岡さんにとって練習開始からもう気に入らなかっただろうね。でも、江夏さんって心臓の持病を持っていて、高地のメサでは空気も薄いからゼエゼエ言ってて気の毒な面もあった。かなりキツかったと思う」

江夏の心臓は生まれつきの「心室性期外収縮」の頻発により、心拍数が200回以上超えることがあるため、マウンドではニトログリセリンを首からぶら下げて、いざというとき飲んで動悸を抑えていた。

「まず居場所がわかんないってことと、連絡が取れないからみんなと行動ができないってことが広岡さんにとって難点だったんだろうな。野球をやっているときはみんなと一緒だけど、それ以外はいつもどこにいるかわかんないもん。ピッチングコーチの八木沢さんが一番かわいそうだった。現役を一緒にやっている八木沢さんのほうが年齢は上だけど、江夏さんは『おい、ロク！』って呼んでいた。昔は年功序列じゃなくてプロに入った順だったから、年下でも先に入れば先輩だった。その影響で田淵さんは〝ブチ〟で、山本浩二さんは〝コージ〟だから。広岡さんは、八木沢さんに『おい、ロク、明日の新幹線みんなをちゃんと乗せるんだぞ』って注意を促すんだけど、江夏さんと連絡が取れなくて結局時間に来ないんだから。

でも江夏さんって、中日コーチ時代から春のキャンプに必ずブルペンに来てくれた。『来たぞ、でもすぐ帰るから。お前の顔ずっと見てらんねえから』って言いながら『落合いるか』『いますよ。呼んできましょうか』『いいよいいよ（俺が）行くから』って、必ず顔を出して律儀に挨拶してくれたんだよね」

広岡と江夏との確執の要因となる出来事を間近で見ていた森繁和。二人がああなったのも仕方がないと思わせるシーンの数々。成るべきしてなったと思わざるを得ない。

レジェンド江夏が加入したことで、西武の選手たち、特に投手陣は大いに刺激となった。当時、プロ入り三年目のシーズンを送っていた工藤公康も江夏について懐かしそうに語ってくれた。

「アリゾナキャンプでは、江夏さんのカバン持ちと朝のコーヒー、あと起床係です。『おい坊や、朝起こしに来い』って言われてコンコンってコーヒーを持っていき、『俺のバッグ取って来い』と言われたら江夏さんが出かける前にバッグを取りに行ってました。大先輩とは気軽に口をきける時代じゃなかったので、現役時代はほとんど話したことがなかったですね」

一方、江夏と同じサウスポーにしてローテーションを担っていた杉本正によれば、

「僕にとって江夏さんは憧れのピッチャーだったので、吸収するため江夏さんからいろいろと勉強させてもらったのは覚えてます。例えば左ピッチャーは右バッターのインコースにクロスファイヤーとして投げ込むのがセオリーだとされていますけど、そうじゃないと。ピッチングの基本はアウトコースにあるから、右バッターでもアウトコースにボールの出し入れがきちっとできないといいピッチングができないよと言われましたね。右打者へのアウトコースへのコントロールをしっかりつけて、いつでもストライクを取れる状況を作らなきゃ駄目なんだということをよく江夏さんに言われた記憶があります」

アンダースローの松沼兄やんこと松沼博久も、江夏豊の王者の貫禄を存分に感じていた。

「『江夏さんは別格』として特別扱いして見てあげたら、それなりに働くはずなんです。でも広岡さんは別格、特別扱いっていうのが大嫌いなんですよ。ベテランから若手まで横一線で同じようにやらないと生き残れないんだよ、ということを示すために、ベテラン勢がちょっとでも緩んだ行動を取ったらめちゃくちゃ指摘するわけですよ。若手はそんなベテランの姿を見て、息を抜いたら駄目だと気を引き締めるわけです。そういう習慣付けを

徹底しているチームに入って、江夏さんもかなりきつかったと思います。もともと心臓があまり良くなくて、アリゾナは空気が薄いから走れなくてハアハア言ってました。気の毒な面が多々ありましたね。江夏さんって睡眠がうまくとれないから、睡眠薬を飲んでぐっすり寝ちゃうらしい。それである日大遅刻したんだよね。空港でも遅刻して……広岡さんってそういうの厳しいからね」

ユーティリティープレーヤーの広橋公寿は、江夏を敬愛の目で見ていた。

「アリゾナ・メサのキャンプで、わざわざ江夏さんが若手の部屋を全部回って、ローリングスの赤い皮手袋を渡しながら『よろしく頼むな』と挨拶をしてくださったんです。『わー江夏さんからこんなのもらった！』と喜びましたよ。江夏さんなりに気を遣っていたんだと思います。俺なんか、江夏さんにバッティングピッチャーしてもらってますから。僕らからすると江夏さんに対して変な思いなんかないですよ。僕、日本ハム時代の江夏さんとの対戦成績が10打数1安打だったんですよ。江夏さんが部屋を回っていたときに『広橋、お前左ピッチャー強えな』って言ってくれて、『いやいや江夏さんからはヒット一本だけですから』と答えると、『平和台でスライダーな』と。実際そのとおりなんです。『え？江夏さん、俺なんか覚えててくれたんですか？』。もうびっくりしましたよ。すごいよね。やっぱり一流選手は違います」

大田卓司は、笑いを嚙み締めながら楽しそうに喋ってくれた。

「江夏さんが移籍してきて最初のキャンプのとき、ウォーミングアップのロングランで江夏さんは一周も持たなかった。『卓、ようこんなのについて行けてるな』って江夏さんが言うのがおかしくて、あとキャンプで印象的だったのは、毎日ある定例のミーティングでのこと。広岡さんがいろんな話をするんだけど、江夏さんはやっぱ違うわと思ったね。広岡さんが、ランナーサードで外野フライを打たれたら1点で犠飛となるから低めに投げるのがセオリーだと言うと、今まで黙っていた江夏さんが突然パッと手をあげて『わしは、高めの球を空振りさせればいいと思う』って言ったの。広岡さんはそれに対して『それだけの力がある球を放れるピッチャーならできる』と即答した。一瞬だったけど、あのやり取りは妙に見応えがあったな。

俺がヤクルトのコーチのとき、ほとんどの評論家がブルペンに行ってるのに江夏さんだけがバッティング練習のところに来て『元気か？』と声かけてくれるんですよ。一緒に記者室に行って、タバコを吸いながら雑談してましたね。後輩思いというか、気を遣ってくれる人ですよ」

話を聞く限り、西武のチームメイトは江夏豊の移籍を歓迎し、また江夏も新天地に溶け込もうとチームメイトに気を配っていたようだ。そもそも江夏は見た目こそ不遜に見えるが、非常に繊細で周囲に気配りができる優しい男だ。面白がったのはメディアだ。

「江夏と広岡が揉めないわけがない」と勘ぐるメディアが、キャンプ前から両者の対立を煽るような報道を続けた。八四年シーズンは、ペナントの行方もさることながら『広岡 vs 江夏』の勃発をどこか期待している節さえあった。だが、二人はマスコミの挑発には乗らず、キャンプを無事に過ごし開幕を迎える。しかし長年の勤続疲労からか江夏の調子は春先から上がらず、おまけに吐血などの体調悪化により入院するなど、コンディションは最悪の状態だった。そして七月中旬には、江夏に二軍降格の通達が下った。これが騒動の火種となってしまう。

江夏はオールスター後、遠征のため羽田空港に向かった。そこで初めて二軍降格の知らせを聞かされた。

この件について広岡に問いただすと「きちんと通達したはずだ」とはっきり答える。江夏が「聞いていなかった」と主張する旨を伝えるも「そんなことはない」の一点張りだ。

しかし、江夏は言う。

「そう、あのときは（二軍降格を）知らされてなくていきなり空港で言われたから、ピッチングコーチの八木沢さんに『なんじゃいそれは！』って怒鳴った。縮み上がっとったよ」

心臓病を患いながらもいくつも修羅場をくぐった、いわば命を懸けて二〇年近く第一線のマウンドに立っていた男のプライドをかけた怒りを、まともに受け止められる人間なんてそうそういない。

この羽田事件に関して言えば、広岡の言い分も江夏の言い分もどっちも間違っていないと思われる。単に江夏に対し、フロント・コーチ陣があまりにも腫れ物扱いで接していたため、重要な伝達も仲介している間で齟齬が生じてしまったのだろう。二軍降格に関しても、むしろ江夏は筋さえ通っていれば何の問題もなく素直に従う男だ。変に気を遣うことでまどろっこしくなり、誤解が生じる。ボタンの掛け違いは気づかない限り、アンバランスのまま時が経ってしまう——。

こんなこともあった。八四年にトレードで入団した江夏は、すでに球界内でも噂になっていた「玄米を食べろ、肉を食うな、酒を飲むな」という西武のルールをこの目で確かめようと食堂に行くと、実際に選手たちは黙って玄米を食べていた。

「なんかアホらしい」。江夏はそう思った。玄米を食べることそのものではなく、選手がすべて監督の言いなりになっていることに辟易したのだ。シーズンに入り、監督の広岡が痛風を患っていることを耳にした江夏は、五月の遠征時の食事中に広岡の席までつかつかと近寄ってこう言った。

「玄米を食べているのに、監督はなんで痛風になるの?」

その瞬間、周りは凍りついた。冷静沈着な広岡の顔が強張り、何も言わずに席を立ってしまった。

江夏に悪気はなく、あくまでも本音を言ったまでだ。

「何をそんなにビビっとるんや。軍隊じゃあるまいし、俺らは操り人形とちゃうぞ」。キャンプ時から「ああせえこうせえ」と一から十まで指図され、選手はそれを素直に聞き入れている。これではまるで広岡教の信者じゃないか。広岡に心酔していればまだわかるが、選手はどこかビクビクして従っているように見える。高校球児じゃあるまいし、プロのアスリートには到底見えない。江夏は「いっちょかましたろ」と思ったのだ。この痛風発言から、江夏の登板数は減っていった。

広岡に、江夏の発言を受けてから登板機会が減ったことについても聞いてみた。

「江夏の登板と痛風発言は関係ない。ただ、いろんな人から痛風については言われたよ。美食で痛風になるのはウソ。人によって原因は違う。医者からは特効薬を三時間おきに飲みなさいと言われた。中西太から専門の医者を紹介され、『これを三時間おきに飲んでます』と言ったら『広岡さん、私に会ってよかったよ。死ぬとこだったから』と言われた。三時間おきに服用していた薬が、非常に強い薬だったわけ」

かつて痛風は贅沢病と呼ばれ、美味しいものをたらふく食べている贅沢者が発症する病気と言われていた。医学の進歩により、食べ過ぎ、酒量といった生活習慣の乱れから、激しい運動やストレスも原因とされ、人によって原因となる要素は様々である。

とにかく、監督時代に痛風になったことは、マスコミならず選手からも格好の攻撃材料となった。毎朝起きたら真水を浴び、規則正しい生活を徹底して自分を律してきた広岡が、生活習慣の乱れから痛風を発症したとは考えにくい。おそらく極度のストレスからの発症に違いない。ただ、当時の間違った認識により周りからは好奇な目で見られるようになり、食事管理するうえでの説得力が欠けてしまったのは否めない。

江夏の登板が極端に減り、体調不良による入院のため登録抹消。そして、オールスター後の突然の二軍降格、そのままシーズンが終わり西武を退団することになった。

「要町病院に放り込まれていい勉強になったよ。もう亡くなってしまったけど、山口洋子、猪さん（猪俣公章）らが見舞いに来てくれて、『すき焼き食いたい』って言ったらすき焼きセットを病室に運んでくれたりしてね。今となってはいい思い出。広岡さんに関しては……パ・リーグの豪快な野球を打ち消して、四番でも右に打ちなさいというのが広岡さんの勝つ野球。巨人一辺倒の野球界に風穴を開け、西武の黄金時代を作ったのは凄いこと。でも、ファンはどういう野球を見たがっていたかだよね」

確執が取り沙汰された広岡達朗の野球を認めながらも、ファンが求める野球像に問題点を着地させるところがいかにも江夏らしい。

江夏ほどのレジェンド級の選手であれば、球団主導の引退試合を開催するのが通例だろう。同年、阪神時代の盟友である田淵幸一が西武で引退試合をやってもらった傍ら、江夏は粛々と荷物の後片付けをしていた。阪神時代に黄金バッテリーとして輝かしい活躍をした二人の最後のコントラストは、あまりにも無慈悲だった。

物事には双方の立場・言い分があることも十二分にわかっている。江夏と広岡の場合は見解の相違というよりは、野球に対しての捉え方が違った。

広岡は、すべてを律し勝利をもぎ取る。いわば人生をかけて野球をやる。

江夏は、男の矜持を武器に投げ勝つ。いわばロマンを求めて野球をする。

根底には〝勝利〟がベースとなっているが、魅せ方が違う。

二人は、最後まで交わることはなかった。

第6章

千葉ロッテマリーンズ篇

GMとしての球界復帰

ついに来たかではなく、来てしまったか、だった。

「一九八八年（昭和六三年）オフには巨人から監督就任要請を受けた。聞けば、王をクビにして、その後釜に俺を据えたいという。王の後釜にヌケヌケと座れるかと思って断った」

衝撃的な発言だった。古巣でありながらも一時は打ち破るべき敵として見ていた巨人軍からの監督就任要請。しかし、王貞治の面子を潰してまで巨人の監督になるつもりはないと断ったという。

「務臺（光雄、元読売新聞社社長）さんが球団代表だった。早稲田の一学年先輩の岩本堯（元近鉄監督）さんが巨人の査定担当をやっているときに俺のところへ来た。『選手権（日本シリーズ）を勝てないだけでワンちゃんをクビにするのはいかん。勝てるコーチを入れたらいい』と言って断った。そしたら、岩本さんがどう言ったのか知らんけど、『広岡が断った。川上さん、頼む』という感じで、川上さんの子飼いの藤田ガンちゃん（元司）が監督になったよ」

スーパースターのONは、巨人軍だけでなく球界の宝。かつて長嶋茂雄が八〇年オフに監督を辞任した際は、日本中に激震が走った。次年度のカレンダー撮影まで終えたタイミングでの辞任は事実上の解任であり、巨人軍はマスコミとファンから猛反発を食らった。今度は王貞治を同じ目に遭わそうとしているのか……。それだけは絶対にしてはならない。広岡は煮え滾るほどの怒りを覚えていた。無論、巨人軍に対してだ。自分も六六年に巨人からボロ切れのように捨てられた。自分を捨てた巨人を見返すために、指揮官として二チームで日本一になり、自分の野球が正しいと証明してきた。憎き巨人を倒したことで広岡の悲願は成し遂げられた。とはいえ、〝球界の盟主〟からの監督就任要請。広岡のなかに、十三年間世話になった古巣をも改革したいという思いがあってもおかしくなかっただろう。しかし、広岡は断固として断った。

そもそも、八八年シーズンは終盤にさしかかり、巨人の優勝は絶望的となっていた。王貞治は監督五年間でリーグ優勝一回のみという体たらく。これまでは誰もが巨人の監督に就任してから三年以内に必ず優勝させていたのに、就任以降三年連続で優勝を逸したのは王が初めてだった。フロントは王に見切りをつけ、新たな監督候補を探していた。極秘裏に進められた監督人事は、広岡と藤田の二人が最終候補として挙がっていた。監督再登板の藤田よりも、西武を常勝チームにさせた広岡の手腕をフロント陣が買っており、監督就任を打診したというわけだ。

巨人の大物OB、猛将として知られる千葉茂は、ことあるごとにメディアで「広岡を巨人の監督にしたい」とアピールしていた。監督に広岡、ヘッドコーチに長嶋と、夢のようなタッグを組むことで巨人の人気、格ともに他のチームにはマネできない組閣をできるのが巨人軍だと語っていた。

広岡は八五年に西武の監督を辞して以降、頑なに現場に立とうとはしなかった。どんな理由があるにせよ、あれほどの実績を上げた男を球界が放っておくはずがない。ましてや、広岡自身が何もせずにいられるはずがないと皆が思っていた。

だが、当の広岡は「指導者たるもの率先垂範であるべきだ」と考えていた。それができるのは五〇までだと。一度決めた信念を絶対に曲げることはない。

「ナベツネ（渡辺恒雄）はまだ若くて何も言わなかった。それから四、五年経ってからいろんなものを贈ってきたよ。手紙も送られてきた。〝あのとき監督に登用していたら巨人は変わっていた〟といった内容だった。最近は遠慮なしに巨人を批判しているから、何も贈ってこないな（笑）」

現在読売新聞主筆である渡辺恒雄は、九〇年代から二〇一〇年代まで巨人のオーナーとして絶対的な権力を誇っていた。いくらうるさいことを言ってもニューヨーク・ヤンキースのスタインブレナーのような名物オーナーにもなりえず、ただの暴君めいたワンマンオーナーのナベツネでさえも、広岡には一目置いていた。

九〇年代に入り、広岡は阪神や中日でシニアディレクター的な立場としてアドバイスを送るなど、直接現場に立たずとも野球界のために尽力し続けた。阪神では春季キャンプで臨時コーチを務めたこともあったが、基本的には表に立たずじっと身を潜めていた形だ。狙いは何なのか、まったく読めなかった。

野球界が崇高な理念のもと健全に運営され、選手たちはプロフェッショナルとしての誇りを胸に妥協せず、常に向上する気持ちでプレーしてほしい。広岡の願いは終生変わらない。広岡は一体何に向かっているのだ⁉　それとももう終わりなのか……憶測が巡るなか、広岡は突如動き出した。

九四年のオフ、広岡はロッテGMに就任したのだ。

一〇年振りに表舞台に帰ってきた広岡は、威風堂々とした姿で千葉に降臨した。

「ここだったのか！」。驚きとともに意表を突かれた。日本にもついにアメリカ式のGM責任制度が導入されることで、無気力・無政策・無責任の三無主義が蔓延《はびこ》っていた日本球界の経営システムが変わる。メジャーのように純粋に野球を愉しめる環境ができると誰もが疑わなかった。あの広岡がやるんだ、絶対にまた奇跡を見せてくれるはずだと、ファンは期待を寄せた。

九五年の春季キャンプインから早速、広岡GMの手腕が唸った。ユニフォーム着用時の禁煙、アリゾナキャンプでの禁酒・禁煙、鹿児島キャンプでは複数人からの許可が出ないと外出できないなど、ヤクルト、西武時代にやった管理野球をロッテでも遂行した。

「管理野球を非難されるが、他と同じことをやっていても勝てない」

平成期のプロ野球に、広岡達朗が帰ってきた。

メジャー、マイナーで監督経験のあったボビー・バレンタインを監督に迎えたGM初年度、ロッテは二位に終わった。前年度五位からの二位は大躍進に思えるが、一位と12ゲーム差の二位だ。一度も優勝争いに絡むことができず、前半戦は三位で折り返した。いわば一位が独走状態のなかで残り五チームがしょうもなく二位争いをしただけ。決して褒められたものじゃない。それでも前年度五位からの躍進に、球団、ファンとも及第点をつけた。

しかし、バレンタインは監督を解任された。コーチ陣と監督との軋轢が表面化してしまったのが大きな要因だ。

当時、ロッテのエースだった小宮山悟（現早稲田大監督）が相変わらずの鋭い眼光で語る。

「広岡GMは早稲田の大先輩でもあるので、畏敬の念を持って接していました。ただ当時のチーム内は、バレンタイン監督側のアメリカ人コーチ陣と、日本人コーチ陣とが真っ二つに割れていました。ヘッドコーチの江藤さんなんかは広岡さんのスパイだと思われていて、板挟みになって大変だったと思います」

外国人監督招聘のデメリットがもろに出てしまった。

その翌年は江尻亮を監督に据えて戦ったが、期待を大きく裏切り五位と低迷。シーズン終盤には、ファンたちの広岡解任を訴える暴動まで起きた。そして、九六年オフに広岡はGMを解任された。理由は「球団内のトラブルで企業イメージが悪化すると、チョコやガムといった商品が売れなくなる」。在任期間はわずか二年だった。

「八八年、日米ベースボールサミットでバレンタインが来日した際の講演を聞いて以来、面白いなあと思ってずっと注目していた。ただ、バレンタインは俺がいるところといないところで言うことが違う。オファーして最初の契約内容について話し合っているとき、バレンタインは『お前の言うとおりにやるから（金額面）好きなように書け』と言ってきた。ありゃ、バカじゃない。オーナー家・重光の次男坊（昭夫）がちと欲張り。二年目のシーズン中から重光オーナー代行（昭夫）が藤田ガン（元司、元巨人監督）ちゃんに相談していたらしく、ガンちゃんが近藤昭仁を監督にしたほうがいいと進言していたという。冗談じゃないよ。おまけに三年契約だったのが二年で辞めてくれって。重光オーナー代行は一言も何も言わず、代わりの人が総意を述べていた。若い才能ある選手たちが伸びていた時期なのに、辞めてくれと言われる意味がわからなかった。明確な理由を述べず、ただ頭を代えれば勝てるという考え方ではチームは強くならない」

広岡はいつになく憤慨した。日本の球団は親会社から出向してきた〝背広組〟による球団経営が基本。野球に関してはずぶの素人というケースも少なくない。野球へのリスペクトを欠いた背広組がすべての権限を持つため、世間の評判を気にしすぎるあまり監督の首をすぐ代えるという暴挙がしばしば起こる。

八〇年代から広岡は口酸っぱく、経営する側、GM、営業担当とそれぞれ責任を取らせる球団運営システムにするべきだと提唱している。

「球団の仕事は大きく分けて三つある。一つめが球団経営、二つめが選手獲得と戦力強化、そして三つめが試合の指揮と選手の育成。アメリカでは、それぞれプロフェッショナルに任せているから、責任の所在も明確。日本は、この区分がないからフロントと現場で摩擦が起こる。現場の責任者である監督が、試合の指揮から選手の獲得、育成までやるのは責務が多すぎる。GM制度を導入すれば、戦力の構築や選手の獲得に監督が神経をすり減らすことなく、試合に没頭できる。ロッテでは日本初のGMと言われたが、結局は本社の決裁が必要な名ばかりのGMだった」

本社から来た球団社長と代表は、ええ格好したいがためチームに口を出してくる。組織とは利己主義の塊であり、ましてや日本で初めて導入するＧＭに対し理解など示さない。チームを強くしようなどという思いは微塵もなく、内心は己の保身のためだけに動いていることがほとんどだ。

人事権にしても、ロッテホールディングス会長の重光武雄オーナーが持っていた。ロッテグループ創業者の重光は儒教の国・韓国出身であるため、父親の権限は絶対。長である重光武雄の意見には、息子で球団社長を務めていた昭夫も逆らうことができない。思想的問題は誤算であった。それでも広岡は、熱を持って話せば理解してもらえると何度も重光オーナーに面会を申し込んだがダメだった。オーナーと会えない状況は、西武とまったく同じだった。

バレンタインを招聘したのは広岡だったが、コーチ陣との衝突で泣く泣くバレンタインを斬ることになる。バレンタイン人気が沸騰し二位という成績を残したにもかかわらず、突然の解任劇。次のシーズンではそれ以上の成果を求められたが、無残にも五位。外野からの広岡バッシングも相まって、二年で解任となったのだ。一軍は五位と低迷したが、広岡が招聘した黒江二軍監督のもと、二軍はイースタン・リーグで優勝し、選手たちの基礎体力の底上げは順調に来ていた。力まず動く身体作りの指導や、ヤクルト、西武で成果を挙げたトレーニング方法をスタッフに共有し、確実に選手の意識が変わってきている手応えがあった。それだけに、あと一年あれば……。ヤクルト、西武では頂点に立つことができたが、ロッテではそれが叶わず三度目の奇跡は起こらなかった。

広岡の野球人生で唯一の悔いがあるとしたら、あと一年だけロッテマリーンズを見たかったのではなかろうか。忸怩たる思いで球団を去った広岡にとって、もう二度と鮮やかに輝いた景色を作り出すことはなく、時は惰性のまま流れていった——。

尾花高夫の証言

一九九四年八月末、家でくつろいでいると、一本の電話がかかってきた。

「広岡だ。今度ロッテのGMになるんだが、手伝ってくれないか」

尾花高夫は、〝ロッテのGM〟という言葉に即座に反応した。

「広岡さん、とうとうやるのか」

驚きよりも嬉しさがこみ上げてきた。恩師の広岡からの頼みごとに「NO」などとは絶対に言えない。二つ返事で快諾した。

引退してから丸三年、解説者として外の世界から球界を見てきたつもりだ。満を持しての初めてのコーチ就任のオファー。それも一軍投手コーチだ。尾花は、胸の高まりが抑えられないでいた。

尾花にとってプロ入り時の監督にして恩師でもある広岡達朗が、プロ野球界初のGM職に就き、監督にはメジャー球団で監督経験のあるボビー・バレンタインを招聘する。時はバブル経済崩壊直後、球界に新たな息吹が吹き込まれようとしていた。

日本のプロ野球界が変わる――。そのうねりのなかに大きな役割をもって自分が加えられることを誇りに思った。絶対に失敗はできない。不退転の覚悟で臨むことを誓った。

尾花は和歌山県伊都郡の出身。中学時代、数々の強豪校からの誘いを受けるなかでPL学園へと進む。高校二年時、PL学園は夏の甲子園へと出場したが、尾花は出場はおろかベンチ入りさえできず、高校時代一度も甲子園の土を踏むことはなかった。高校卒業後は社会人野球の新日鉄堺に進み、七七年ヤクルトからドラフト四位指名を受けて入団した。

「これがプロの練習かぁ」

グラウンドでは、ユニフォーム姿の大男たちが号令とともに走っている。そこには銀縁眼鏡をかけた監督の広岡が、背筋を伸ばし選手を監視するように立っていた。緊張からなのか、なんだか無色透明のような風景に見えた。

松の内が明けた一月一五日過ぎから国立競技場で合同自主トレが行われた。競技場の芝は茶色に枯れ、何もかも色彩が失せているように見える。そんな寒々しいなかでの合同自主トレは球団主導で行われ、ルーキーは全員参加、ユニフォームの着用も必須だった。

とかく、自主トレ段階では首脳陣からもメディアからも新人選手が注目される。しかし、ドラ四の自分とドラ一の選手とでは、球団の期待も扱いも当然違う。とりあえず、首脳陣に早く名前を覚えてもらうためにも一番大きく声を出し、トラック10周走も断トツのトップでゴールするなど、首脳陣へのアピールに神経を注いだ。そんな努力の甲斐もあり、ヤクルト初の海外ユマキャンプに一軍帯同で参加することができた。

ユマキャンプでは、監督の広岡は守備面を強化するスケジュールメニューを組んだ。全体練習でも打撃よりも守備に重点を置き、投内連携にも時間を割いた。ルーキーの尾花は「さすがはプロの練習」と質の高い練習内容に感心した。ただ、練習量に関してはPL学園時代と遜色なかったため、みんなが広岡にブーブー文句を垂れていても「別にこれが当たり前」だと思っていた。

グラウンド上での広岡は選手たちに鋭い目線を送り、クールで近寄りがたい雰囲気を出している。しかし内心はカッカと燃える熱い男であり、指導者になってからは感情で動かないよう努めているけれど、表向きの態度とは裏腹にファイト溢れるプレーヤーを好む。

「おいおい、もう一丁！」

「まだまだ、この程度かよ！」

「殺すなら殺せ‼」

投内連携後、投手陣を集めてノックを浴びせているなかで、ひとり声を張り上げているプレーヤーが広岡の目に留まった。

「お、なんか元気なヤツがいるな」

汗と泥だらけの尾花が、必死な形相でボールを追いかけている。はあはあ息は上がっているものの声出しは忘れず、肩は上下していない。スタミナもありそうだ。広岡は一目で気に入った。

「元気がいいな。ちょっと受けてやろうやないか」

ヘッドコーチの森祇晶がキャッチャーミットを持って、尾花をブルペンへと誘う。

「シュートお願いします！」

絶好のチャンスだと思った尾花は、肩慣らしの直球を投げ終えた後にそう叫んだ。シュートは尾花が得意とする球種だ。物事は最初が肝心。これでプロ野球人生が決まるわけではないが、ここで目をかけてもらえば一気に道が開けるかもしれない。

尾花のシュートは右打者側に曲がりながら縦に少し落ちる特殊な球筋をもっていた。

「よしこい！」。森が昔とった杵柄《きねづか》でミットの芯をグーパンチで鳴らし、中腰に構える。オーソドックスなオーバースローから投げ込まれた球は、シュート回転しながら縦へ鋭く落ちた。

「パスッ！」。あろうことか、森はキャッチミスをした。

「おい、新人、緊張せんでいいからな」。森が何食わぬ顔で返球する。

「わかりました」。おいおい、今の最高の球だよ！　尾花は内心ほくそ笑んだ。

「すいません、もう一度シュートお願いします」。尾花はさらに変化量の大きい、右打者の内角を抉るようなシュートを投げた。

「パチッ！」。今度はきちっと捕球音が鳴る。

「おい、おまえのシュート、縦に落ちるのか」。森が細い目を見開いて言う。

「はい、今みたいな変化します」

「いいボールじゃないか、どんどん来い」

「ありがとうございます！」

これで自分の名前を覚えてもらえただろう。尾花は自分のなかで何かが弾けた思いがした。かつて巨人栄光のV9時代の正捕手が、俺のシュートを捕れなかったという事実が、尾花の奥底に眠る自信を呼び起こしてくれた。

このままオープン戦も一軍に帯同させてもらい、開幕一軍入りを果たす。シーズン中はなかなか投げさせてもらえなかったが、球団創設二九年目の初優勝のシーズンをベンチから体験できた。そして、優勝が決まった後の消化試合で初勝利を挙げることもできた。あの七八年の日本シリーズでも半分はベンチに入り、日本一を争う独特の雰囲気を味わった。一年目の成績は決して納得のいくものではなかったが、それでも自分のなかでプロとして良いスタートを切れたという実感があった。そして、翌年からローテーション入りを果たし、八〇年代はエースとして活躍。暗黒時代のヤクルトを支え、四年連続二桁勝利を挙げるなど通算112勝29セーブの成績を残し、九一年に引退した。

九四年、広岡はロッテGM就任を要請されたときに、真っ先に思ったことがある。組閣の中心となる監督人事はもちろん、コーチ人事についても改革を施そうと考えたのだ。日本にはプロフェッショナルのコーチがほとんどいない。そのことをずっと憂いていた。「名選手、名監督にあらず」で、現役時代に圧倒的な成績を残したからといって、優れた指導者になれるとは限らない。その逆もしかりだ。なかにはフロントに取り入り、気に入られることで引退後すぐコーチに就く者もいる。また、情熱を持って指導しているように見えても、自らの持論を押し付けすぎて選手から疎まれるコーチも少なくない。

多様な野球観を理解し、選手の適材適所を見極めることを第一とし、選手ファーストな職人気質のコーチをこの手で育てたい――。広岡はコーチ選考に時間をかけた。そして数多くの候補者から江藤省三、江尻亮、そして尾花高夫を選んだ。

監督には、ボビー・バレンタインを招聘する。現役時代は大した成績を残せなかったが、三五歳でテキサス・レンジャーズの監督に就任し、八五年から九二年までチームを指揮。八六年には前年最下位だったレンジャーズを二位にまで押し上げ、この年のＭＬＢ最優秀監督に選ばれている。広岡は、長嶋茂雄とともに主催した八九年の「日米ベースボールサミット」でバレンタインと知り合っていた。それ以来ずっと付き合いを続けていた縁で、監督として日本に呼んだ。広岡のチームを改革する理論は、広い視野のもと信念と叡智に長けたものであることは周知のとおり。しかし、一番不確かな要素で最も重要な〝人間の心の機微〟まではわからなかった。後に、この監督人事が大きな波乱を巻き起こす。

文明開化を求めて幕張に来た〝黒船〟は、球界の様々な常識を覆すトリガーとなるはずだった。だが、長らく鎖国状態が続いていた日本球界への入港は許されたが、思想を持ち込むことは断固拒否された。いわば、九五年のＧＭ解任劇はバレンタイン監督と広岡ＧＭとの野球観の違いというより、単純な価値観のぶつかり合いだったのかもしれない。それに巻き込まれたのが、尾花高夫だった。

九五年、新生マリーンズはアメリカのアリゾナ州ピオリアでスプリングキャンプを張った。尾花のプロ一年目とコーチ一年目のスプリングキャンプは、ともに海外。一七年前とは環境、メンバー、すべて違うが、ただ一点だけ変わらないのが、広大なアリゾナの青い空と、監督からGM職になった広岡達朗の存在感だけだ。

バレンタインはキャンプもメジャー流で、練習はいつも午後一時三〇分には終わった。当初、尾花は「1クール、2クールはまだ慣らしの段階だからだろう」と思っていた。しかし、3クール目に入っても練習は午前九時に始まり、立花龍司コンディショニングコーチによる基礎トレーニングを一時間、投内連携によるノックを一時間、そして一人五分間のバッティング練習をやって午後一時三〇分までには終わり。あっさりしたものだ。

さすがに、コーチ一年生の尾花も練習量をもっと増やしてもいいのではと不思議に思った。メジャーで監督を務めたバレンタインだったら、前年五位のマリーンズのストロングポイント、ウィークポイントくらい十分把握しているはず。それらを強化、克服する練習を重点的にやるのかと思ったら、ルーティン通りに基礎的な練習を毎日淡々と続けるだけ。おまけに、前日に決めたメニューを当日に変更することが度々あった。

「これがメジャーのやり方なのか⁉　それとも他に何か意図しているのか……」

思慮深い尾花は、バレンタインの狙いをしっかり読みとろうとした。文化も風習も違う日本の野球を知るべく、まずはコーチ陣の特性・性格を探ろうと考えているのではなかろうか。とはいえ、今はつまらぬことで波風立ててはいけない。もう少しだけ様子を見ようと思った。

広岡もあまりの練習量の少なさに不安を覚え、バレンタインと話し合いの場を持った。

「ボビー、今のような練習だけではペナントレースを乗り切れないから、個人のレベルアップを図る特守や特打をやったらどうか？」

「ダメだ」

「なぜだ？」

「選手をリフレッシュさせて練習することが重要。翌日まで疲れを残すのは怪我にも繋がる」

ボビーの意見がメジャー流だというのは十分に理解している。しかし、広岡は続けざまに言う。

「契約時にも言ったと思うが、メジャーは1A、2A、3Aというぶ厚い層を勝ち抜いてメジャーに上がるシステム。幾人ものプレーヤーが淘汰され、選ばれた精鋭たちだけがメジャーリーガーになれる。既に実力を兼ね備えた彼らのコンディションを整えてゲームに出させるのがコーチの役割だというのはわかる。しかし、日本の場合は一軍と二軍しかなく、球団が保有できる選手はたったの七〇人。アメリカと比べても格段に層が薄い。一軍といえども2A、3Aだと思って指導しないと勝てないと言ったはずだ。今からでも練習量を増やせないか？」

「ダメだ」

「わかった、じゃあ、選手が自分たちで特守や特打をやりたいと言ったらどうする？」

「積極的練習は大いに歓迎する。いつでも扉を開けて待っている」

ボビー流の言葉を投げ返してニコッと頷いた。実際、メジャーのスプリングキャンプでも、メジャー予備軍の若手や招待選手は午後から個人練習をして必死に汗を流している。自主性を重んじるメジャーのやり方だ。

その日の夜、広岡はミーティングルームに選手たちを集合させた。

「わかっていると思うが、バレンタイン監督はコンディションを第一と考えたメジャー流の練習をこのまま貫くようだ。だからと言って君たちがメジャー並みということではない。個人練習で技量を上げろということだ。あれやこれや言われないし、言われたとおりの練習だけをやっていても一軍に残れる保証はない。やるのは自分の意志だ。明日から全体練習が終わった後、個人練習をやるが、参加する者は手を挙げろ」

ピッチャーのベテラン連中以外、ほぼ全員が挙手した。さすがに選手たちもこの練習量では不安に思っていたらしい。翌日から個人練習を開始するのだが、バレンタインはその時間も三〇分間しか認めなかった。広岡としても、バレンタインが監督である以上、現場の指揮官のやり方を尊重しなければならない。それ以降は、広岡を先頭にコーチ総出で、夜間練習としてホテルの屋上や庭を開放して素振りやシャドウピッチングをやらせることしかできなかった。それでも選手たちが絶対的な練習量の遅れを取り戻そうと積極的に参加し、高校球児のようにひたむきに汗を流していたのが救いだった。こうして春季キャンプの時点で、あまりにもメジャー流のバレンタインと、練習量が足りないと不安視する広岡、コーチ陣との間に徐々に隙間風が吹き始めるようになる……。

キャンプを終え、オープン戦初戦の試合終了後にはこんなことが起こった。首脳陣だけで行うミーティングで、選手起用についての議論が巻き起こり、バレンタインはあるコーチに対して「そんなこと言うならおまえらクビだ」と通訳を通じて言い放った。頭に来たコーチ陣が「なんでクビなんですか?」と問い詰めると、バレンタインは通訳を介して「俺はそんなことを言ってない」と言う。

「僕は、この場で何か問題のある発言をしましたか?」。日本人コーチが通訳に問い詰める。

「問題があることは言っていない」。慌てて通訳は言う。

「そうですよね」。コーチが強く怒った口調で返すと、バレンタインが「まあまあ」と仲裁に入ろうとする。頭に血が昇っているコーチが「俺は変なこと言ってねえから」と言うと、バレンタインは雰囲気で察したらしく、「OK!」と返事した。

通訳を介すと微妙なニュアンスが伝わらなくなり、「そんなことだったら（コーチは）必要ないぞ」といった意味合いのバレンタインの発言を通訳が「クビ」と訳してしまった例。言葉の壁は致し方ないけれども、そうした齟齬によっても暗雲がうっすらと漂い始めた。

シーズンに入り、案の定バレンタイン率いるマリーンズは苦戦を強いられた。開幕から

23試合で8勝14敗1分、首位西武に6・5ゲーム離されての最下位に沈む。あからさまに悪い数字が出た以上、コーチ陣は監督に対してより不信感を募らせる。あれほどキャンプ時に絶対的な練習量が足りないと進言しても「OK、OK!」と取り合わなかったが、どこがOKなんだ⁉ 何がOKだよ‼ マスメディアにはいつでもどこでもボビースマイルを振りまいてウケがよくても、言っていることとやっていることが明らかに違う。すぐ誤魔化すし、何か進言しても調子良く「OK」しか言わない。調子の良さはわかっていたが、肝心要の指揮官としての能力はどうなんだ、コーチ陣には不平不満が溜まっていた。

作戦にしてもおかしい点がたくさんあった。

ランナー一塁でカウントが2－2の場合、自動的にヒットエンドランというルールをバレンタインは課していた。その意図は、ピッチャーは2－2のカウントでは必ずストレートを投げてくるから思い切りスイングできるし、たとえ凡打になってもゲッツーはないという考えだ。しかし、尾花はキャンプ時に異を唱えた。

「監督、日本の場合は2－2のカウントでも平気でフォークやスライダーといった変化球を投げてきますので、バッターは空振りする確率が高くなって、最悪三振ゲッツーになってしまいます」

「どうして2－2から変化球を投げるんだ? ボールになったらどうするんだ?」

「2－2からでも決め球として変化球を投げて打ち取るのが、日本のバッテリーの攻略方法なんです。むしろストレートを投げてきません」

「見逃されてボール球になってもしょうがない配球ってことか？　振ってくれたら儲けもんなんて一か八かの勝負を、ピッチャーがするなんて信じられん」

バレンタインは首をすぼめて「Ｏｈ　Ｎｏ！」のポーズ。尾花は映画やドラマでは見たことあったが、本当にアメリカ人はこんなポーズをするのだなと思った。こんなケースで日本人がやったら、間違いなくふざけているとしか思われない。

結局、尾花が進言しても馬耳東風で、シーズンに入ってもエンドランは強行された。当然、こんなケースでのエンドランの結果は火を見るより明らか。見え見えのボール球をバッターはなんとか当てようとするも空振りの山を築き、ランナーは二塁手前で楽々アウトとなる三振ゲッツーが激増した。

四月二九日西武戦でもおかしなことがあった。

先発伊良部は一七日ぶりの登板。前回は一二日西武戦にて8回4安打2失点、プロ入り初の無四球で降板したのが納得できず、宿舎で荒れに荒れた。何かの拍子で右足の指をぶつけて骨折し、2試合先発を外れていた。当時の伊良部にはシーズン登板のノルマとして35試合が課され、不注意によって投げられなかった2試合を年俸アップ分から割り出しての罰金322万が徴収された。

そんな経緯もあってか伊良部は初回からフルスロットルでストレートをビュンビュンと投げ込み、八回まで無失点に抑える。〇対〇のまま最終回、一死から三番佐々木誠に2ベースを打たれた。ここで四番清原和博を迎える際に、尾花は敬遠を考えた。清原はこの試合二打数無安打、そろそろヒットが出る頃だ。そして、そのあとの五番鈴木健は三打席とも三振、六番ダリル・ジャクソンも無安打と完璧に抑え込んでいたからだ。しかし、バレンタインは何も考えることをせず平然と清原と勝負させ、1ボールからの126球目真ん中高めのストレートを完璧に捉えられて2ランホームラン。伊良部は14三振を奪いながらも清原の一発で負けた。伊良部と清原の平成の名勝負ということでファンには見応えがあった試合かもしれない。だが、ピッチャーが歯を食いしばって力投している試合こそ、べンチワークで勝たせてあげなければならない。尾花は唇を嚙み締める思いだった。

かと思えば、五月七日のオリックス戦では四対六とリードされた八回に、一死二塁で左のニールが打席に入ると、右の金澤次男から左の岸川登俊を投入。ここまでは定石通り。問題は次。わざわざ左対左にしたのに、なんと敬遠を指示。それを見た尾花は烈火のごとくバレンタインに詰め寄る。

「なんで敬遠するんですか?」

「フィーリングでなんとなく打たれそうに思ったからね」

尾花は呆気に取られた。もうここまでくると、バレンタインマジックではなくただただ無根拠なヤマカンだ。

結果ランナーが溜まり、ここから4点追加され、六対一一で負けた。

理解不能な采配ばかりが続き、とうとう尾花の堪忍袋の緒が切れた試合が五月二七日の日本ハム戦だ。一〇対三の7点リードの七回途中で先発園川一美から金澤次男がリリーフし、九回ツーアウト。右打者がバッターボックスに入ると、ここでバレンタインは何を思ったのか左の岸川登俊をリリーフに送り出そうとしたのだ。さすがにピッチングコーチとして尾花が怒りを露わにしながら制した。

「7点差もあっておまけにランナーもいない。意味がわからない。こんなことをしていては恥です」

バレンタインは監督の命令に背く尾花を睨んだ。

尾花も一歩も引かない。バレンタインは勝手に一人でダグアウトを出て行き、ピッチャー交代を告げた。気恥ずかしい思いで尾花はマウンドへ小走りで向かう。内野陣がピッチャーを囲むように集まってきた。淀むような圧が押し寄せてくる。内野の誰かが口を開いた。

「どうしたんですか？　こんなことやっているうちにゲームセットですよ」

そのとおりだ。情けないやら悔しいやら、こんな野球をやっていて勝てるわけがない。グラウンドで選手たちが一生懸命プレーしているのに、ベンチが意思疎通できていない。選手に余計な混乱を生じさせてしまって申し訳ない思いだ。

「ワンポイントを想定した試合なんだ。あと一人だから気を抜かずに」

なんとか言い訳を探して言ったが、選手たちも薄々は気づいているんだろう。

「おいおい、7点差あるのに交代かよ。ご苦労なこった」

「野球知ってんのかよ」

日本ハムベンチからの視線、ヤジがもろに背中に突き刺さる。これほどいたたまれない野球をやったのは初めてだった。

そんなお粗末な展開で勝利を収めた後、尾花はバレンタインに目もくれずにコーチのロッカールームへと向かった。しばらくすると、見るからに興奮状態のバレンタインが入ってくるや尾花に向かって「お前はクビだ」と大声で怒鳴り散らした。ハリケーン襲来のごとくロッカールームは大荒れになっているところ、尾花は平然とした顔で「わかりました」と一言だけ告げてさっさと帰ってしまった。こんなことがシーズン中、三回ほどあった。

広岡が二週間のアメリカ視察を終えて帰国したのが六月一三日。この頃、マリーンズは一〇日から一八日まで引き分けひとつを挟み七連敗。最下位に沈んでいた。

広岡は、GM補佐の高木益一にチーム状況を探らせ、バレンタインと江藤、尾花との関係が良くないことを聞いた。「まだ間に合う」。調整役が必要だと思った広岡は、二軍ヘッドコーチの江尻を一軍に昇格することを決め、バレンタインにも了承を得た。

三〇日に、江尻が一軍ヘッドコーチに正式昇格した。

広岡は、選手たちの前でこう言う。

「君たちをキャンプから見ているが、非常に力がついてきた。歯車さえ合えば、どこと戦っても負けない。この調子でやっていけばAクラスどころか二位にだってなれる。だから最後まで自分を信じてほしい」

首脳陣の一体感のなさで面倒な思いを強いられていた選手たちの目の色が突如変わった。やはりヤクルト、西武で優勝させた実績がものを言うのか、広岡の言葉には説得力がある。

「俺たちが二位かぁ」。最下位に沈んでいたチームの選手たちから、沈痛な面持ちが消え失せた。奇しくも江尻を一軍のヘッドに昇格を決めた二〇日から三〇日までの9試合で6勝を挙げている。広岡は部屋に尾花を呼び、力強い目で諭すように話した。

「まだ残り70試合ある。5試合を3勝2敗でいけるようにローテーションを組めば、まだまだAクラスを目指せる」

「どうやればいいんでしょうか？」

「捨てゲームを作れ。まず三本柱の伊良部、小宮山、ヒルマンは計算できるから、園川、黒木、前田の先発ゲームのどれかを捨てて、一人中継ぎにして継投を強化するんだ」

「え⁉」

尾花は目からウロコだった。ピッチングコーチである以上、130試合すべて勝ちにいくつもりでいた。勝負は一試合一試合すべて全力でやることがモットーだと信じていた。しかし、実際は130試合勝つことなんてできない。それでもすべて勝ちに行く姿勢こそが勝率を上げる要素になると信じて疑わなかった。それが、広岡は「負けゲームを作れ」と言う。そんな発想自体頭になかっただけに、尾花は勝負の奥深さをあらためて知った気がした。「やっぱ、すげえなこの人」。伊達に名将と呼ばれる訳ではない。

「どうした尾花、わかったか」

広岡は確かめるように言った。

「はい、わかりました」

最下位で沈んでいた心に一筋の光が舞い込んだ。

そこから毎試合後、尾花と江藤が広岡に呼ばれて反省会をするのが日課となった。

広岡からは、試合での継投策から投手陣の整備を含めてピッチャーのことをすべて一任された。尾花が投手陣の状況や試合展開による継投策をヘッドコーチの江尻と共有し、江尻がバレンタインに伝えてくれる。独善的なバレンタインは江尻の意見を撥ね退けるかと思いきや、簡単に受け入れる。尾花は不思議に思ったが、どうやらメジャーでは監督がヘッドコーチの意見にしっかり耳を傾けることがセオリーらしい。

一方で広岡からは試合ごとに投手交代、継投の意図を逐一チェックされた。

「なんであのシーンで、こんな交代をしたんだ?」

「あのバッターへの攻めはベンチから見ていてどう思ったんだ?」

「この投手は崩れる前兆が出ていたのになんで見逃していたんだ?」

納得のいく答えが出ないと「そうじゃないだろ」と怒られたが、同時に懇切丁寧にアドバイスを受けた。広岡の一言一言が生きた教材となってコーチ一年目の尾花を成長させた。

投手陣に関しては、伊良部、小宮山、ヒルマンの三本柱に加え、園川、黒木の先発陣、抑えにWストッパーの河本、成本と駒は揃っていた。セットアッパーに吉田篤史を置き、二イニング投げて最後に河本、成本のストッパーに繋ぐという継投。ただ園川が五回ぐらいまでしか持たないため、その場合だけセットアッパーが足りないくらいで、あとは勝利の方程式が確立しつつあった。

シーズンも残り20試合を切り、二位確保のためにローテーションを再編しなくてはならない。尾花は考えていることを遠慮なしに広岡にぶつけた。手探りで何もしないよりは、失敗してもいいから自分がやりたいことをどんどん言うようにした。広岡も尾花の覚悟を意気に感じ、蓄積してきたノウハウを全身全霊で伝授した。

ピッチャーの状態がちょっとでも悪くなると、広岡はすぐ尾花を探して「俺も考えてくるからおまえもどうしたら良くなるか考えて来い」と耳元で囁く。チームのため、そして自分を教育するために言ってくれていることを尾花はきちんと感じ取っていた。

期待に応えようと、調子を崩したピッチャーを見るために早めに練習に行くと、すでに広岡も腕組みをして立って注意深く観察していた。広岡に「おまえはどういうふうにやろうと思ってんだ？」と聞かれて「僕はこういうふうに思ってます」と答えることもあれば、「まだどうしたらいいか、迷っている最中です」と誤魔化さず正直に言うときもあった。また、尾花に考えを求めるばかりではなく、「俺はこういうふうに考えてきたけど、どうだ？」と広岡から提言することもあった。

広岡の口癖は、「それは選手のためになるのか」。広岡は、どんな状況だろうと選手ファーストであり、選手がどうしたら良くなるのかだけを常に考えて行動していた。

そして迎えた九月一五日からのオリックス三連戦。一つでも負ければオリックスの優勝が決まってしまう状況だ。このときマリーンズは二位。首位と12ゲーム差と既に大きく離されていたが、目の前での胴上げだけは意地でも阻止したい。

尾花は三連勝するために伊良部、小宮山、ヒルマン三本柱をつぎ込むことを提言する。思ってもみない意見に難しい顔をした広岡は、一瞬思考を巡らせた後に尾花に問いただした。

「なんで三本柱をつぎ込むんだ？」

「来年優勝するためには、この三本柱でどれぐらいできるかを見てみたい。あと優勝争いというのはこういうもんだっていうのを、選手たちに体験してもらいたいんです」

広岡は顔色を変えずに黙って聞いた。

「次はどうする？」

「日本ハム戦は一つ勝てば大丈夫ですから。黒木を（先発で）行かせて継投で逃げ切ります」

「本当に逃げ切れるのか？」

「大丈夫です」

腹を括った男の言葉は力強く、相手の心に突き刺さる。

「よし、それでいけ」

広岡も尾花の意図を理解し了承した。

九月一五日からのオリックス三連戦を見事三タテして、オリックスの眼前での胴上げを回避。この三タテは「来年のロッテは怖い」と他球団の監督に言わせるほど、チームとして地力がついてきた印象を強烈に与えた。

シーズンが終了し、69勝58敗3分でなんとか二位を確保できた。成績だけ見れば前年度の五位から二位に躍進したロッテは、バレンタイン効果だとマスコミにもてはやされた。いつでもどこでも満面の笑みを振りまくバレンタインは、マスコミ受けも良く人気者だった。しかし内実があまりに前評判とかけ離れており、尾花ら首脳陣は完全に袂を分かちたい一心だった。

広岡は、今季の報告をかねてオーナーの重光武雄とオーナー代行の重光照夫の三人で食事をした。オーナーは二位になったのがことのほか嬉しかったらしく、終始ご機嫌だった。球団の長としてバレンタインが功労者として称えられている風潮を口にしたところで、広岡は「今だ」と思った。

「うちの投手陣は素晴らしく、伊良部が防御率と奪三振数でトップ、初芝は打点王を獲るなど、投打ともに個人タイトルを三つ獲っております。優勝するだけの戦力は十分ありました。ただ今の監督のままで来季優勝することはできません。今の体制でいいと仰るのなら優勝はしなくてもいいと一筆お書きください」

堂々の直談判だ。

重光照夫オーナー代行は初めて聞く話だったため、一旦持ち帰った。後日、尾花はオーナー代行に呼ばれ、「バレンタインの話、どういうふうに思ってんだ?」と単刀直入に聞かれた。尾花だけでなく他のコーチ陣にも聞き取りがあり、しばらくするとバレンタインは解雇となった。そしてヘッドコーチの江尻亮が監督に昇格した――。

尾花にとってロッテでの二年間は何だったのか。

もちろん、初めてのコーチだったということもあり、何から何まで勉強になった期間だったのは言うまでもない。特に恩師である広岡に教えてもらったことは、今も大きな財産となって生きている。

「コーチとして大いに勉強させてもらいました。広岡さんは冷徹だと言われてますけど、選手のため、チームのためのことをいつも考えている熱い人でした」

ヤクルト監督時代の広岡は、ルーキーイヤーでの尾花の根性を買い、プロ二年目から先発ローテーションを担わせた。その後、尾花は八〇年代低迷期のヤクルトのエースとして活躍し、広岡もその雄姿を遠巻きに見てきた。そんな尾花の練習態度や後輩への接し方などを人伝てに聞いたことで、自分の手元で指導者として育てたいとコーチに抜擢。その後、尾花は途切れることなく各球団のコーチ（二〇一〇年から二年間DeNA監督）として渡り歩いて指導し、何度も優勝に貢献している。やはり広岡の慧眼は凄い。

あの〝黒船〟バレンタイン監督についての本音も聞いた。

「アメリカ人特有のオーバーリアクションで、対外的にチームを盛り上げてくれましたよ。ただ、チーム内において嘘をつくんですよね。例えば、キャンプからの練習量が足りなかったのでゲームのない日の練習メニューを作成して『移動日も練習しましょう』とバレンタインに渡すと、お得意の『OK、OK!』なんです。でも移動日前日になると『いや、もう疲れてくるから休もう』と取り消される。しかも、外国人選手だけには事前に『移動日は休み』と伝えてあるんです。つまり、最初から練習する気なんかなかったわけです。そんなことが頻繁にありましたね」

当時のロッテは広岡GMが広告塔になっていたせいか、メディアが面白がって広岡とエース伊良部、小宮山との関係をいたずらに醜聞を追いかけるように報じていた。

小宮山は、広岡についてしっかりした口調で語ってくれた。

「メディアを介して〝犬猿の仲〟ってよく書かれてました。こちらとしては、まったく気にすることはありませんでしたけどね。なぜならば、もの凄く仲良かったので。多分信用してもらえないと思うんですが、広岡さんに面と向かって『妖怪』って言える間柄なんです。広岡さんにしたら、最初は生意気な若造と思っていたはずですが、話しているなかで僕の言い分に対して『まったくもってそのとおりだ』と言ってくれる人でした。お互いがお互いを理解し合える関係だからこそ、広岡さんを捕まえて『その年でそんなに背筋をピンと伸ばして、姿勢よくボールを捕ったり投げたりできるのはもう人間じゃない』と言ったりもしていた。それでも『何を言ってんだ、おまえは』って笑ってくれる人ですから」

九五年、一軍ピッチングコーチの松沼博久は、記憶を紡ぎ出すように喋ってくれた。

「広岡さんと伊良部の確執ってよく書かれてましたが、二年目の広岡さんは意外にも伊良部のわがままも聞いてあげていた気がします。『ほっとけほっとけ、大丈夫だよ』と言っていましたよ。伊良部が広岡さんのことを〝おっさん〟呼ばわりしても広岡さんは怒りもしなかったですしね。あの広岡さんがですよ。伊良部に関しては、ある面では優しかったイメージがあります」

尾花も、広岡と伊良部の関係性を好意的に見ていた。

「広岡さんと伊良部の関係性は悪くなかったですよ。確執、確執ってマスコミが大騒ぎするようなものではありませんでした。ただ伊良部が、四月の西武戦に登板して負けた腹いせか、立川の定宿のホテル近くで買い物帰りに自転車を蹴飛ばして右足親指を骨折。それで先発を飛ばしたので、広岡さんが凄い罰金を取ったっていうのは覚えてますけどね」

伊良部は広岡と、登板を回避するごとに罰金が科せられる取り決めをしていたため、骨折後わずか二週間で復帰。折れた親指にギプスを巻いていたため、自らスパイクの右親指の部分に穴を空け登板。伊良部なりに根性を見せた登板だった。

「なにかの場面で広岡さんが『（江尻監督は）もうちょっとできると思っていた』というようなことを仰っていたのを覚えています。三年契約の最終年は違う監督を捉えて勝負をかけたかったんだと思いますよ」

尾花にとって、九五、九六年は指導者元年でもあり、返す返すも得難く、忘れられない二年間だった。

江藤省三の証言

思いがけない運命が、突風となって押し寄せてきた。

一九九四年の秋口、千葉ロッテマリーンズのフロント高木益一から電話があり、広岡がロッテGMに就任することに仰天し、そのうえロッテのコーチ就任を請われたことに驚いた。

監督は、メジャーチーム監督経験者のバレンタインを招聘することも聞かされ、江藤省三の心は踊った。江藤は一九八五年に1Aのベーカーズフィールド・ドジャースメジャーに一年間だけ野球留学し、アメリカ野球にどっぷり魅了されていた。ゆえに、メジャーの球団で監督を務めたバレンタインのもとでもう一度現場に戻りたいという気持ちがムクムクと湧いた。

江藤は熟考する時間を設けるため返事を一旦保留した。冷静になって自分の気持ちを何度も何度も確かめた。一週間後に高木から電話がかかると、コーチを受諾する旨を伝える。すると、

「おお、江藤か、広岡だけどチームのためにともに戦おう。それで来季なんだが……」

突然、電話を代わった広岡がどんどん喋り出す。江藤はいきなりだっただけに驚き、ただ黙って聞いていた。

江藤は八一年から巨人のコーチ、フロントとして活躍し、九三年からは同じく巨人でスカウトを担当していた。七七年から八〇年まで中日のスタッフとして、大体一週間くらいのスパンで偵察するチームを追いかける先乗りスコアラーをやっていたときに、慶応の先輩にあたる藤田元司から引き抜かれる形で、巨人に一四年間お世話になっていた。九二年に二軍育成担当コーチを辞めたとき、当時中日の監督だった高木守道からコーチの誘いがあったが、断った経緯がある。それなのにだ。

江藤は自分の気持ちを信じるまま、ロッテでコーチに就任すべく一四年世話になった巨人に辞表を出した。「なんだと？」。巨人軍オーナーの正力亭と藤田は即座に顔色を変え、「行っちゃいかん」と反対した。大巨人軍を辞めてロッテに行くということは、巨人を袖にした形になる。何よりも巨人関係者からは、尻尾を振って広岡のところへ行く裏切り者のような目で見られる。それでも江藤の意志は固かった。

長嶋茂雄だけが「良かったね～」と喜んでくれ、嬉しそうにこう言った。

「俺、ヒロさんと仲良いの知ってる？」

九五年の正月二日、広岡邸にピッチングコーチの尾花高夫、二軍ヘッドコーチの江尻亮、そして守備コーチに就任した江藤が呼ばれた。ジャージ姿の広岡が玄関まで出迎えてくれた。えらいラフな格好だなと江藤は思った。この集まりは新年の挨拶を含め、新生千葉ロッテマリーンズのささやかな決起集会だと思っていた。その予想通り、広々とした応接間にはお屠蘇とおせちが用意されていた。しかし、まずは乾杯とおちょこに一口か二口しか口をつけてないところで突然広岡が「庭に出ろ」と言い出した。「え⁉」と思っているうちに、広岡はもうすでに庭へと出ようとしている。他の二人と顔を見合わせながら、江藤たちも外に出た。

陽が照っているとはいっても正月三が日、気温は10度にも満たない。

「上着を脱げ」。広岡はまずは自分がお手本となってネットに向かってスローイングを始める。六三歳の広岡が、まだまだ華麗な動きを見せる。

「指導者は、これぐらいのことができなかったらダメなんだ。できて当たり前。自ら手本となるべきだ」

そう言いながらジャージ姿の広岡は、何度もネットスローを見せた。

江藤は目を見開き、心のなかで呟いた。

「コーチも自ら練習しなくちゃいけないんだな。そりゃそうだ」

自分たちはできて当たり前という感覚でいること自体、驕りだ。傲慢な態度こそ指導者として一番見せてはいけないこと。早速、江藤はネットを購入し、自宅の庭に張ってネットスローの練習、さらに暇さえあれば、ガラスに映る姿を見てシャドー練習をキャンプインするまで毎日やった。

こうやって練習していると、巨人に入った頃を思い出すのであった。

江藤省三。中京商業時代に甲子園へ二度出場したのち、慶應義塾大学に進学。大学三年春から四シーズン連続で六大学野球リーグのベストナイン選出という輝かしい実績を提げ、即戦力のセカンドという触れ込みで六五年の第一回ドラフト会議で巨人から三位指名を受けた。巨人、中日でプレーし、引退後は巨人のコーチ、フロントを経験。二〇一一年には東京六大学史上初のプロ出身者として慶應大学野球部監督に就任した人物だ。

五つ上の兄は元祖「闘将」江藤慎一であり、熊本商業から日鉄二瀬を経て五九年に中日入団。一年目から130試合に出場し主砲として活躍。六四年、六五年と二年連続で首位打者を獲得、ロッテ移籍後の七一年にも首位打者となり、日本プロ野球史上初の両リーグでの首位打者となった大打者だ。七五年太平洋クラブではプレイングマネージャーとして、ファイトあふれるプレーで活躍。通算成績は2084試合出場、2054安打、367本塁打、1189打点、通算打率二割八分七厘。

省三は、大打者の兄・慎一がいることによるプレッシャーを微塵も感じていなかった。むしろ兄貴のおかげで、少し活躍しただけでも大きく新聞報道されるなど、メリットしかないと感じていた。

この年の巨人のドラフトは、三位の江藤、五位の才所俊郎（河合楽器）以外は全員高校生を獲っていた。いわば、江藤は即戦力として獲られた意味合いが強い。入団が決まってからサンケイスポーツ紙上で、土井とセカンドを争う有望な新人（江藤）が広岡に教えを乞うといった内容の対談企画を行っている。平日に、あえて後楽園球場で江藤と広岡は初めて会うことになり、挨拶を交わして対談が始まった。江藤はここぞとばかり質問した。

「ゲッツーのときは、どのあたりに投げればいいでしょうか」

広岡は悠然とした態度で答えた。

「どこでもいい。それに合わせて入るから」

思ってもみない答えが返ってきて江藤は驚いた。

「プロなんだから捕れる範囲であれば捕る。そんなこと気にするな」

広岡は、一瞬だけ口元を緩めたかと思うと、すぐにクールな表情に戻った。

この言葉を聞いて、江藤は気が楽になった。職人と呼ばれる人のこだわりは果てしない。兄の慎一からも多少なりとも広岡のことは聞いていた。巨人不動の名ショートだった広岡達朗であれば、捕りやすい球でないと捕らないタイプの偏屈さを持っている可能性が高いと思っていた。しかし、近寄りがたい見た目のイメージと違って、気さくとまではいかないまでも威圧的ではなく普通に接してくれる。兄・慎一が豪快な兄ちゃんなら、広岡は真面目で厳格な兄さんだ。まだこの時分は、希望を胸にプロの世界でも高らかに飛べると信じていたときだった。

江藤の入団により、セカンドの土井正三をショートにコンバート、セカンドに江藤を入れて広岡は引退というのが規定路線でもあった。

一つ上の土井は立教出身で六大学時代から見ている。当然、土井を抜くつもりで巨人に入団した。

　しかし、プロ入りして土井のプレーを見ると江藤は唖然とした。たった一年先にプロに入っているだけでこんなにも差がつくのかと。前年度の日本シリーズ、南海との第五戦でエース杉浦忠からサヨナラヒットを放って日本一を決めた土井は、レギュラーとして堂々の風格だった。

「うわー、これやべえかな」。セカンドレギュラーは難しいと思った。

　そんなときに、土井がショートにコンバートするという話を小耳に挟み、セカンドの控え選手なら勝負になると考えた。しかし、土井は肩が弱かったためショートコンバートを拒否。江藤はファームで鍛え直されることになった。

　結局、選手としての江藤は一一年間で１５４本の安打しか打てず、選手として大成したとは言い難い。だが、その後のスコアラーとして、コーチとしての献身的な姿が広岡の目に留まり、ＧＭ就任とともに一軍守備コーチとして白羽の矢が立てられたのだ。

「ベースボールというのは楽しくプレーするものだ。だから私はその先頭に立とうと考えている」

　監督就任会見でとびっきりの笑顔を見せたボビー・バレンタインは、ムービースターのようなオーラとスマイルで日本のマスコミを虜にした。

　春季キャンプは、アリゾナ州ピオリアで行われた。ピオリア・グリーンウェイ・スポーツ複合施設は、ブリュワーズのマイナーリーグ用の施設として使われるなど、春季キャンプで使用する施設として申し分ない環境である。メイン球場の他にグラウンドが13面あり、広大な敷地を持つアメリカならでは。日本じゃ考えられない。

カラッとした乾燥した空気に、どこまでも続くスカイブルー、ロッテ選手たちも異国でのキャンプに自然と高揚する。

キャンプイン四日目となる二月四日の練習中に、不思議なことが起こった。

バレンタイン監督がふと上空を見上げると、なにやらキラリと光っているものがある。選手たちも「なんやあれ?」と光る物体を見つけ、練習が一時中断となった。白く光ったり、銀色に輝きながら左右に飛び周り、五分ほどしてパッと消えた。グラウンドに来ていた百人余りがワーワーと騒ぎ始めた。バレンタインは事態の収拾を図ろうと「あのUFOは(前年度パ・リーグ覇者の)西武の仕業だ。マリーンズのサインを盗みに飛んできたに決まっている」と言い、周囲を和ませた。こんなアメリカ流の気遣いができるバレンタインが指揮官になったことで、キャンプもすべてがメジャー式で始まった。

七時の朝食に始まり、八~九時に練習開始。そして午後一時三〇分には終わる。そこからはオフだ。日本の春季キャンプは大体朝九時ごろから一六時ごろまで練習するのが基本だったため、広岡からしたら物足りなくて仕方がない。

江藤も「これで大丈夫か」と思っていた。でも広岡がわざわざアメリカから連れてきた監督だから信じるしかないと、バレンタインの一言一句を漏らさずにメモを取った。

だが第三クールが終わってもまだ練習量が増えない。さすがに江藤を含むコーチ陣も心配になってきた。広岡も長年野球界を見てきた実績から、明らかな準備不足の状態が見てとれる。無視できなくなってきた。

「なんでいつまでも休ませるんだ？ 午後二時か三時からでも練習をさせろ」

広岡がコーチ陣にこう呼びかけても、監督の決めたメニューをコーチが突然変更することはできない。広岡がバレンタインと交渉し、なんとか午後なら個人練習をやってもよい許可をとりつけた。即座にコーチ陣を集めて、午後からの練習メニューを作成させた。もちろん、夜間練習もさせる。

この行動を知り、バレンタインは動揺した。

バレンタインが午後から球場を離れて三時四時に戻ってくると、ほとんどの選手が全体練習のように汗をかいて練習しているではないか。急いでコーチ陣を集めた。

「何をやっているんだ！」

叱りつけるように言うが、コーチ陣は、広岡がバレンタインから了承を得ているから大丈夫だと言われていると返答する。確かに個人練習は許可したが、これでは全体練習と一緒ではないか。短時間で効率よく練習をして、常にフレッシュな状態で臨む。怪我してシーズンに遅れることがチームにとっても本人にとっても一番不幸なこと。なんで軍隊のようにヘトヘトになるまでやらせなきゃいけないのだ。わからない……。バレンタインにしたら日本プロ野球のスタイルがまだ理解できないし、さらに広岡からは騙し討ちにあったような気分に陥った。

文句の一つでも言ってやろうかと思ったが、バレンタインは我慢した。まだスプリングキャンプだ。ここでチームのムードを悪くしてはならない。グッとこらえた。

そこからだ。広岡がグラウンドで選手に直接指導する姿が頻繁に見られるようになった。報道陣はこぞってバレンタイン監督に質問し始める。

「GMが選手に直接口を出し、監督としてやりにくさがないか」

バレンタインは、相変わらずのとびきりのスマイルで答える。

「ノープロブレム。広岡さんに野球選手と一緒に仕事をしてはいけないというのは、魚に向かって、水の中では泳ぐなと注文するようなものだ」

オーバーリアクションをしながら続ける。

「我々と違って、広岡さんしか持ち得ない非常に大切なギフトがある。それは野球に対する知識と、実演してみせる能力だ。選手たちに教えてくれることを、私は非常に名誉だと考えている」

まったくの嘘ではないけれど、半分は社交辞令だ。

長年、メジャーの荒波に揉まれた男だからこそ、底知れぬ笑顔の裏には譲れぬ強いプライドが隠されている。誇り高きバレンタインと広岡の関係は、ガラスのように透明でもあった分、脆かった。

シーズンが始まり、オールスター前までバレンタインは「OK、OK、よしわかった。

重ねていたのだ。

じゃあやってみよう」とコーチ陣の進言を素直に聞いていた。しかし、実は相当の我慢を

オープン戦が始まると江藤はバレンタインから「日本語を覚えたい」と言われた。もちろん、コミュニケーションを円滑にするためでもあるが、バレンタイン自身、日本の文化風習にも興味を持っていたからだ。

マリーンスタジアムでの練習後や遠征に行ったときも、昼食が終わった頃にテープを持って江藤の部屋に来る。テキストを持ってきて「この日本語は何だ？」と言い、日本語と英語で順次教えていく。日本語の難しいところは、同じ言葉でもニュアンスが違うこと。例えば「またお願いします」の場合は、「次もやりましょう」という意味と、社交辞令的な意味合いで使われる場合もある。日本語にはそういうのがたくさんある。英語は一つだけ。二人称も英語は基本的に「Ｙｏｕ」しかないが、日本語は、おまえ、あなた、君、そち、われ、貴様、お宅とたくさんの言い方がある。バレンタインは「その意味がわからない」と言ってくる。一つの単語だけで三〇分ぐらい書いて教えたこともあった。それぐらい一生懸命に勉強していた。

四月一日、新生千葉ロッテマリーンズの九五年シーズンが開幕した。新体制のロッテがパ・リーグに新風を巻き込むのか、大いに注目された。しかし、四月は23試合を8勝14敗1分、首位の西武に6・5ゲーム離されての最下位だった。

ゴールデンウイークを過ぎたあたりの頃、大阪のホテルで広岡が「バントをもっと使

え」とコーチ陣に言った。ピッチングコーチの尾花と一緒にデータをバレンタインに見せに行った。バントをした時としない時の点数の入り方を、それぞれデータを明瞭化して見せた。バレンタインは得意のスマイルを見せずにデータ用紙にじっと視線を落とす。アメリカは初回からオフェンシブなベースボールを展開するけれども、日本の場合はバントを多用したほうが点数は入りやすく得点力がアップする。いわゆるスモールベースボールだ。バレンタインは顔を上げ一瞬怪訝そうな顔を見せたが、「わかった、やる」といつものスマイルを見せて言ってくれた。てっきり納得してくれたのだと誰しもが思った。

翌日のゲームから、どんなケースであろうとバントをし始めた。まるで、判で押したようにランナーが出ればバントバントだ。当てつけだ。今考えれば、バレンタインが納得して「イエス」と言ったわけではなかった。一瞬こわばった顔には「やりたいことをやらせてくれない」という意思が隠されていたんだと江藤は感じた。ベンチの中でバントのサインを出すバレンタインが一瞬不憫に思えた。

江藤は、アメリカ視察のため日本にいない広岡に代わり、GM補佐の高木益一にこう進言したことがあった。

「現場には現場のやり方があるので、思い通りにやらせてもらえませんか?」

冷静に話したつもりだったが、どこでどう間違ったのか、フロントに楯突いたように捉えられてしまった。高木益一は元スポーツ新聞の記者で、広岡が連れてきたフロントの一人。シーズンもまだ序盤であるし、江藤は誤解させたことに対して謝罪を入れた。その頃は江藤自身もバレンタインを応援していた。

六月下旬、広岡から電話があった。

「明日休みだけど練習やるぞ」

「はい、わかりました」

相変わらず広岡の行動力の早さに舌を巻き、黙って了承するしかなかった。

「じゃ、一二時から練習」

有無を言わさず電話が切られた。そして、しばらくすると高木GM補佐からも電話があった。

「広岡さんから練習のことを聞いているとは思うけど、バレンタインには言わないように」

歯切れの悪い言い方に江藤は不快感を持ち、おまけに意味がわからず、聞き返した。

「どういうことですか?」

「今後、広岡さんが自分で指揮するから。じゃ」

また一方的に切られた。

江藤は板挟みになってしまい、途方にくれた。

翌日、バレンタインは馴染みの新聞記者から練習をやることを耳にする。寝耳に水のバレンタインは、江藤のところへ飛んで来て血相を変えて言う。

「休みのはずなのになんで練習をしているんだ。俺は聞いてないぞ」

江藤も困った顔をしながらも、

「急遽決まったんだ」

「知っていたのか、江藤。裏切るのか」

「広岡さんってああいう人だし、これが日本の野球だから」

上手く取り繕おうと説明するが通じない。この一件があってからバレンタインは江藤を敵対視するようになった。

ゲームで江藤がサードコーチャーをやっているときに、バレンタインは底意地が悪いほど複雑で混乱させるようなサインの出し方をする。本来なら裏切り者のサードコーチャーを代えたいところだけど、ルール上不可能。だったら制裁を加えるってやつだ。

バレンタインと揉めたときはもうどうしようもなかった。ネイティブが話せない日本人が変に英語を使うと、日本語英語とアメリカの英語とではニュアンスが全然違う。ちょっと英語が話せるからといって日本人が英語を使うと、必ず誤解を招く。それから江藤はバレンタインと会話するときは日本語しか使わなかった。その逆にバレンタインは英語を使わず、片言の日本語しか喋らなくなった。

七月に入り、江藤はこれではやっぱり誤解されると思い、きちんと通訳を入れて話し始めたものの二人の関係性は修復されない。こうして江藤はバレンタインから完全に距離を置かれた。

こうしたゴタゴタの後始末をするため、高木ＧＭ補佐がオーナーに「再建計画」という名の嘆願書を出した。元新聞記者だけあって、バレンタインの悪口を上手く書き連ねた。バレンタイン排斥の作図はすでに練られていたのだ。

当時オーナー代行の重光昭夫は、バレンタインに来年も指揮を執らせるつもりだった。広岡もなんとかその方向で考え直そうとしていた。しかしバレンタインが二軍監督のレン・サカタと江藤を入れ替える条件を出したことで、高木GM補佐はバレンタインの監督留任をひっくり返し、余計にねじれてしまった。

九六年最初のオリックス戦で、仰木彬監督がグラウンドで江藤を見かけると、「江藤くん江藤くん、何があったの？」と呼びかけた。そりゃ他球団にまでゴタゴタは知れ渡っているよなと思いながらも、

「いろいろあるんですよねぇ」と上手くはぐらかした。

この当時、首脳陣の軋轢とは裏腹にロッテは本当にいいチームへと変貌を遂げていた。伊良部秀輝、エリック・ヒルマン、小宮山悟、園川一美、黒木和宏の先発五本柱に、河本育之、成本年秀のダブルストッパーが定着することで、チーム状態がどんどん上がっていった。大型ではなかったが、堀幸一、フリオ・フランコ、初芝清のクリーンナップトリオが揃って三割を超えるなど、安定した打線で勝利を呼び込んだ。

バレンタインが日本野球にもたらした功績は多少なりとも大きかった。

今から三〇年ほど前に、バレンタインが日本にやってきて投手の球数制限を導入し始めた。近藤貞夫と権藤博も「肩は消耗品」として警笛を鳴らし、イニングス制を敷いていち

早く分業にした。しかし、近藤や権藤がいない他のチームは先発投手に平気で150球、場合によっては200球近く放らせていた。だからこそバレンタインは徹底した。

それと画期的だったのが、すべてにおいて秒数を計測する野球。今まではスピードがただ〝速い〟といった抽象的な単語として捉えてなかったのが、秒数を計測することでスピードの概念を数値化できるようになったのだ。

例えば、ピッチャーからキャッチャーまで何秒かかるか計測する。ファーストランナーの足がセカンド到達まで何秒だから、キャッチャーがセカンドまで投げる秒数を計算して、〇・一秒ランナーが速いからこいつは絶対セーフになるという感覚で盗塁のサインを出す。ベンチコーチが常にストップウォッチを持って計っている。今でこそ当たり前だが、当時はなかった。

江藤はサードコーチャーから見ていて、最初はなぜ数字ばっかり持ち出すんだと思った。でも実際、そうやって数値化するほうが成功する確率が高い。作戦の根拠が数値化されているため選手も理解しやすく、バレンタインが提唱するやり方をどんどん取り入れるようになった。今まで見たこともないやり方は、チームに活気をもたらした。

九五年はドジャースの野茂英雄が日本人として三一年ぶりにメジャーの舞台で鮮烈なデビューを果たし、アメリカ全土にトルネード旋風を巻き起こした年でもある。メジャーと日本野球の距離が地球と月ほどにあったのが、野茂のおかげで一気に短縮され、さらにメジャーの元監督が日本に来て画期的な方法を駆使してやれば、新しもの好きな若手選手は嫌でもテンションが上がる。

今まで日本の指導者は「もっとやれ！」「どうした、へこたれるな！」と叱咤しかしなかった。それが「ユーはナンバーワン、ユーは凄い凄い、ユーはメジャーリーガー」と二軍から上がったばかりの選手にもバレンタインは鼓舞した。そんなことを言われれば、その気にならないほうがおかしい。青い瞳に照らされた選手たちの心は、トルネードのように舞い上がっていくのだった。

一方、広岡はバレンタインの起用法を見て一蹴した。

「あんな使えん者を一軍に上げて何で使うんだ？　まだできてないだろう」

選手をコントロール下に置き、鍛えに鍛え抜いて指導してきた広岡にとって、単に選手を鼓舞するだけの起用法に疑問しか浮かばなかった。

江藤たち日本人コーチは外国人の監督、ロブソン打撃コーチともいろいろやりあった。六月下旬から広岡がチーム戦術に介入したおかげで、試合ではまとまって勝っていく。勝てば、若い選手が多いだけにガンガン勢いが出てくる。それまでがぬるま湯に浸かっていただけに余計に反動が大きかった。開幕ダッシュに失敗し四月はどん底だったが、前半終盤あたりに広岡が介入してからチームが変わっていき、どんどん勝ち星が増えて行く。

江藤たちは、バレンタインを尻目に広岡に言われたとおりの指導を選手に行い、結果を出していく。広岡が提唱する野球を選手や周りのスタッフが七〇％から八〇％程度理解して実行できれば、九連覇ぐらい造作もない。広岡はそれだけ天才的野球頭脳の持ち主だ。

だが、あまりにも高尚な理念すぎてついていけない。それでも江藤たちはそこへ向かっていったのだ。そして、理想の五〇%もいかないうちにガンガン勝ち始めた。

広岡は選手を手放しで褒めたことがない。勝ったゲームであっても「そこはどうなんだ？　ここをもうちょっとおまえらで言ってやらせろ」と課題をコーチに突きつけ、選手たちへの指導法への注文がくる。江藤はあらためて広岡野球の真髄を見た気がした。

結局、オリックスとは12ゲーム差の二位。広岡にとっては優勝争いしての二位ではなく、優勝チーム以外の五球団のなかで争った二位では何の価値もないと思っていた。しかし、世間では前年度五位のチームが二位に躍進し、九年ぶりのAクラスということでバレンタインの功績が大きいと評価した。もちろん、バレンタインがもたらしたスピードの概念は革新的だったし、本場メジャーの空気を入れ込み、選手たちの士気を高めたことは評価に値する。

問題だったのは、あまりにメジャー流を取り入れたばかりにコーチ陣との間に溝ができ、GMの広岡の手を煩わせたことだ。そして、バレンタインは一年で解雇となった。黒船はあっけなく沈没してしまった。

翌九六年は、江尻亮を監督にして再スタートしたロッテだったが、投打がかみ合わず、一度も首位戦線に食い込めず五位に低迷。結局、この年限りで広岡は任期を一年残してGM職を辞任することになる。

江藤はひとつ疑問に思った。どうして広岡はユニフォームを着ないのだろうか。確固たる理論で多くの選手を育成し、結果も出している。現に広岡が介入してからチームは見違えるように変わった。ひょっとしたら広岡のなかにバレンタインに対して嫉妬心に似た感情があったのでは……。

広岡は断固言う。

「ユニフォームを着るのは五〇までと決めていた。誰が何と言おうと一度決めたことは変わらない」

嫉妬も妬みも嫉みもあるはずがない。もっと高い次元でバレンタインと張り合ったのだ。九六年で広岡がGMを解任となったことで、江藤も尾花も江尻もみなが辞任することになった。それはそれで仕方がない。結果が出なかった者は責任を取るのが勝負の世界。ただ、オーナー代行には広岡にユニフォームを着てもらいたい意向があったと聞く。それでも広岡は頑として首を縦に振らなかった。広岡がユニフォームを着れば、江藤たちも一緒にチームに残り、あの広岡が監督となって指揮するチームで自分たちも指導者として選手を見たかったというのが本音だ。いいチームができていただけに本当にもったいないと思った。

九六年のロッテは、バレンタインの解任騒動の尾などまったく引いてなかった。そこはプロだ。割り切って選手やコーチ陣は優勝のために邁進するもの。それでも小さなほころびがひとつ生まれると、それがだんだんと大きくなっていく。弱いチームの宿命だ。チーム内部ともガタガタになった。

開幕から五割を行ったり来たりでオールスターを迎え、投手陣の踏ん張りで大きく負け越しもせずに首位に7・5ゲーム差の三位の五割で七月を終える。まだかろうじて優勝の圏内にいたものの、八月に入ると、打線がかみ合わず連敗が何度も重なり、あっという間に借金生活。首位とのゲーム差が10・5ゲームに開き、順位も見え出した。そうなると、チーム内では情報合戦が始まる。

「あいつが今季限りらしいぞ」「あいつはフロントで残るってよ」「実は裏で画策しているのはあいつらしいぞ」。選手は情報収集に躍起になる。弱いチームの選手や首脳陣は、常にフロントを見ている傾向がある。このシーズンも、夏場あたりから首脳陣の中にもどんどん選手に向いていった者がいた。選手ファーストを上手く駆使すれば選手間では評判が良くなり、引いてはフロントにもその声が届く。こうやってコーチの首を繋げるやつがいっぱいいた。

実は、江藤はロッテに残留できるはずだった。監督の江尻は来季から編成部長になることが決まっており「江藤、ロッテに残れ。フロントの希望だから」と何回も慰留してきた。まだ、近藤昭仁新監督就任の発表がされてないときからだ。

重光球団オーナー代行は、九六年頃から藤田元司に相談していた。その縁もあって、藤田が「江藤を残せ」と動いてくれた可能性が大きい。しかし江尻は藤田の〝ふ〟の字も出さない。おそらく藤田が「俺の名前を出すな」と言っていたのだろう。後でよくよく考えると「フロントがどうしても残れと言っている」と言うのもおかしな話だと思った。フロントとあんなに揉めたのに、フロントが残れと言うだろうか、と。兄・慎一に相談すると、考える間もなく答えた。

「やっぱり呼んでもらった人のおかげだし、お前だけ残るのはおかしいだろう。広岡さんに呼ばれたみんながクビになるのに」

やっぱりそうだよな、球団からの慰留を固辞し潔くユニフォームを脱いだ。

巨人時代から知っている広岡のことを、江藤は懐かしそうに語ってくれた。

「九五年の広岡さんとバレンタインの関係悪化は、GM職と監督との職域が曖昧で、互いに尊重されなかったことが原因だったと思います。それをマスコミが騒ぎ立て、バレンタインがいいやつで、広岡さんの取り巻き、いわゆる俺たちが悪いやつという図式になっていた。雑誌にも双方の言い分を書き立てた記事がたくさん出ていて、広岡さん側として取材されるのはいいんだけど、バレンタインの良いところを発言しても掲載されることはなかった。わかりやすく対立構造を煽りたかったんだろうね。まあ、いろんな意味で大変だった。広岡さんとGM補佐の高木さんとバッテリーコーチの醍醐（猛夫）さんの三人で組閣をやっていたみたいだね。

弱いチームを立て直すための監督候補として真っ先に名が上がるのは、あの当時だと広岡さん、今だと落合だよね。勝つための技術を持っている。ただ、あの人たちが失敗しているのは、必ず人間関係。理論はもの凄いけれど、野球以外のことにも目が行き過ぎるから、どこ行ってもオーナーや上層部と反りが合わなくて辞めていく。野球の理論に関しては超一流。それだけは声を大にして言えます。それと同時に言っておきたいのが、バレンタインの野球も勉強になったということ。ちゃんとノートに記していますよ。現役時代から川上さんの理論もノートに残してますから。バレンタイン野球と広岡野球をミックスしたものを慶応監督時代（二〇一〇年～一四年）に存分に生かしたからね。広岡さんはGMだったけど、現場で二年間手取り足取り教わったことが自分の土台になっています。ただあの二シーズンは本当に苦しかった。いろんな意味で勉強になりましたよ」

時に、人間は自分から逃げることはできない。それが、九四、九五年の二年間だった。中間管理職の辛さといえばそれまでだが、人間関係で板挟みになり神経が削がれてしまった。それでも、その集団のなかで生き切るより仕方がなかった。

いい思い出としては、試合終了後に子どもたちが大喜びするくらいロッテ製品のお菓子をたくさん貰って帰るのが楽しみだったこと。巻き込まれたとは言いたくないが、異質な人間同士の思惑が複雑にもつれ込んだ結末になってしまったと考えている。

志半ばで解任されてしまったが、広岡のGMとしての辣腕振りは、見事だった。あの迅速で的確な指導を側で見ていたら、再び広岡のユニフォーム姿を見られるんじゃないかと思っていた関係者も多かったはずだ。

今から三〇年前、広岡が野球界に風穴をあけるべく改革をしようとした。

ただ、歓喜の渦が訪れなかっただけだ。

あとがき

広岡は口を開けば、プロ野球界の堕落について嘆く。もちろん、ただ指を咥えて見ている広岡ではない。自らが七〇年間も生きてきた野球界をなんとか是正したいがために、メディアの取材や自身の連載記事で定期的に忖度なしの提言を行っている。その声がきちんと届いているのかどうかわからないが、ネットでは度々広岡の発言がバスっているため市井には響いているようだ。

そして広岡は、本物の指導者がいないことをいつも憂いている。

「選手がエラーをしても怒らず、注意をするわけでもない。守備コーチなんか逆シングルで捕ることを推奨している。あれが不思議でしょうがない。正面でまともに捕れないのに、逆シングルで捕れるものか。正面できちんと捕ることができれば、守備範囲もおのずと広くなることを知らない。それに、ノックは誰でも捕れるような打球しか打たない。あんな緩いノックならグラブじゃなく素手で捕れ。送球にしたって、速い球でタッチしやすいところにストライクを放らないとアウトにならないのに、上や下に放っても最近のコーチ陣は何にも言わないもんね」

基本がなっていないのに高度なテクニックを試みようとする選手に、指導者が何か感じてアドバイスをできないのはどうしてか。指導者もわからないからだ。広岡が常に言うのは「人間死ぬまで勉強」。野球のコーチングにしても、学びに終わりなどない。

メジャーの潮流に合わせて、日本プロ野球も進化し続けている。この数十年で動作解析技術や解析機器の精度が大きく向上しただけでなく、選手たちも有益な情報をネットで簡単に仕入れられるようになった。そんな選手たちを育てていく使命が課された指導者に求められる要素も、大きく変わってきている。だから、野球人たるもの何歳になっても勉強を続けていかなければならないのだ。

ある日、広岡がポツリとこうも言った。

「なんで俺がやったら勝てるんかなぁ。敵が多いのになぜ俺が勝てるのかと不思議に思ったことがあった。考えてみたんだが、勝てるわけがわかったよ。簡単なこと。ごく普通にやらしただけよ。〝真理〟のままにやっただけ」

聞き始めた段階でつい笑ってしまったが、よくよく考えると、まさにこの言葉こそがすべてだと思った。

真理とは、誰も否定することはできず、変わることのない道理のことだ。

今からおよそ四五年以上前に広岡が行った食事管理にしたって、選手の体力維持、健康促進、そして選手寿命を延ばすことを考えればやったほうが良いに決まっている。広岡が選手に課した基礎練習の反復にしたって、基礎を習得しなければ技術が積み上がっていかないことくらい誰にだって理解できる。すべては真理に基づき、勝つため、選手のために至極真っ当なことを広岡は忠実に実践してきただけなのである。

今まで百回以上広岡と電話で話しをしているが、どんな話題であろうと必ず巨人軍の話に展開する。時折、現役時代の話題も盛り込み、川上、青田、水原、三原……レジェンドの名前がバンバン出てくる。話を聞いている分には大層面白いんだけれども、ネット記事で昔の巨人軍の話を出すとネット民から〝老害〟のワードが飛び交い、バッシングされてしまう。

「半世紀以上も前の巨人のことを話すのには理由がある。川上さんをはじめ、千葉さん、平井さん、宇野さん、ウォーリー、みんな立派な教育のもとに強い巨人が成り立っていた。我々は、その雄姿を見ながら勉強していったもんなんだよ。あの頃の教育をみんな忘れている。いい選手が生まれれば生まれるほど、チームのレベルは上がる。いい選手というのはただ成績を残すのではなく、プライドを持って野球に取り組む選手のこと。年数を経れば、プライドを持ち威厳を見せつけ、若い選手に『こうやれ』と言える選手じゃないとダメ。今の選手はとにかく仲が良すぎる」

誇りとプライドを維持するためには何をやらなくてはいけないのか、広岡は絶えず考えて行動してきた自負がある。もちろん昭和の高度成長期時代と令和の時代とでは、環境も状況も大きく異なることくらい指摘されなくても十分わかっている。それでもだ。

戦うプロフェッショナル集団において、競争原理はいつの時代でも通じることであり、漢たちの根底にあるスピリッツはいくら飽食暖衣の世の中だからといってそうそう変わるものではない。一歩グラウンドに入れば、高校大学の先輩後輩関係なく、皆が闘志をむき出しにして戦っていた。馴れ合いなんてもってのほか。怯んだ瞬間にすぐ蹴落とされるからだ。プロフェッショナルである以上、誰彼ともなく危機感は忍び寄ってくる。それを常に感じていられるかいないかで一流、平凡のボーダーが決まる。

平成生まれの選手たちは争いことを好まず、表向きはライバル関係であっても、融和を持って物事を解決していく姿勢を備えている。しかし、融和を求めすぎるばかりに決断が遅れたり、誤るきらいもある。人生においても勝負事においても、常に「緊張と選択」の連続。和んだ心を一気に緊張モードに入れるのは至難の技だ。仲良くするなとは言わない。シーズン中だけは節度ある付き合いをしてくれと広岡は言いたいのだ。年寄りの戯言だと思ってもらって結構。ただ真理に今も昔もないことだけは忘れるな、だ。

日本プロ野球界の監督の役割は現場の指揮官以外に、球団の広告塔を兼務するのが当たり前となっている。そのせいか監督人選において能力よりネームバリューを求めがちだ。広岡が凄かったところは、監督の仕事を「チームを勝利に導くため指揮する現場の責任者」と慣習に囚われずに完全に割り切って指導していた点だろう。

「日本の野球の良いところは、礼に始まり礼に終わる。教え方が間違ったら、腹を切れ！それくらい責任観念を持って教えることが大事なんだ」

〝責任観念〟の単語を強く発する広岡にとって、今の指導者は覚悟が足りないように映る。「監督というのは、選手はもちろんコーチも育てるもの。自分に足りないものはコーチと一緒に勉強していけば、自ずと能力は上がる。勝つことで選手もファンも幸せになる。やるべきことをやらないで良くなるはずがない。日本の指導者は勉強が足りない。生きているうちは死ぬまで勉強を続け、最後の最後まで頭を使う。そして、肉体はそんな自分を表現する道具。肉体や精神が主役だと思っているから堕落する。ファンが求める監督像になろうとする前に、監督の役割の本質をきちんと見定めなければならないんだ。監督になる資質が己にあるかどうかを見極めてから、不退転の覚悟を持って臨んでいるのか。昔の実績で監督になり、ベンチでふんぞり返っていては勝てるわけがない。自分の理論が正しいと思っても、それを遂行できなかったら価値がない」

広岡は立ち止まることなく、今も歩続けている。

最後に、広岡に思い切ってぶつけてみた「野球人生において悔いはあるかどうか」の問いに、ゆっくり噛みしめるように答える。

「野球人生で後悔はない。だけど……もうちょっとわかりやすく言ってやればよかったなと思う」

真理を追究し、妥協なく生きてきた広岡達朗が、ちょっぴり人間らしい悔いを吐いたことに妙にほっこりさせられた。

九二歳といえども、広岡達朗も〝妖怪〟ではなく、やっぱり人の子だった。

単行本『確執と信念』のときからずっと供走してもらった大格宗一郎編集者には、原稿においても的確な修正指示を何度も何度も根気よくやっていただいた。

小学館の山口翔氏、集英社の田島悠氏、梶垣伸介氏には、書き手としての所作を存分に叩き込まれた。そして、デザイナーの芦沢泰偉氏は、九二歳の広岡達朗の存在感を引きたたせる表紙カバー、帯、本文と、申し分のない装丁をデザインしていただいた。日本プロ野球が隆盛期となった七〇年代、八〇年代に活躍したプロ野球選手たちの軌跡を残すために本を書くことができ、心から感謝と謝辞を述べたい。

この本を制作するにあたって協力していただいたすべての皆様、誠にありがとうございました。

二〇二四年　三月

松永多佳倫

参考資料

『私の海軍式野球』広岡達朗（サンケイ、一九七九年）
『意識革命のすすめ』広岡達朗（講談社、一九八三年）
『積極思想のすすめ』広岡達朗（講談社、一九八八年）
『勝者の方程式』広岡達朗（講談社、一九八八年）
『勝者の組織論』広岡達朗、長嶋茂雄（講談社文庫、一九九二年）
『快適な日々』海老沢泰久（早川書房、一九九四年）
『監督』海老沢泰久（文春文庫、一九九五年）
『監督論―「人は育つ」ことを選手に教えられた』広岡達朗（集英社インターナショナル、二〇〇四年）
『野球再生―よみがえれ魂の野球―』広岡達朗（集英社インターナショナ、二〇〇七年）
『動じない。』広岡達朗、王貞治、藤平光一（幻冬舎、二〇一二年）
『巨人V九―50年目の真実：栄光の時代を築いた名選手、立ち向かったライバル33人の証言』鵜飼克郎（小学館、二〇一五年）
『巨人への遺言プロ野球生き残りの道』広岡達朗（幻冬舎、二〇一六年）
『中村天風　悲運に心悩ますな』広岡達朗（幻冬社、二〇一七年）
『広岡イズム―〝名将〟の考え方、育て方、生き方に学ぶ―』広岡達朗（ワニブックス、二

〇一七年）
『日本野球よ、それは間違っている！』広岡達朗（幻冬舎、二〇一八年）
『私たちの「遺訓」―球界、政治・経済、マスコミ、この国の未来のために』広岡達朗、田原総一朗（ワニブックス、二〇一八年）
『言わなきゃいけないプロ野球の大問題 巨人はなぜ勝てなくなったのか？』広岡達朗（幻冬舎、二〇一九年）
『プロ野球激闘史』広岡達朗　（幻冬舎、二〇二〇年）
『広岡達朗 人生の答え』藤平信一　広岡達朗（幻冬舎、二〇二二年）
『巨人が勝てない7つの理由　プロ野球が危ない！』広岡達朗（幻冬舎、二〇二二年）
『二〇二二年四月号 特集：西武ライオンズ創世記』（ベースボール・マガジン社、二〇二二年）
『二〇二一年七月号 別冊ヤクルトスワローズ広岡革命』（ベースボール・マガジン社、二〇二一年）
『広島東洋カープ70年史』（ベースボール・マガジン社、二〇二〇年）
『早稲田大学野球部』（ベースボール・マガジン社、二〇一五年）
『法政大学野球部―六大学最多優勝校のプライド』（ベースボール・マガジン社、二〇一五年）
『嫌われた監督』鈴木忠平（文藝春秋、二〇二一年）
『飛べよ熱球』王貞治（講談社、一九八〇年）
『回想』王貞治（勁文社、一九八一年）

『チャレンジが道をひらく 野球この素晴らしきもの』王貞治（ＰＨＰ研究者、二〇二二年）
『長嶋と王 グラウンド外の真実』江尻 良文（双葉社、二〇一五年）
『野球にときめいて―王貞治、半生を語る』王貞治（中央文庫、二〇二〇年）
『百年目の帰郷―王貞治と父・仕福』鈴木 洋史（小学館文庫 二〇二〇年）
『プロ野球驚くような面白い話がまだまだこんなにある！』黒江透修（コスカ出版社、一九八七年）
『泥をかぶるも人生 強い組織は「ナンバー2」がつくる』黒江透修（祥伝社、二〇〇二年）
『俺たちのパシフィック・リーグ2 [南海ホークス80'S]』（ベースボール・マガジン社、二〇二一年）
『大矢明彦的「捕手」論』大矢明彦（二見書房、二〇〇二年）
『55歳の自己改革』工藤公康（講談社、二〇一九年）
『中年・田淵くんの逆襲』田淵幸一（集英社、一九八三年）
『がんばります!!タブチです!! ―三振に始まり三振に終わった〝ホームラン・バッター〟16年の球跡』田淵幸一（双葉社、一九八五年）
『阪神タイガース「黒歴史」』平井隆司（講談社、二〇一六年）
『タテジマ』田淵幸一（世界文化社、二〇一〇年）
『そして、猛虎が蘇った』五百崎三郎（東都書房、一九八五年）
『石毛宏典の「独立リーグ」奮闘記』石毛宏典（アトラス出版、二〇一二年）

『参謀―落合監督を支えた右腕の「見守る力」』森繁和（講談社、二〇〇五年）
『勝ち続ける力』森繁和（ビジネス社、二〇一二年）
『軍師の逆襲』森繁和（ヨシモトブックス、二〇一四年）
『観察する指揮官「辻流」選手との接し方』辻発彦（ベースボール・マガジン社、二〇一九年）
『善と悪 江夏豊ラストメッセージ』松永多佳倫（ＫＡＤＯＫＡＷＡ／メディアファクトリー、二〇一五年）
『牙―江夏豊とその時代』後藤正治（講談社文庫、二〇〇五年）
『燃えよ左腕 江夏豊という人生』江夏豊（日本経済新聞出版、二〇一八年）
『寛容力 〜怒らないから選手は伸びる〜』渡辺久信（講談社、二〇〇八年）
『魔術師 上 三原脩と西鉄ライオンズ』立石泰則（小学館文庫、二〇〇五年）
『野村ＩＤの後継者 伊勢大明神の「しゃべくり野球学」』伊勢孝夫（双葉社、二〇一八年）
『小さな大打者若松勉』若松勉（恒文社、一九八一年）
『西武王国の興亡―堤義明 最後の告白』大下英治（さくら舎、二〇二二年）